融资租赁概论

主编 华桂宏 黄 磊

南京师范大学出版社

图书在版编目(CIP)数据

融资租赁概论 / 华桂宏，黄磊主编. -- 南京：南京师范大学出版社，2024.11. -- ISBN 978-7-5651-6615-0

Ⅰ.F832.49

中国国家版本馆 CIP 数据核字第 2024KD4424 号

书　　　名	融资租赁概论
主　　　编	华桂宏　黄　磊
策 划 编 辑	晏　娟　王迎春
责 任 编 辑	倪晨娟
出 版 发 行	南京师范大学出版社
地　　　址	江苏省南京市玄武区后宰门西村9号(邮编：210016)
电　　　话	(025)83598919(总编办)　83532185(客户服务部)　83375685(区域渠道部)
网　　　址	http://press.njnu.edu.cn
电 子 信 箱	nspzbb@njnu.edu.cn
照　　　排	南京开卷文化传媒有限公司
印　　　刷	江苏凤凰通达印刷有限公司
开　　　本	787毫米×1092毫米　1/16
印　　　张	18
字　　　数	391千
版　　　次	2024年11月第1版
印　　　次	2024年11月第1次印刷
书　　　号	ISBN 978-7-5651-6615-0
定　　　价	68.00元

出 版 人　张　鹏

南京师大版图书若有印装问题请与销售商调换

版权所有　侵犯必究

编委会

编写单位

长三角新金融研究院

委托单位

江苏省融资租赁行业协会

上海市融资租赁行业协会

浙江省租赁业协会

安徽省融资租赁企业协会

主　编

华桂宏　黄　磊

副主编

白俊红　成春林　赵宏伟　何　凌　张宝彪

编委会成员

华桂宏　黄　磊　白俊红　成春林　赵宏伟　何　凌

张宝彪　裴玉蕾　刘玉华　刘雪梅　陶士贵　陈　燕

李　哲　郭　进　洪旭莲　张芊芊　焦未然

前言

《融资租赁概论》是一本面向金融专业学生、金融从业者以及对融资租赁感兴趣的人群的教材。本教材旨在全面介绍融资租赁的基本概念、原理、运作机制以及法律与监管等，帮助读者全面理解和掌握融资租赁相关的知识和技能。本教材的内容分为九个部分：融资租赁概述、融资租赁的起源与发展、融资租赁机构、融资租赁业务流程、融资租赁合同、租金的确定与计算、融资租赁会计处理、融资租赁风险管理与内部控制、政府监管与税收政策等。

第一章是融资租赁概述。介绍一般租赁和融资租赁的定义及特点，重点阐述融资租赁的业务类型、基本要素、功能及其作用；在此基础上分析融资租赁的行业特征，并提出对从业人员的能力要求。

第二章是融资租赁的起源与发展。从起源讲起，介绍融资租赁的发展过程；再分别介绍美国、英国、日本等国融资租赁行业发展的概况、特点与经验，最后阐述我国融资租赁行业发展的历史、现状，并对其未来发展进行了展望。

第三章是融资租赁机构。介绍融资租赁机构的定义，分类与比较，融资租赁机构的设立与变更、整顿与重组，以及破产与终止等。

第四章是融资租赁业务流程。包括项目接洽与立项、尽职调查、项目评审、"两合同"洽谈和签订、买卖合同的履行、租赁履约及期满时租赁资产所有权的处置等环节。

第五章是融资租赁合同。包括融资租赁合同的定义与特征、分类、主体与形式等，重点介绍融资租赁合同的内容、订立、履行、变更与解除，以及融资租赁合同的担保。

第六章是租金的确定与计算。包括租金的构成要素、租金的计算方式、违约金的计算、损失赔偿费用计算四方面的问题。本章遵循先理论、后实务举例的基本原则。

第七章是融资租赁会计处理。包括融资租赁会计处理的定义与相关范畴,对于不同主体如承租人、出租人的会计处理,以及特殊租赁业务的会计处理。

第八章是融资租赁风险管理与内部控制。包括融资租赁风险的含义和特点、融资租赁风险的分类、融资租赁的市场风险和操作风险;同时重点介绍融资租赁企业的内部控制,涉及组织结构、流程、制度、授权和监督等各个方面。

第九章是政府监管与税收政策。从市场准入制度和业务活动监管制度两方面,论述我国融资租赁业的监管行为,并阐述了我国税收政策的发展阶段以及优惠政策,分析了我国融资租赁税收政策存在的缺陷。

本教材还配有案例分析、延伸阅读,帮助读者加深对融资租赁理论的理解,并能将其运用到实际案例中。《融资租赁概论》是一本实用的教材,它旨在提供完整的知识框架和深入的理论剖析,帮助读者全面掌握融资租赁的核心知识和技能。无论是用于教学、考试准备还是用于专业研究,本教材都将帮助读者在融资租赁领域取得更好的成就。

目录

第一章　融资租赁概述 ······································· 1

第一节　租赁的定义与特点 ······································· 1

第二节　融资租赁的业务类型 ····································· 5

第三节　融资租赁的基本要素 ···································· 20

第四节　融资租赁的功能与作用 ·································· 32

第五节　行业特征与从业人员要求 ································ 37

思考题 ··· 47

第二章　融资租赁的起源与发展 ···························· 48

第一节　融资租赁的产生与发展 ·································· 48

第二节　融资租赁在世界范围内的发展 ·························· 52

第三节　融资租赁在中国的发展 ·································· 60

思考题 ··· 71

第三章　融资租赁机构 ·· 72

第一节　融资租赁机构概述 ······································· 72

第二节　我国融资租赁机构的设立与变更 ························ 79

第三节　融资租赁机构的整顿与重组 ····························· 84

第四节 融资租赁机构的破产与终止 ……………………………… 89

思考题 …………………………………………………………………… 99

第四章 融资租赁业务流程 ……………………………………… 100

第一节 项目接洽与立项 …………………………………………… 101

第二节 尽职调查 …………………………………………………… 110

第三节 项目评审、"两合同"的签订与履行 …………………… 114

第四节 租赁履约及期满时租赁资产的处置 …………………… 120

思考题 …………………………………………………………………… 124

第五章 融资租赁合同 ……………………………………………… 125

第一节 融资租赁合同概述 ………………………………………… 125

第二节 融资租赁合同的内容 ……………………………………… 130

第三节 融资租赁合同的订立、履行、变更与解除 …………… 137

第四节 融资租赁合同的担保 ……………………………………… 147

思考题 …………………………………………………………………… 152

第六章 租金的确定与计算 ………………………………………… 153

第一节 租金的构成要素 …………………………………………… 153

第二节 租金的计算 ………………………………………………… 159

第三节 违约金的计算 ……………………………………………… 166

第四节 损失赔偿费用计算 ………………………………………… 173

思考题 …………………………………………………………………… 176

第七章 融资租赁会计处理 ………………………………………… 178

第一节 融资租赁会计概述 ………………………………………… 178

第二节　承租人的会计处理 ·· 186

　　第三节　出租人的会计处理 ·· 200

　　第四节　特殊租赁业务的会计处理 ······································· 207

思考题 ··· 215

第八章　融资租赁风险管理与内部控制 ······································ 216

　　第一节　融资租赁风险的含义和特点 ···································· 216

　　第二节　融资租赁风险的分类 ·· 222

　　第三节　融资租赁风险管理 ··· 229

　　第四节　融资租赁企业的内部控制 ······································· 241

第九章　政府监管与税收政策 ··· 248

　　第一节　市场准入制度 ··· 248

　　第二节　业务活动监管制度 ··· 254

　　第三节　税收规范与优惠政策 ·· 264

思考题 ··· 275

参考文献 ··· 276

第一章 融资租赁概述

随着社会的不断进步,交易对手供需关系的变化,以及信用制度和体系的日趋完善,融资租赁作为现代租赁的典型代表,成了集融资与融物、贸易与技术更新于一体的新型金融产业。本章介绍一般租赁和融资租赁的定义及特点,重点阐述了融资租赁的业务类型、基本要素、功能及其作用;在此基础上分析融资租赁的行业特征,并提出对从业人员的能力要求。

第一节 租赁的定义与特点

一、租赁的定义

(一) 租赁的一般定义

租赁最早可以追溯至四千多年前的原始社会,历经漫长的发展与演变,如今该项活动与人们的生活早已密不可分,小至一张 DVD 光盘、一台无人摄像机,大至船舶、飞机、房屋等等,都可涉及租赁。

租赁,从字面上来看,"租"是指出借物品并收取回报,"赁"则指借用物品并支付对价。具体而言,租赁是指出租人根据合同约定,在一定期限内将资产的使用权让渡给承租人,并取得租金的经济行为。目前,我国各行政部门也出台了相应的文件对租赁进行界定:根据我国财政部《企业会计准则第 21 号——租赁》的定义,租赁是指在一定期间内,出租人将资产的使用权让与承租人以获取对价;根据《中华人民共和国民法典》的定义,租赁合同是出租人将租赁物交付承租人使用、收益，承租人支付租金的合同。

从承租人的视角看，其享有的权利包括资产的使用权、买卖不破租赁权、继续承租权、优先承租权以及优先购买权；其应当履行的义务包括按照租赁合同的约定或者租赁物的性质使用租赁物、按时向出租人支付租金、妥善保管租赁物、租赁期满后按时返还租赁物等。

从出租人的视角看，其在确保资产的所有权、取得经济回报的同时，应当履行租赁物交付与适租义务、维修义务以及承担出租人的权利瑕疵担保责任等。

可见，租赁是一种所有权和使用权二者相分离的经济现象。在可用资源有限的背景下，一部分人手握大量的财产但不善于利用，另一部分人具备运用资产的才能却缺乏用武之地，租赁的出现有效地缓解了资产所有权和使用权相背离的矛盾，实现了资源的最大化利用。进一步而言，租赁背后所反映的是租赁物品的物权化现象。我国《物权法》规定，物权是指自然人、法人直接支配特定的物的权利，包括所有权、用益物权和担保物权，且该种权利具有排他性。因此，租赁物品的物权化象征着各国对承租人权益的保护，强调承租人对租赁物品具有的物权，对出租人行使物品所有权进行限制。这表明在租赁活动中，所有权被逐渐弱化，而使用权的地位得到提升并获得有效的保护。

（二）融资租赁的定义

租赁通常历经古代租赁、传统租赁、现代租赁三个阶段。融资租赁，作为现代租赁的典型代表，其交易主体涉及出租人、承租人、供应商三方关系人，主要指出租人根据承租人的要求与设备供应商签订购买合同，再以租赁的方式租给承租人，承租人依据合同向出租人定期支付租金的一种特殊的交易方式。当前，我国现有法规对融资租赁的界定存在一定差异，根据我国财政部《企业会计准则第21号——租赁》的定义，融资租赁主要就是指能够将资产所有权所附带的风险和收益进行科学转移的一种方法，而其中的风险是指资产技术不先进或者长时间处于闲置，导致生产能力不足，进而造成的风险；收益则指在资产的有效使用期内，其产生的收入或者增长的价值。同时，《融资租赁公司监督管理暂行办法》（银保监发〔2020〕22号）以融资租赁的本质为起点对其进行了定义，该办法指出，融资租赁涵盖三个不同的交易主体，供应商、承租方和出租方至少需要签订两个以上的交易合同。总体而言，融资租赁的特殊之处在于集融资与融物、贸易与技术更新于一体。它是随着社会的不断进步、交易对手供需关系的变化，以及信用制度和体系日趋完善，所形成的一种特殊的创新型金融工具。

二、租赁的特点

(一) 租赁的基本特点

1. 期限性

租赁是指一段时期内,以商品形式与货币形式相结合的方式提供的一种信用活动,它通常发生在既定或合同约定的时间段内,租赁的期限是有限的,一般不超过 20 年。

2. 所有权与使用权分离

在租赁活动中,承租人拥有租赁标的物的使用权,而出租人拥有租赁标的物的所有权。交易双方各自行使权利,承担相应的义务,租赁物呈现出两权分离的特性。

3. 风险性与收益性

租赁具有风险与收益并存的特点。出租人通过出租商品获取稳定的现金流和增加通胀保值能力的同时,也面临着承租人的信用风险、资产的价格变动风险和市场风险等。

4. 灵活性

租赁是一种基于交易和信誉的交易方式,它是指交易双方在交易时不需要立即支付资金,而是通过约定的方式在未来某个时间段按期支付固定的租金。基于双方已建立的信任和信誉,租赁合同的条款和条件具有灵活性,承租人和出租人之间可以根据需求自主订立合同,承租人有权行使续租选择权、购买选择权等权利。

(二) 融资租赁的特点

不同于传统租赁,融资租赁的特点主要表现在以下几个方面:

1. 租赁物的专用性

在融资租赁活动中,出租人提供的租赁物一般不是通用设备,而是承租人根据自己的生产需要而确定的具有一定规格、性能和型号的生产设备。因此,租赁标的物的选定是由承租人做出实际的投资决策,然后委托出租人出资购买并租赁给承租人使用,并且在租赁期间只能租给一个企业使用。从技术上讲,租赁标的物具有在特定行业使用的专用性。

2. 租赁物产生的风险与报酬由承租人承担

承租人负责检查验收制造商所提供的设备,对该设备的质量与技术条件出租人不向承租人做出担保。出租人保留设备的所有权,承租人在租赁期间支付租金而享有使用权,并负责租赁期间设备的管理、维修和保养。

3. 租赁期限较长

融资租赁的租赁期限一般较长。根据我国会计准则规定，租赁期占租赁资产使用寿命的75%以上的属于融资租赁。因此，当租赁合同到期时，租赁标的物也几乎达到了其使用寿命，出租人可以节省频繁寻找承租人而带来的成本费用。

4. 租赁合同的不可撤销性

目前，我国融资租赁业务更多是针对投资金额重大的机器设备，由于出租人前期需要投入大量资金来购买设备，因此，租赁合同一经签订，在租赁期间任一方均无权单方面撤销合同。只有设备毁坏或被证明为已丧失使用价值的情况下方能中止执行合同，无故毁约则要支付相当重的违约金。

5. 承租人享有留购、续租和退租选择权

租赁期止，承租人一般对设备有留购、续租和退租三种选择。留购是指租期届满，承租人在付清应付的租金后，只要向出租人支付一笔双方商定的设备金额，即可取得租赁物的所有权。续租是指租期届满，承租人与出租人更新合同，继续承租租赁物，承租人按新合同支付租金；或者承租人未退回租赁物，出租人同意合同继续有效至承租人退回租赁物或者留购租赁物，承租人按原合同支付租金，直至合同终止。退租是指租期届满，承租人负责将处于良好工作状态的租赁物按出租人要求的运输方式运至出租人指定的地点，而由此产生的一切支出，如包装、运输、途中保险等费用均由承租人承担。根据《中华人民共和国民法典》第七百五十七条规定，出租人和承租人可以约定租赁期限届满租赁物的归属；对租赁物的归属没有约定或者约定不明确，依据本法第五百一十条的规定仍不能确定的，租赁物的所有权归出租人。

（三）融资租赁与银行贷款的区别

融资租赁与银行贷款存在一定的共性特征：从承租方看，融资租赁形式上类似于商业信用中的分期付款购买设备；从出租方看，融资租赁实际上是出租方发放的以设备为抵押的贷款。但是，融资租赁与银行贷款之间存在一定的差异，具体体现在以下方面。

1. 交易载体和交易结构

融资租赁产生之前，各种债权融资的形式都是以货币作为交易载体，即从资金的发放到收回，均采取货币形态。而融资租赁的出现，改变了这种债权融资中的资金的运动规律，在资金融通过程中，融资时采取的形式是融物，但偿还时采取的形式是货币。融资租赁将"融物"和"融资"相结合，直接导致了交易的结构发生变化，出现了三方当事人（承租人、出租人、供应商）和两个合同（租赁合同、买卖合同）。而银行贷款通常只包含双方当事人和一个交易合同。

2. 贷款额度和贷款期限

银行贷款受国家宏观调控及央行信贷政策的影响较大，一般以一年期以下流动资

金贷款为主且贷款额度较为有限。而融资租赁通常是指租赁期限较长的融资,其融资额度依客户资质条件和设备价值决定,额度范围较大,期限也较长,因此更适合于需要长期资金支持的企业。

3. 贷款程序和贷款门槛

融资租赁的信用审查手续简便,融资和融物为一体,大大节约了时间,使企业能在最短的时间内获得设备使用权、获得资金。而银行审批环节多,审批时间长,审批手续较为烦琐。

在还款灵活性上,融资租赁更为灵活。银行贷款一般是采用整笔贷出,整笔归还,在贷款归还时面临较大的资金压力。而租赁公司却可以根据每个企业的资金实力、销售季节性等情况,为企业定制灵活的还款安排。例如不等额还款,使承租人能够根据自己的企业状况,定制租金偿付表,合理安排资金。

与传统贷款相比,融资租赁不需要企业提供额外的抵押物,仅以租赁资产作为担保,降低了融资门槛。银行一般要求不动产抵押或经审核的第三方担保,而融资租赁主要依客户资质条件灵活决定。银行贷款主要解决国企、央企、上市公司等大型企业对资金的需求,融资成本低,但门槛要求非常高,中小企业难以企及。而融资租赁作为银行贷款的有益补充,其目标客户是广大中小企业,融资门槛较低。

4. 贷款成本和加速折旧

一般认为银行贷款较融资租赁成本低,租赁利率通常高于银行贷款利率,而且,融资性租赁公司还会在初期收取一定的手续费。但是,有一个因素往往被融资人忽略,那就是,在利用融资租赁的情况下,承租人企业可以享受加速折旧的优惠。财政部、国家税务总局规定,企业技术改造采取融资租赁方式租入的机器设备,折旧年限可按租赁期限和国家规定的折旧年限孰短的原则确定,但最短折旧年限不短于三年。而利用银行贷款自行购置设备,就不能享受该优惠待遇。

第二节 融资租赁的业务类型

在成熟的租赁市场上,出租人旨在通过满足承租人的各种需求以获取市场竞争力,构建出多种多样的业务类型,它们有着不同的特点和操作程序。融资租赁业务类型的划分与分类的方法和标准息息相关,若以融资租赁交易是否全额清偿为标准,可以将租赁划分为简单融资租赁和经营性租赁;以租赁的资金来源和付款对象为标准,可以将租赁划分为直接租赁、转租赁和售后回租;以租赁的出资比例为标准,可以将租赁划分为单一投资租赁和杠杆租赁;以租赁是否享受税收优惠为标准,可以将租赁划分为节税租赁和非节税租赁;以租赁业务涉及区域为标准,可以将租赁划分为国内租赁和国际租赁;此外,其他租赁类型中还包含厂商租赁和风险租赁(图1-1)。

```
                                    ┌─ 简单融资租赁
              ┌─ 是否全额清偿 ──┤
              │                    └─ 经营性租赁
              │
              │                    ┌─ 直接租赁
              ├─ 资金来源和付款 ──┼─ 转租赁
              │   对象              └─ 售后回租
              │
              │                    ┌─ 单一投资租赁
融资租赁的 ──┼─ 租赁的出资比例 ──┤
业务类型      │                    └─ 杠杆租赁
              │
              │                    ┌─ 节税租赁
              ├─ 是否享受税收优惠 ┤
              │                    └─ 非节税租赁
              │
              │                    ┌─ 国内租赁
              ├─ 租赁业务涉及区域 ┤
              │                    └─ 国际租赁
              │
              │                    ┌─ 厂商租赁
              └─ 其他租赁类型 ────┤
                                    └─ 风险租赁
```

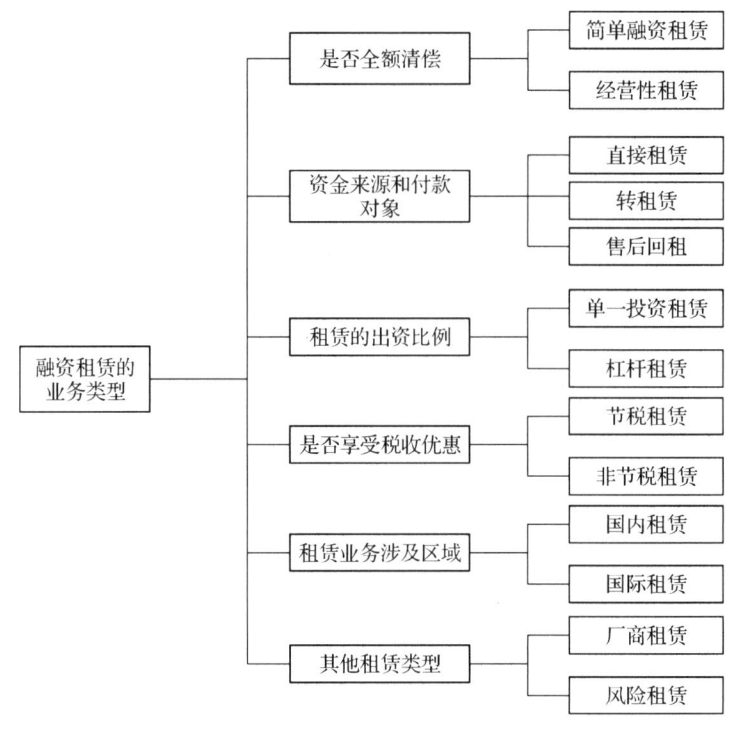

图 1-1　融资租赁的业务类型

一、简单融资租赁与经营性租赁

(一) 简单融资租赁

1. 简单融资租赁的含义

简单融资租赁(Simple Financial lease)是以全额清偿为特征的融资租赁,交易的特点在于承租人支付的租金不小于出租人的租赁资产投资额。除具有全额清偿性的典型特征外,其适用于融资租赁的一般定义,其交易结构也与融资租赁的基本交易结构相一致(图 1-2)。

```
  ┌──────────────┐    签订买卖合同     ┌──────────┐
  │ 融资租赁公司 │◄──────────────────►│   厂商   │
  │   (出租人)   │                      │ (供应商) │
  └──────┬───────┘                      └─────┬────┘
         ▲                                    │
         │ 签订租赁合同                   设备 │
         │                                    ▼
         │         ┌──────────┐              
         └────────►│   客户   │◄─────────────┘
                   │ (承租人) │
                   └──────────┘
```

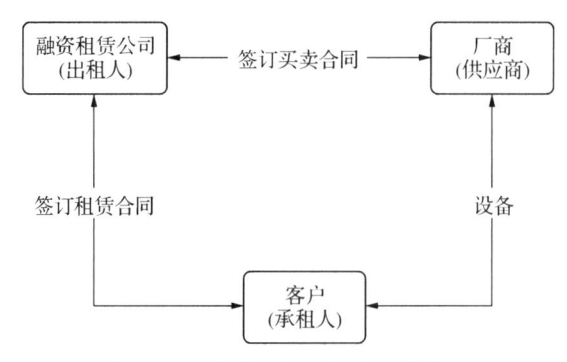

图 1-2　简单融资租赁的交易结构

2. 简单融资租赁的主要特征

除了具备融资租赁的基本特征外,简单融资租赁还具备全额清偿性及其派生出来的相关特征。

(1) 全额清偿性。

在简单融资租赁下,出租人支付的租赁资产投资额,皆以租金的方式从选定租赁资产的承租人处全部收回。全额清偿性具体体现在,承租人所支付的租金包括出租人所垫付的资产本金、其承担的融资成本与费用,以及出租人应获得的合理的投资回报。

(2) 承租人承担租赁资产的风险。

租赁资产的风险是指设备在未收回投资的情况下,由于时代发展和技术进步等原因,产品失去市场竞争力,面临淘汰的危机,使该设备的市场重置价值发生大幅下降,或者设备的使用者不能在预期的折旧年限内收回设备的全部投资的风险。简单融资租赁具有全额清偿性的鲜明特征,导致承租人成为租赁资产风险的最终承担者,即无论租赁资产在产品市场中发生何种变化,承租人都要按期向出租人支付全部租金。

(3) 承租人负责租赁资产的维修与保养。

这一特征反映了承租人承担租赁资产风险的另一个方面,即由承租人负责对租赁设备进行日常维护与保养,产生的费用也由承租人直接负担,计入该设备所生产的产品成本中。

(4) 租赁期满,承租人取得租赁资产的所有权。

租赁期满,租赁资产的所有权如何处置的问题,实质上是全额清偿特征的必然延续。这意味着到租期结束时,无论该租赁设备是否具有使用价值,仅就出租人而言,他已通过租金的方式收回了他所垫付的全部资金,并实现了预期的资金回报。从承租人的角度而言,若租赁设备仍然有使用价值,则这部分剩余的使用价值理所当然应由承租人无偿地获得。因此,出租人通常以无偿的或象征性的价格将租赁资产的所有权转让给承租人。

(5) 均匀支付租金。

简单融资租赁以均等付租作为租金的支付方式,其具体的支付安排与银行按揭贷款的偿还方式相同,由出租人按照约定的租期和支付周期来确定每期租金的支付时间和支付金额,承租人依照要求支付,无需考虑承租人的现金流是否能与之相匹配。

3. 简单融资租赁的业务流程

具体流程如下(图1-3):

① 确定租赁资产—② 委托租赁—③ 审查受理—④ 签订租赁合同—⑤ 签订买卖合同—⑥ 交货和验收—⑦ 支付设备货款—⑧ 售后服务—⑨ 支付租金—⑩ 办理保险—⑪ 签订维修合同—⑫ 租赁期届满后处理租赁资产。

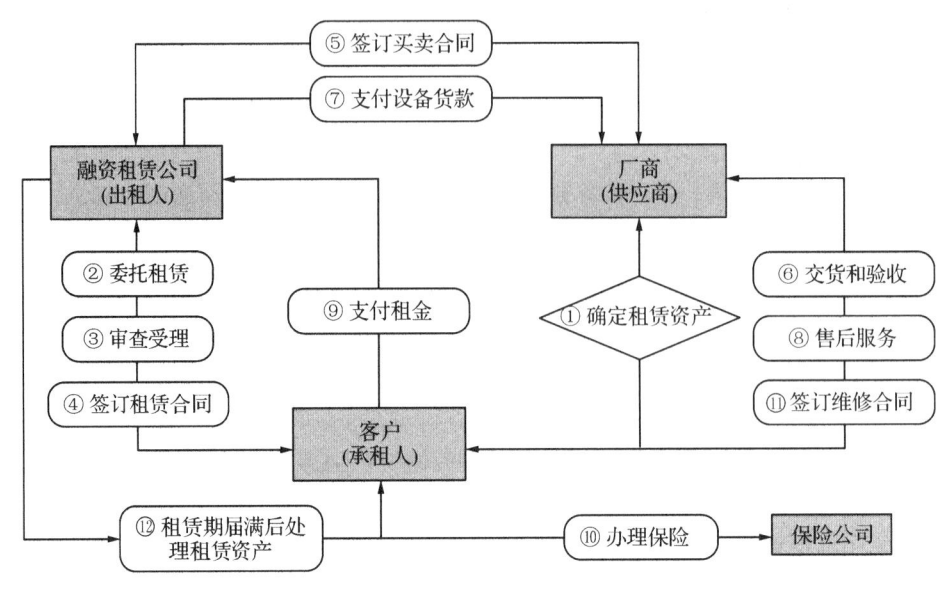

图 1-3 简单融资租赁的业务流程

(二) 经营性租赁

1. 经营性租赁的内涵

经营性租赁(operating leases)是指非全额清偿性的融资租赁,即出租人根据承租人的需求,向供应商购买设备,并将其出租给承租人的同时,计算承租人应付租金,确保其小于租赁投资额的一种租赁安排。在经营性租赁下,出租人通常需要对租赁资产的残值进行处理,才有可能收回其全部租赁投资,因此,该交易安排被视为一种基于租赁资产残值的租赁产品。

2. 经营性租赁的主要特征

(1) 承租人行使投资决策权,而出租人承担投资风险。

经营性租赁属于融资租赁业务范畴,具有融资租赁最基本的特征,即由承租人选定租赁标的物,拥有对租赁物的投资决策权。与简单融资租赁不同的是,经营性租赁的租赁资产的投资风险由出租人承担,而非承租人。在租赁交易中,出租人的租赁投资是否全额清偿是出租人承担投资风险的主要依据。在经营性租赁中,出租人不能收回全部的租赁投资额,因此租赁资产所产生的风险仍然由出租人承担。

(2) 租赁资产有残值且未进行担保。

在经营性租赁中,租赁期满,租赁资产留有残值,由于承租人与出租人双方在签订租赁合同时的约定是,由出租人承担处置残值的风险,承租人对出租人在基本租期结束时尚未完全收回的租赁投资与租赁债权的差额,也就是预先留有的残值,不提供任何保证。此时,出租人承担的残值,是无担保的残值。

(3) 租赁期满,出租人保留租赁资产的所有权,或以公平市价对其进行处置。

(三) 简单融资租赁和经营性租赁的差异

简单融资租赁与经营性租赁，作为融资租赁分类中一组最基本的对应形式，其根本的不同点是租金与租赁投资额之间是否有全额清偿关系。此外，由于这一差异导致这两种形式在租赁环节的某些方面也不尽相同。具体差异如表1-1所示，在比较二者的同时，本章增加传统租赁在这些方面的具体特征，以便读者对租赁业有更完整的认识。

表1-1 简单融资租赁和经营性租赁的差异

项目	简单融资租赁	经营性租赁	传统租赁
承租人的目的	融资	表外融资	临时使用
租赁物的选定	承租人	承租人和出租人协商	出租人
租赁期限	中长期	中长期，至少3年	短期，一般1年内
租赁物的维修、保养、保险	承租人	出租人或双方协商	出租人
租金与租赁投资额之间的关系	全额清偿	非全额清偿	非全额清偿
出租人的风险	信用风险	信用风险和资产风险	资产风险
会计处理	纳入承租人的资产负债表	不纳入承租人的资产负债表	不纳入承租人的资产负债表
租赁合同是否可撤销	不可撤销	不可撤销	可撤销
租赁期满，租赁物的处理	以名义价格留购	退租或以公平市价续租和留购	退租或续租

二、直接租赁、转租赁与售后回租

(一) 直接租赁

1. 直接租赁的定义

直接租赁是指出租人使用自行筹集的资金，直接向供货商购买设备，然后将设备租给承租人的租赁方式。直接租赁强调的是一项租赁交易中只有一个租赁关系，因此出租人的资金来源通常是货币市场或资本市场等非融资租赁的途径。

2. 直接租赁的业务流程

直接租赁一般包括两个合同：① 出租人与承租人签订的租赁合同。② 出租人与供应商签订的买卖合同。直接租赁的业务流程如图1-4所示。

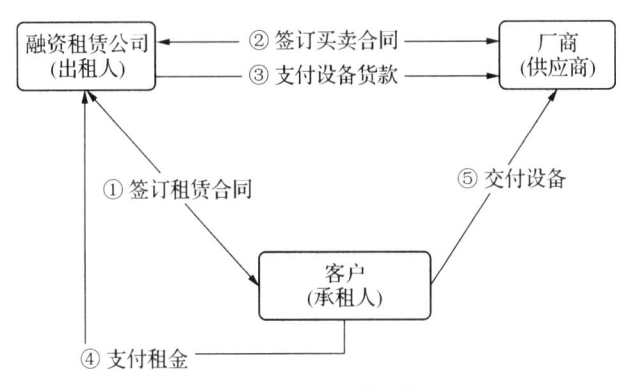

图 1-4 直接租赁的业务流程

(二) 转租赁

1. 转租赁的定义

转租赁是转租人先从别的租赁公司租入设备,然后再租给承租人使用的租赁方式。转租赁最早由中国人民银行界定为"以同一物件为标的物的多次融资租赁业务。在转租赁业务中,上一租赁合同的承租人同时又是下一合同中的出租人,称为转租人。转租人从其他出租人处租入租赁物件再转租给第三人,转租人以收取租金差为目的。租赁物品的所有权归第一出租人"。对于转租赁来说,其关注的重点是转租人的资金来源,因作为出租人的转租人也利用租赁融资作为其融资渠道而得以命名。

2. 转租赁的特点

第一,各层次的融资租赁合同的标的物必须是同一的。

第二,在一般情况下,各层次的融资租赁合同的租赁期限应该也是同一的。但是,无论如何,下一层次的融资租赁合同的租赁期限届满日不得迟于上一层次的融资租赁合同的租赁期限届满日。

第三,各层次的融资租赁合同对租赁期届满时租赁物件的归属(留购、续租或收回)的约定必须统一。

这种业务方式一般在国际进行。在做法上可以很灵活,有时租赁公司甚至直接将购货合同作为租赁资产签订转租赁合同。这种做法实际上是租赁公司融通资金的一种方式,租赁公司作为第一承租人不是设备的最终用户,因此也不能提取租赁物件的折旧。

3. 转租赁的业务流程

转租赁涉及的当事人包括设备供应商、原始出租人、转出租人、最终承租人四方。合同主要包括购货合同、租赁合同与转让租赁合同。转租赁的业务流程如图 1-5 所示。

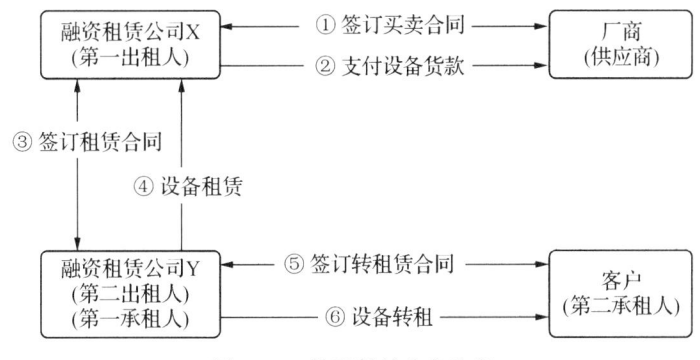

图 1-5 转租赁的业务流程

(三) 售后回租

1. 售后回租的定义

售后回租又称为回租,是指设备物主将自己拥有的资产卖给租赁公司,然后再从租赁公司租回使用的一种租赁方式。售后回租其实是企业缺乏资金,急需改善财务状况所采取的一种筹资方式。售后回租的实质是企业进行抵押贷款,与普通融资租赁相比,其特点在于承租人与资产出售人为同一人。

2. 售后回租的业务流程

售后回租业务涉及的关系人包括承租人与出租人两方,其中承租人是拥有原资产的企业,为了盘活资金而出售了自己的设备等资产;出租人是买入资产的租赁公司(图1-6)。回租的合同包括买卖合同与租赁合同。

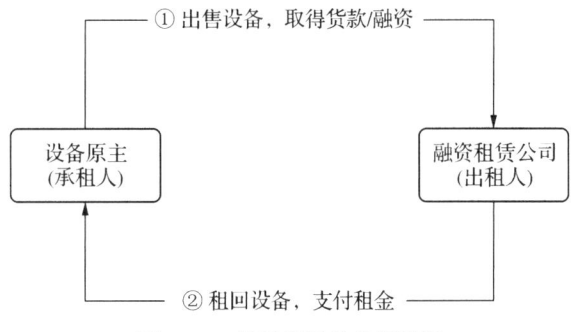

图 1-6 售后回租的业务流程

3. 售后回租的特点

第一,售后回租交易包含出售与回租两个环节,出售是形式,融资是实质。
第二,售后回租交易是一种资金与实物反向运动的融资活动。
第三,售后回租与抵押贷款的不同点在于其依然具有融资租赁的特征。

> **案例 1-1**

京城股份子公司的售后回租[①]

北京京城机电股份有限公司(以下简称"京城股份"),公司注册资本 42 200 万元。京城股份作为我国典型的工业制造业企业,在制造业市场衰退及需求量减少的影响下,面临经营困境,主营业务受其影响,近年来经营状况不佳,在 2012 年、2013 年、2015 年、2016 年利润均为负,面临退市的风险。由 2016 年融资租赁资产行业分布情况图,可知该公司是工业制造企业,同时主营的是能源设备,这都表明京城股份由于所属行业、主营业务、政策支持等原因,更加需要广泛的融资渠道获取经营资金,通过融资回租,可以有效将企业的过剩产能转换为资金来源。

京城股份下属子公司天海工业及其下属子公司廊坊天海高压容器有限公司以 2500T 水压机、400T 拉伸机、调质线等主要设备为标的物,与中智信融资租赁有限公司进行售后回租融资租赁业务,融资金额为 10 000 万元,租赁期为 3 年。每 3 个月偿还租金利息,再根据合同上规定的时期偿还本金,到期全额支付本金及未结清租金利息,共 12 期。同时京城股份还需要缴纳 213 万元作为此项融资活动的手续费。公司在 2015 的 2 月通过这一售后回租业务活动。

表 1-2 京城股份的财务数据

	2015 年	2014 年	变化比例/%
营业收入/万元	107 659.63	180 633.31	-40.40
营业成本/万元	11 533.93	162 148.23	-37.38
销售费用/万元	7 507.68	10 266.16	-26.87
管理费用/万元	16 272.55	18 288.70	-11.02
财务费用/万元	1 364.52	4 182.50	-67.38
经营现金流量净额/万元	14 565.44	-10 789.74	-234.99
投资现金流量净额/万元	-1 264.55	8 765.38	-114.43
筹资现金流量净额/万元	-8 572.97	-16 081.31	-46.69
研发支出/万元	1 415.05	1 600.34	-11.58

【案例分析】

京城股份在 2015 年实施售后回租之后,其年末资产负债结构与上年同期数据比较,2015 年的资产与负债都有明显下降。其中,2015 年的资产为 207 749.21 万元,比起 2014 年下降了约 4.3 亿元,下降数额约占 2014 年的 17.16%,缓解了企业产能过剩的状

[①] 徐浤.企业售后回租案例分析——以京城股份为例[J].中国商论,2019(1):217-218.

况。2014年总负债106 312.4万元,2015年总负债92 751.86万元,下降了12.76%。可以看出,2015年售后回租融资1亿元对本期负债下降有着重要影响,大大减少了公司的负债,优化了资产负债结构。

从表1-2可以得出,与2014年相比,京城股份在2015年实施售后回租之后,其经营现金流量净额与筹资现金流量净额均有大幅度上升。可以看出售后回租增加了公司的流动资金,改善了企业的现金流量,使得企业盘活了更多的可用资金用于生产经营活动,改善了企业的财务状况。

从表1-2的数据可以看出,2015年京城股份通过售后回租业务,将京城股份的资产转化为流动资金,经营现金流量净额上涨了234.99%,负债下降了12.76%,从而优化了公司的资产负债结构,提高了资产的利用率。通过售后回租,也使得本期的筹资现金流量净额较上期明显增加,改善了企业的现金流量,同时也拓宽了融资渠道,减少了对银行借款的依赖,对京城股份企业本身产生了积极的影响。我国同类型企业面对资金短缺、产能过剩问题,也可参考使用售后回租业务。

国际、国内经济环境的变化,以及企业自身投资战略偏差导致了企业经营业绩不佳,高负债的融资方式并不适合我国企业的长远发展。我国主营生产能源设备、交通运输设备、基础设施及不动产、通用机械设备和工业装备等商品的传统制造业企业占融资租赁行业的85.85%,主要是由于自身资产规模过大,产能过剩,经营业绩不佳,资金短缺,没有将自身庞大的资产规模转化为现金流,导致资产负债结构不合理,资产回报率较低。售后回租业务可以有效将过剩的资产出售后租回,将过剩产能转为资金来源。案例中京城股份将过剩的产能通过售后回租将京城股份的资产转化为流动资金,提高了资产利用率,是一种有效的融资方式。针对资金短缺、产能过剩的现状,我国制造业企业可以运用售后回租业务,更好地服务于企业的发展,从而振兴我国实体经济。

三、单一投资租赁与杠杆租赁

(一) 单一投资租赁与杠杆租赁定义

单一投资租赁是指一项租赁交易中所需的全部租赁投资,100%由一个出租人来独立地承担的租赁交易安排。

杠杆租赁是指在一项租赁交易中,由出租人直接或联合若干投资人,只出资租赁设备全部购置价款的20%~40%,并以此出资为财务杠杆,来带动其他债权人,如银行或债券投资人等,对该租赁项目其余60%~80%的款项提供无追索权的贷款或其他方式融资的租赁交易安排。杠杆租赁的做法类似银团贷款,是专门做大型租赁项目的一种有税收好处的融资租赁。主要是由一家租赁公司牵头作为主干公司,为一个超大型的租赁项目融资。首先成立一个脱离租赁公司主体的操作机构——专为本项目成立资金管理公司,出项目总金额20%以上的资金,其余部分资金来源主要是吸收银行和社会闲散游资,利用"以二博八"的杠杆效应为租赁项目取得巨额资金。其余做法与简单融资租赁基本相同,只不过合同的复杂程度因涉及面广而随之增大。此种租赁操作规范、综合效益好、租金回收安全、费用低,一般用于飞机、轮船、通信设备和大型成套设备。

(二) 杠杆租赁的当事人与合同

1. 杠杆租赁主要涉及的当事人

(1) 承租人。一般为实力雄厚的大中型企业。

(2) 设备供应商。

(3) 物主出租人。负责提供购买设备的最初款项,多由数家公司与银行共同组成。

(4) 物主受托人。受托人由物主出租人内部委托一员担任,便于经营管理租赁标的,是杠杆租赁的核心。

(5) 债权人或贷款人。一般由多家银行共同组成,并提供资金。

(6) 合同受托人。接受多个债权人的委托,办理出租和收取租金事宜。

(7) 经纪人或包租人。即出租人与承租人之间的中间人,负责起草合同,联系借款,促成交易,收取佣金,一般由租赁公司、投资银行担任。

2. 杠杆租赁涉及合同的主要内容

(1) 参加协议——所有当事人同时签订。

(2) 购买和制造协议——承租人与设备供应商签订。

(3) 购买协议的转让协议——承租人与物主受托人签订,由前者向后者转让买卖设备的权利,以便为筹资做担保。

(4) 信托协议——物主出租人与物主受托人签订,前者授权,后者执行购买权力。

(5) 合同信托协议——包括信托合同与抵押契约,由物主受托人与合同受托人签订,后者获得抵押权。

(6) 租赁合同——承租人与物主受托人签订,明确由后者具体办理购买设备事宜。

(7) 保证协议——由担保人签署。

(三) 杠杆租赁的交易流程

杠杆租赁的操作分为筹备阶段与正式进行阶段,其具体交易流程见图1-7。

图 1-7　杠杆租赁的交易流程

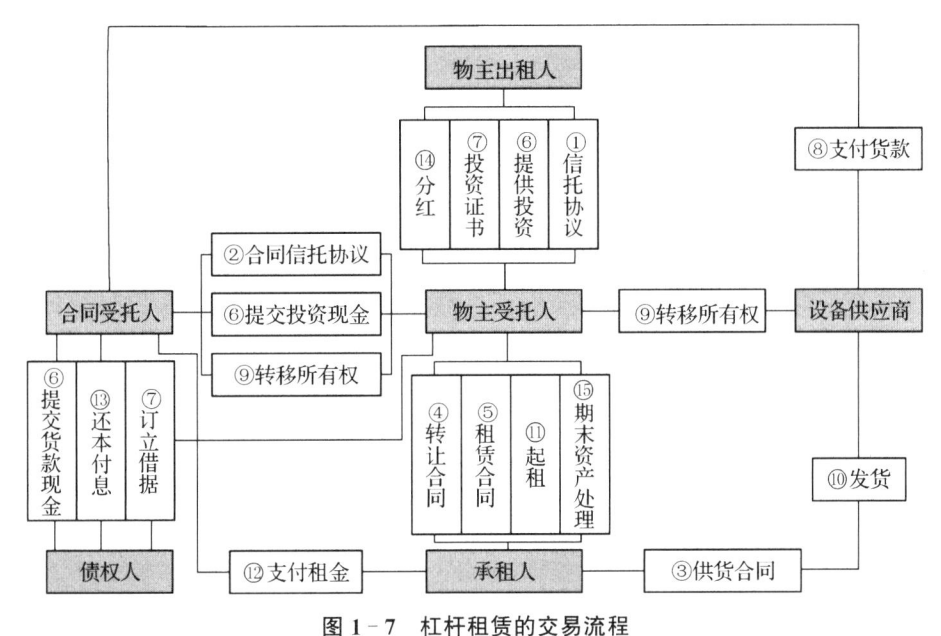

四、节税租赁与非节税租赁

（一）节税租赁

节税租赁又称为真实租赁（True Tax Lease），是符合法律规定享受税收优惠的租赁。典型的租赁都是节税租赁。

节税租赁应具备税法所规定的各项条件。出租人据此享受加速折旧及投资减税等税收优惠，并且可以以降低租金的形式向承租人转让其他部分税收优惠，使承租人用于租赁的成本低于货物购买成本支出，从而增加了租赁的吸引力，有利于促成租赁交易的发生。

（二）非节税租赁

非节税租赁在美国被称为有条件的销售式租赁（Conditional Sale），在英国被称为租购（Hire Purchase）。这类租赁与分期付款较为接近，如在英国若租赁合同中有"承租人享受留购权"的条款，则此租赁被视为租购，在税收上被当作分期付款交易来对待。通常，非节税租赁中由承租人而不是出租人作为租赁标的物所有者享受税收、折旧优惠和期末残值，但其所付的租金不能当作费用从成本中扣除。

> **延伸阅读**
>
> **真实租赁和有条件销售**[①]
>
> 美国税法所规定的真实租赁的条件包括:(1) 出租人对资产拥有所有权;(2) 租期结束后,承租人可按公平市价续租或留购,也可退还设备,但不能无偿享受期末残值;(3) 合同开始时预计期末资产的公平市价不能低于设备成本的15%～20%;(4) 租期末租赁资产应有两年的服务能力或到期资产的有效寿命为原资产的20%;(5) 出租人投资至少应占设备购置成本的20%;(6) 出租人从所得租金中至少可获投资金额的7%～12%的合理报酬,租期不超过30年。
>
> 上述规定的主要目的是要区分租赁与分期付款式的买卖行为,从而给真实租赁以税收优惠,包括出租人有资格获得加速折旧及投资减税等优惠,出租人可以降低租金向承租人转让部分税收优惠。承租人可以将其租金从应纳税所得额中扣除,从而减少应税金额。因此真实租赁又称为节税租赁。
>
> 相对应地,凡符合下列其中一项者,即可被视为有条件销售:
>
> (1) 租金中有部分金额是承租人为获得资产所有权而专门支出的;(2) 在支付一定数额的租金后,资产所有权即自动转移给承租人;(3) 承租人在短期内交付的租金,相当于购买这项设备所需要的大部分金额;(4) 一部分租金支出实际上是利息,或被认为相当于利息;(5) 按名义价格留购一项资产;(6) 租金和留购价的总和接近购买设备的买价加运费;(7) 承租人承担出租人投资损失的风险;(8) 租期实质上等于租赁资产的全部有效寿命。

五、国内租赁和国际租赁

(一) 国内租赁

当租赁交易只涉及国内区域,租赁交易的当事人同属一国居民时,这样的租赁称为国内租赁。这是在国内融通资金的一种形式。

(二) 国际租赁

当租赁交易的范围扩展到国外,即租赁交易的当事人分属于不同国家时,这样的租赁可以称为国际租赁或跨国租赁。国际租赁又分为进口租赁和出口租赁。

1. 进口租赁

进口租赁是指从国外引进租赁设备,再租给国内承租人使用,往往采用的是转租赁的

[①] 叶伟春.信托与租赁[M].上海:上海财经大学出版社,2011.

方式。进口租赁通常被用作引进国际先进技术设备或引进国际资金的一种有效手段。

2. 出口租赁

出口租赁是指国内设备出租到国外，由国外承租人租用。出口租赁可以扩大国内产品的出口。

六、其他租赁类型：厂商租赁、风险租赁

(一) 厂商租赁

1. 厂商租赁的含义

厂商租赁是指机器设备的制造商或经销商，对选定本企业生产或经销的机器设备的购买者，通过为其提供融资租赁的方式，将机器设备交付给用户使用的租赁销售方式。机器设备的使用者在取得设备时，不需要一次性地付清全部货款，只需按照约定，在随后的租期内支付相应的租金，即可获得该机器设备的使用权。运用租赁销售的方式，既是企业扩大销售的一种手段，又可通过提供融资便利提升企业产品的竞争力，从而达到扩大企业产品销售的目的。

2. 厂商租赁的交易流程

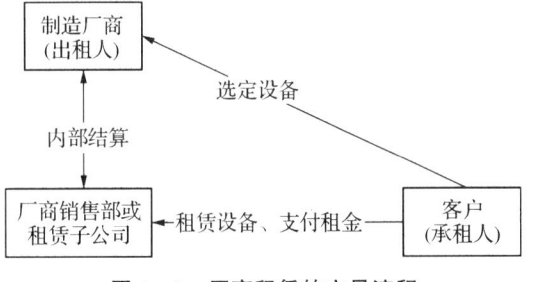

图 1-8 厂商租赁的交易流程

案例 1-2

天地科技股份有限公司的厂商租赁模式

天地科技股份有限公司作为中煤科工集团下属上市公司，主营业务分为科研设计、煤机装备、示范工程和 EPC 总承包四个板块，其中煤机装备板块涵盖了"采、掘、运、支、选、控"系列产品。公司的煤机装备在全国各个矿区具有较大的知名度和认可度，在中国煤炭机械工业协会发布的中国煤炭机械工业 2015 年度 50 强企业名单中，天地科技股份有限公司以 114.29 亿元的煤机产品收入荣登榜首，公司煤机装备的生产基地及具体装备明细如表 1-3 所示。

表 1-3 天地科技股份有限公司煤机装备生产基地及装备明细表

下属公司名称	公司所在地	主营装备
宁夏天地奔牛实业集团有限公司	宁夏石嘴山	刮板输送机、转载机、破碎机等工作面运输设备
宁夏天地西北煤机有限公司	宁夏石嘴山	带式输送机等主运输设备
天地宁夏支护装备有限公司	宁夏银川	液压支架
山西天地煤机装备有限公司	山西太原	掘进机和无轨胶轮车等辅助运输设备
天地科技股份有限公司上海分公司	上海	采煤机、带式输送机等
天地(常州)自动化股份有限公司	江苏常州	电气及监控检测装备
天地科技股份有限公司唐山分公司	河北唐山	选煤装备
天地科技股份有限公司高新技术事业部	北京	提升机、装车站等系统
北京天地玛珂电液控制系统有限公司	北京	液压支架电液控制系统

为了销售公司的煤机装备，天地科技股份有限公司先后与交银和工银等多家金融机构签署融资协议，后又于 2014 年在中国(上海)自由贸易试验区成立天地融资租赁有限公司，以便更好地为公司的装备销售提供服务。自 2013 年至今，天地科技股份有限公司通过采用厂商租赁的模式共销售煤机装备 24 套，合同总额达 131 057 万元，项目主要分布在山西、贵州、陕西等地区，具体如表 1-4 所示。

表 1-4 "成套＋融资租赁"模式项目分布信息表

地区	项目数量/个	合同金额/万元
山西	9	64 614
贵州	8	41 221
陕西	3	9 004
新疆	1	4 799
内蒙古	1	2 800
甘肃	1	5 158
重庆	1	3 461
合计	24	131 057

【案例分析】

天地科技[①]通过采用厂商租赁的模式不仅增加了产品在市场中的竞争力，而且产生了很好的示范效应。以贵州贵能项目为例，贵州贵能集团攀枝花煤矿为急倾斜薄煤层和中厚煤层，原来只能用炮采，产量不到 15 万吨/年，天地科技经过现场考察，充分发挥厂商的技术优势，根据其条件研发了急倾斜薄煤层(和中厚煤层)综采成套技术，使该矿升级改造为 90 万吨/年的矿井，而且为其设备升级改造提供融资服务。厂商租赁模

---

① 刘金凯,吴春野,陈晓莉.厂商租赁模式在煤机装备销售中的应用[J].中国煤炭,2017,43(6):33-36.

式得到了客户的认可,甚至成了客户的依赖,贵能集团后续通过该模式又采购了3套天地科技综采成套装备。在此项目的带动下,天地科技业务范围逐步由六盘水扩展到黔西、毕节乃至贵州全境,取得了积极的效果。

目前天地科技通过厂商租赁模式销售的各个项目均运行良好,已完结项目8个,其他项目亦在有序进行中。通过采用厂商租赁模式不仅提高了公司煤机装备的市场竞争力,扩大了煤机装备的销售额,而且降低了项目运营风险,实现了煤机装备制造企业和煤炭企业的双方共赢。

综上所述,厂商租赁模式不仅解决了煤炭企业融资难的困境,实现了设备的升级改造,而且提高了煤机装备制造商的市场竞争力,化解了过剩产能,同时降低了项目的运营风险,提高了抵抗风险的能力。尤其是在当前的煤炭市场动荡发展期更具有积极的意义,但在实际操作过程中需增强风险意识,注意规避风险。

(二) 风险租赁

1. 风险租赁的定义

风险租赁是融资租赁与风险投资的有机组合,是指在一项融资租赁交易中,出租人以租赁债权加股权投资的方式将设备出租给特定的承租人,通过分别获得租金和股东权益收益作为投资回报的一项租赁交易。

2. 风险租赁的特点

第一,承租人通常由两类公司构成:一类是呈现成长性的公司,另一类是从事杠杆收购的公司。

第二,出租人进行风险租赁的交易前提是要接受以下风险:一是信用风险,由于承租人没有租赁交易记录,那么出租人就要承担承租人违约风险。二是权益风险,以股东权益作为出租人投资回报的一部分,具有很大的不确定性,若承租企业经营不善,出租人这部分收益将化为乌有。权益风险也是风险租赁与其他一般租赁的根本性区别。

第三,出租人投资回收的形式。出租人的投资回报主要由租金、设备残值和股东权益三部分构成。股东权益的典型形式是获得承租人公司的普通股股票。

3. 风险租赁的交易流程

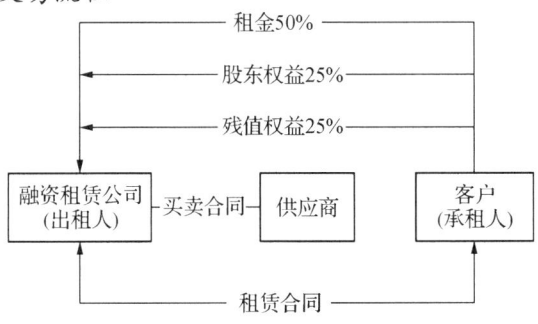

图1-9 风险租赁的交易流程

第三节　融资租赁的基本要素

融资租赁是一种贸易与信贷相结合、融资与融物为一体的综合性租赁交易方式。我国融资租赁业的发展始于20世纪80年代初,经过四十多年的实践,已经具备简单融资租赁、售后融资租赁以及杠杆融资租赁等形式多样的业务类型。以简单融资租赁(即直接租赁)为例,融资租赁的基本要素可用"2＋3＋4"来概括:"2"代表两个基本合同,"3"即三方当事人,"4"为四大发展支柱。其他业务类型是对直接租赁的演变与改进,其展业的基本要素也囊括在"2＋3＋4"的范围内。

一、两个基本合同

根据《中华人民共和国民法典》(以下简称《民法典》)第十五章融资租赁合同第七百三十五条的相关规定:融资租赁合同是出租人根据承租人对出卖人、租赁物的选择,向出卖人购买租赁物,提供给承租人使用,承租人支付租金的合同。

融资租赁合同是由出卖人(供应商)与买受人(租赁合同的出租人)之间的买卖合同,以及出租人与承租人之间的租赁合同两份相关合同构成,其内容是融资,表现形式是融物。但是,融资租赁合同的法律效力并不是买卖和租赁两个合同效力的简单叠加。此外,融资租赁业务还有可能涉及信托合同、借款合同等多个合同关系。买卖合同确定融资成本,租赁合同确定融资收益,两个合同共同约定并牵制三方当事人的权利和义务。

(一) 出卖人与买受人:买卖合同

1. 买卖合同的定义

根据《民法典》第九章买卖合同第五百九十五条、第五百九十六条的相关规定:买卖合同是出卖人转移标的物的所有权于买受人,买受人支付价款的合同。买卖合同的内容一般包括标的物的名称、数量、质量、价款、履行期限、履行地点和方式、包装方式等相关条款。在融资租赁合同中,出租人(买卖合同中的买受人)虽然须向出卖人购买标的物,但其购买的直接目的是为了交付承租人使用收益,而不是为了自己使用。这是融资租赁合同中出租人的买卖行为不同于买卖合同之处。

2. 买卖合同的特征

融资租赁合同中涉及的买卖合同具备一般买卖合同的特点:有偿性、双务性、诺成性、不要式等。

第一,买卖合同是有偿合同。买卖合同的实质是以等价有偿方式转让标的物的所有权,即出卖人移转标的物的所有权于买方,买方向出卖人支付价款。这是买卖合同的基本特征,使其与赠与合同相区别。

第二,买卖合同是双务合同。在买卖合同中,买方和卖方都享有一定的权利,承担一定的义务。而且,其权利和义务存在对应关系,即买方的权利就是卖方的义务,买方的义务就是卖方的权利。

第三,买卖合同是诺成合同。买卖合同自双方当事人意思表示一致就可以成立,不以一方交付标的物为合同的成立要件,当事人交付标的物属于履行合同。

第四,买卖合同一般是不要式合同。通常情况下,买卖合同的成立、有效并不需要具备一定的形式,但法律另有规定者除外。

(二) 出租人与承租人:租赁合同

1. 租赁合同的定义

根据《民法典》第十四章租赁合同第七百零三条、七百零四条的相关规定:租赁合同是出租人将租赁物交付承租人使用、收益,承租人支付租金的合同。租赁合同的内容一般包括租赁物的名称、数量、用途、租赁期限、租金及其支付期限和方式、租赁物维修等条款。在融资租赁合同中,出租人须根据承租人对出卖人和租赁物的选择出资购买租赁物,这是融资租赁合同不同于租赁合同的一个重要特点。租赁合同的出租人是以自己现有的财物出租,或者根据自己的意愿购买财物用于出租,而融资租赁合同是出租人按照承租人的要求,主要是对出卖人和租赁物的选择,出资购买出租的财物,使承租人不必付出租赁物的价值,即可取得租赁物的使用收益,从而达到融资的效果。正是从这一意义上,融资租赁合同被冠以"融资"的称号。

2. 租赁合同的特征

凡是当事人需要取得对方标的物的临时使用、收益而无须取得所有权,并且该物不是消耗物时,都可以适用租赁合同。融资租赁合同中涉及的租赁合同,具备一般租赁合同的特点:诺成性、双务性、有偿性、期限性等。

第一,租赁合同是诺成、有偿、双务合同。租赁合同的成立无须交付标的物或履行特定行为,故为诺成性合同,而非实践性合同。租赁合同承租人必须按规定或者按约定向出租人交付租金,因而是有偿合同。租赁合同当事人的任何一方从对方取得利益,均须支付一定的代价,出租人以转移租赁物的使用收益权而取得利益,承租人以交付租金而取得租赁物的使用收益,双方的权利与义务具有对应性、对价性,因此租赁合同是双务合同。

第二,租赁合同是转移租赁物使用收益权的合同。租赁合同是以承租人一方取得对租赁物的使用收益为目的,在租赁期满后承租人应将租赁物返还出租人,因而租赁合同仅仅转移租赁物的使用收益权,并不转移租赁物的所有权,这一点是它区别于买卖合同、赠与合同等转移财产所有权的合同。

第三,租赁合同是一种具有确定期限的合同。租赁合同具有临时性的特征,不能永久使用。虽然我国《民法典》在第七百零七条中规定,租赁物期限六个月以上的租赁合同,应当采用书面形式,但同时也规定,当事人未采用书面形式的,视为不定期租赁,而不是认定租赁合同不成立或者无效。可见,我国《民法典》对于租赁合同是作为不要式合同为一般情形的。当然,这并不排除其他法律或者法规对某些租赁合同做出需要特殊形式的规定,如房屋租赁合同期订立、变更、终止等应当采用书面形式,甚至要求登记。

第四,租赁标的物只能是特定的非消耗物。租赁合同的标的物可以是动产,也可以是不动产。但因合同终止后,承租人必须把租赁物返还给出租人,所以租赁物只能是特定非消耗物,这一特征使之与消费借贷区别开来。

(三) 出租人、承租人与出卖人:融资租赁合同

1. 融资租赁合同的法律特征

融资租赁合同的主体为三方当事人,即出租人(买受人)、承租人和出卖人。承租人要求出租人为其融资购买承租人所需的设备,然后由供货商(即出卖人)直接将设备交给承租人。其法律特征是:

第一,与买卖合同不同,融资租赁合同的出卖人是向承租人履行交付标的物和瑕疵担保义务,而不是向买受人(出租人)履行义务,即承租人享有买受人的权利,但不承担买受人的义务。

第二,与租赁合同不同,融资租赁合同的出租人不负担租赁物的维修与瑕疵担保义务(注:租赁物的瑕疵担保义务是指出卖人就其所交付的标的物具备约定或法定品质所负的担保义务。即出卖人须保证标的物移转于买受人之后,不存在品质或使用价值降低、效用减弱的瑕疵),但承租人须向出租人履行交付租金的义务。

第三,根据约定以及支付的价金数额,融资租赁合同的承租人有取得租赁物的所有权或返还租赁物的选择权,即如果承租人支付的是租赁物的对价,就可以取得租赁物的所有权;如果支付的仅是租金,则须于合同期届满时将租赁物返还出租人。

2. 融资租赁合同的基础条款

《民法典》第十五章融资租赁合同第七百三十六条规定了融资租赁合同的内容和形式:融资租赁合同的内容一般包括租赁物的名称、数量、规格、技术性能、检验方法,租赁期限,租金构成及其支付期限和方式、币种,租赁期限届满租赁物的归属等条款。融资租赁合同应当采用书面形式。根据本条规定:

第一,明确了融资租赁合同应当具备关于租赁物(租赁标的)、租赁期限以及租金(租赁费用)等基本要素的一般条款。除上述条款外,融资租赁合同一般还应该包括租赁物的交付、使用、保养、维修和保险、担保、违约责任、合同发生争议时的解决方法、合同签订日期和地点等条款。

第二,明确了融资租赁合同应当采用书面形式。融资租赁合同采用书面形式的原因在于当事人较多、法律关系较为复杂、履行期限较长、可能具有涉外因素等。如果不

采用书面形式,将难以明确各方的权利义务关系。

3. 融资租赁业务的构成要素

一个完整的融资租赁业务,构成要素主要包括租赁当事人、租赁标的(租赁物)、租赁期限与租赁费用(租金)四个方面。租赁当事人的相关内容,这在后面会具体谈到。

(1) 租赁标的。

租赁标的是指用于租赁的物件,也是经济合同中当事人权利和义务共同指向的对象。融资租赁合同的标的物具有广泛性、限定性。

现代融资租赁所经营的设备无所不及。从人造卫星、航空设备、石油钻井平台等大型成套设备,到包括汽车、火车、轮船、飞机等在内的各种运输工具;从各种精密仪器、信息处理系统、电话系统、纺织机械等专用设备,到机床、办公用品等一般通用生产设备,都已成为融资租赁公司的经营对象,所以说融资租赁合同的标的物具有广泛性。

理论上讲,可以合法转让使用权的物品都可以成为融资租赁合同的标的物。然而在实践中,各国对租赁标的都有一些限制。根据国际统一私法协会1988年5月在加拿大渥太华讨论形成的《国际融资租赁公约》的相关规定,国际融资租赁的标的物为"成套设备、资本货币或其他设备"。国际会计标准委员会于1982年9月颁布并于1997年修订的《国际会计准则第17号——租赁》中规定:"本准则适用于一切租赁,除非是:(a) 开发或使用诸如石油、天然气、木材、金属及其他矿产权的自然资源的租赁协议,以及(b) 诸如电影、录像、剧本、文稿、专利和版权等项目的许可协议。"我国原银监会2014年3月发布实施的《金融租赁公司管理办法》中规定:"用于融资租赁交易的租赁物为固定资产。"我国财政部于2001年1月颁布并于2018年12月7日修订的《企业会计准则第21号——租赁》中规定:"本准则适用于所有租赁,但下列各项除外:(一)承租人通过许可使用协议取得的电影、录像、剧本、文稿等版权、专利等项目的权利,以出让、划拨或转让方式取得的土地使用权,适用《企业会计准则第6号——无形资产》。(二)出租人授予的知识产权许可,适用《企业会计准则第14号——收入》。勘探或使用矿产、石油、天然气及类似不可再生资源的租赁,承租人承租生物资产,采用建设经营移交等方式参与公共基础设施建设、运营的特许经营权合同,不适用本准则。"我国原银保监会2020年5月出台的《融资租赁公司监督管理暂行办法》中规定:"融资租赁公司开展融资租赁业务应当以权属清晰、真实存在且能够产生收益的租赁物为载体。融资租赁公司不得接受已设置抵押、权属存在争议、已被司法机关查封、扣押的财产或所有权存在瑕疵的财产作为租赁物。"据此,虽然我国《民法典》并未对融资租赁交易的标的物做出明确限制,但根据国际准则和我国相关政策的规定,融资租赁合同的标的物具有限定性。

综上所述,租赁标的具有以下性质:第一,租赁标的必须是有形的实物资产,不可再生资产、无形资产、土地使用权等不适合作为租赁标的;第二,租赁标的使用后仍然能够保留原有物理、化学状态;第三,租赁标的必须能够相对独立地发挥自身效用而不必依附于其他物品。

(2) 租赁期限。

租赁期限是指出租人出让物品给承租人使用的期限。《国际财务报告准则第16号——租赁》和我国《企业会计准则第21号——租赁》规定：租赁期是指承租人有权使用租赁资产且不可撤销的期间。租赁期包括：① 续租选择权所涵盖的期间，前提是承租人合理确定将行使该选择权；② 终止租赁选择权所涵盖的期间，前提是承租人合理确定不会行使该选择权。

租赁期限因租赁种类的不同而有差异。根据我国法律的相关规定，一般而言经营性租赁的租期不超过一年。按照《民法典》第七百零五条规定：租赁期限不得超过二十年。超过二十年的，超过部分无效。租赁期限届满，当事人可以续订租赁合同；但是，约定的租赁期限自续订之日起不得超过二十年。融资租赁合同的租赁期限，一般根据租赁标的的性质、使用寿命、预期收益和企业客户的需求来确定，对于国家鼓励的特殊项目，租期最短为三年。在选择融资租赁时，企业客户应充分考虑自身需求，并与融资租赁公司进行深入沟通，以确定最合适的期限。同时，双方在签订合同后也可以根据实际情况进行调整，以实现共赢的目标。

对于融资租赁期间届满后租赁物的归属，可以通过当事人之间的约定来确定。一般有如下做法：一是退租，在合同期限届满时，承租人将租赁物按使用后的状态交还给出租人；二是续租，在合同期限届满时，在出租人和承租人之间订立另一个融资租赁合同，或对本合同通过协议进行变更，由承租人按照一定的条件继续对租赁物进行使用收益；三是留购，一般由承租人在融资租赁合同期限届满时象征性地支付一定的价款，充抵租赁物的残值，而获得租赁物的所有权。如果当事人对租赁物的归属无约定或约定不明，则按照合同的有关条款或交易习惯确定。如以上述方法仍不能确定，租赁物的所有权则依然归出租人享有。融资租赁合同期限届满，当事人也已按照合同的约定或法律的规定全面正确地履行了自己的义务，此时，合同终止。如果说合同解除是融资租赁合同终止的非正常形式，那么，期限届满就是融资租赁合同终止的正常形式。

(3) 租赁费用。

租赁费用是各方利益的集中体现，对出租人来说是收回在租赁物品上的投资并获得利润的手段，对承租人来说是取得租赁物品使用而发生的成本。租赁费用是根据租赁期限长短，而不是根据租赁标的的使用次数来衡量。按照融资租赁合同的规定，承租期间不管承租人有无使用设备，一般都要定期支付事先约定的租金。

融资租赁合同的租赁费用具有特殊性，主要体现在以下两个方面。

第一，融资租赁合同的承租人须向出租人支付租金，但租金并非是承租人对租赁物为使用收益的代价，而是融资的代价。在融资租赁合同中，因其为"租赁"而非买卖，故承租人须支付"租金"，但因其为"融资"租赁，所以承租人支付租金的代价并非是对租赁物为使用收益的代价，而是"融资"的代价。租金实际上是承租人分期对出租人购买租赁物价金的本息和应获取的合理利润等费用的偿还。

第二，由于租赁物是为了满足承租人的需要，根据承租人的选择而从出卖人处购得，通用性往往较差。为了确保出租人能通过融资租赁交易获取利润，其租金通常包括以下四项要素：设备购置成本、融资成本、手续费用及合理利润。融资租赁合同的租金，除当事人另有约定的以外，应当根据购买租赁物的大部分或者全部成本以及出租人的合理利润确定。因此，融资租赁合同中的租金往往高于传统一般租赁中的租金，具有自身的特殊性。

二、三方当事人

融资租赁这一经济关系包括最基本的三方当事人：出租人（买受人）、承租人和出卖人（供应商）。

（一）出租人

出租人是租赁标的的所有者，拥有租赁标的的所有权，通过将物品出租给他人使用，收取报酬。融资租赁关系中出租人所拥有的租赁标的，是按照承租人的要求向出卖人（供应商）购入的特定资产。出租人是融资租赁市场的经营者，是融资租赁交易中最活跃的部分，是推动融资租赁交易发展的主导力量。在现代租赁中，出租人一般是法人，主要包括厂商类出租人、金融机构类出租人、独立机构类出租人三类，这是因为个人很难承担与巨额财产相对应的巨额风险。

1. 厂商类出租人

厂商类出租人即附属于设备制造厂商的出租人，此时融资租赁关系仅涉及出租人和承租人两方当事人，出租人同时也是出卖人（供应商）。一些机械、电子领域的大工业制造商，为扩大本企业产品的市场份额，增加销售量，会通过在本企业内部设租赁部，或者另行设立租赁子公司，或者与其他专业性融资租赁公司合作，专门经营本企业产品在国内外市场的融资租赁业务。国际上比较著名的厂商类出租人有通用财务公司（GE Capital）、国际商业机器公司（IBM）、卡特彼勒公司（Cater Piller）、西门子信贷公司（Siemens）等。

这类出租人进行融资租赁的目的是运用融资租赁交易所具有的优势，来提高本企业产品的综合竞争力，以此增加产品销售，扩大产品的市场份额。在进行具体的融资租赁交易安排时，这类出租人经常最大限度地发挥其自身优势，为客户提供对租赁设备的保养、维修、配件供应等方面的服务，并在融资租赁期限届满时提供更加灵活的选择余地，从而更好地满足客户对设备分期付款、短期使用、免技术更新风险等多方面的需求。

2. 金融机构类出租人

金融机构类出租人即银行、保险公司、证券公司等金融机构，该类金融机构利用其资金直接参与融资租赁交易，或者为了参与融资租赁交易而设立其属的租赁部或租赁子公司，在融资租赁市场中占有重要地位。2014年3月13日，中国原银监会发布的《金融租赁公司管理办法》是规范金融租赁公司经营行为的制度保障。需要注意的是，金融租赁公司名称中应当标明"金融租赁"字样。

3. 独立机构类出租人

独立机构类出租人即专门从事融资租赁业务的租赁公司，或者与租赁业务相关的财务咨询公司和经纪公司。这类出租人在开展融资租赁业务时，主要是用其专业的租赁技术，通过安排各种交易方式，面向特定客户群体，独立地进行融资租赁交易，保证各方利益的最大化。2020年5月26日，中国原银保监会发布的《融资租赁公司监督管理暂行办法》是引导独立机构类融资租赁公司合规经营的制度保障。需要注意的是，本办法所称融资租赁公司，是指从事融资租赁业务的有限责任公司或者股份有限公司（不含金融租赁公司）。

（二）承租人

承租人是租赁标的的选择人和实际使用人。但在部分融资租赁（如转租赁业务）中，承租人不一定就是租赁物的直接使用者。我国法律、法规对承租人主体资格没有强制性规定，承租人可以是法人或自然人，但在大额财产的租赁中，承租人通常是法人。需要特别说明的是，在一项融资租赁业务中，出租人和承租人可以分别由一人充当，也可以由多人共同充当出租人或承租人。

承租人在进行融资租赁时需要注意几个关键事项：第一，选择正规经营的租赁公司。金融租赁公司应持有国家金融监督管理总局（原银保监会）颁发的金融许可证。各省（自治区、直辖市）地方金融监管部门根据要求，对辖内融资租赁公司进行名单制管理，相关名单发布可在各局官网查询，建议承租人避免选择非正常经营名单内企业进行合作。第二，签署合同时，认真阅读合同条款，特别是租金构成、支付方式、相关费用、逾期处理事宜及违约金等重要条款，与出租人进行确认，并在合同签订后及时保存合同副本。建议咨询专业律师参与商业谈判及拟定合同条款。第三，按合同约定按时支付租金，避免影响征信记录。

除了出租人和承租人作为基本当事人外，融资租赁合同还涉及一些非基本主体，如转租式融资租赁合同中的最终承租人、买卖合同委托代理人、承租人的信用担保人等。

（三）出卖人

出卖人是指融资租赁合同中，提供出卖资产的人，通常为资产的制造商、供应商或者经销商等。出卖人应具备良好的信誉、资产实力和融资租赁业务的相关经验，同时需满足我国《民法典》中关于出卖人的要求。

根据我国《民法典》第十五章融资租赁合同第七百三十九条的相关规定：出租人根据承租人对出卖人、租赁物的选择订立的买卖合同，出卖人应当按照约定向承租人交付标的物，承租人享有与受领标的物有关的买受人的权利。因此，在融资租赁关系中，出卖人的对方当事人虽为出租人，但出卖人应当将标的物交付给承租人，此为约定的代出租人履行交付义务。这是因为，出卖人是由承租人选定的，租赁物是按照承租人的要求购买的，承租人是租赁物的占有、使用、收益人，并对租赁物了解，所以应当将标的物交付给承租人,由承租人接收,而不由出租人接收。出卖人应当按照合同约定的时间、地点交付标的物。出卖人向承租人交付租赁物,而不向出租人交付,且出租人不负迟延履行责任,这是融资租赁中的买卖部分与买卖合同的一项区别。出卖人向承租人交付标的物的义务,应当由当事人在买卖合同中约定。出卖人未按约定向承租人交付标的物的,为违约行为,应负违约责任。出卖人对交付的标的物负瑕疵担保责任。在融资租赁中,瑕疵担保责任不由出租人向承租人承担,而是由出卖人承担。

三、四大发展支柱

融资租赁有四大支柱:行业监管、交易规则、会计准则和税收政策,四大支柱支持和鼓励了融资租赁业的健康、快速发展。从事融资租赁行业的人如果想要进行业务模式创新,就必须密切关注这四大支柱的发展变化,以求以不变应万变的掌控。除了以上四大支柱,融资租赁还涉及很多其他方面的内容,例如贸易、外汇、海关等,但是四大支柱是融资租赁业务共同面对的、对其影响最大的四个方面。我国融资租赁业的四大支柱,在20世纪90年代已陆续建立并不断完善。

(一) 行业监管

融资租赁20世纪50年代产生于美国,由于它适应了现代经济发展的要求,已成为当今企业更新设备的主要融资手段之一,被称为"21世纪的朝阳产业"。美国对租赁业的监管持开放态度,将租赁视为普通的商业服务,不采取特殊监管。通常来说,厂商背景和独立背景的租赁公司被视为普通的工商企业,主要由市场机制来调节;对于银行背景的融资租赁公司则采取并表监管模式,纳入银行监管部门的管理范围。美国融资租赁市场也呈开放状态,成立租赁公司采取注册制,没有市场准入的行政审批,同时也允许银行直接从事租赁业务。

中国自20世纪80年代初引进这种业务方式后,对于融资租赁业的监管经历了几个发展阶段,逐步由宽松监管变为严格监管,由多头监管变为统一监管。最初,内资试点和外资融资租赁公司由商务部监管,金融租赁公司由银监会监管。我国融资租赁行业处于"一个市场、两套监管、三种准入"状态,从而可能存在监管套利的现象。2018年4月20日起,商务部将制定融资租赁公司业务经营和监管规则职责划给银保监会,至此实现了对内资试点、外资租赁、金融租赁这三类机构的统一监管。融资租赁和金融租赁统一监管,将有助于营造行业内更为公平的竞争环境,推动行业有序发展。

我国历年对于融资租赁出台的监管办法(部分)梳理如下:

2000年6月30日,中国人民银行发布《金融租赁公司管理办法》,它的出台体现出三个信号:一是金融租赁公司可以经营涵盖各种形式的租赁业务;二是确立金融租赁公司确属金融企业的地位;三是监管部门强化监管力度,实行资产负债风险管理。

2001年8月14日,外经贸部发布《外商投资租赁公司审批管理暂行办法》,规定了外国公司、企业和其他经济组织等外国合营者在中华人民共和国境内同中国合营者以合资或者合作形式设立的外商投资租赁公司的具体要求。

2005年2月17日,商务部发布经试行和修改的《外商投资租赁业管理办法》,制定外商投资租赁公司和外商融资租赁公司的准入条件、审批要求、业务范围。

2007年1月23日,银监会发布经修改的《金融租赁公司管理办法》,规定金融租赁公司的注册资本降为1亿元人民币,而且银行可以作为金融租赁公司的主要出资人,允许国内银行重新介入金融融资租赁业务(1995年《中华人民共和国商业银行法》规定商业银行不得介入融资租赁行业)。

2013年9月18日,商务部发布《融资租赁企业监督管理办法》,制定融资租赁公司的经营规则,融资租赁企业的风险资产不得超过净资产总额的10倍。

2014年3月13日,银监会发布《金融租赁公司管理办法》,这是继2007年第1次修订后,对2000年央行发布的《金融租赁公司管理办法》的第2次修订,对金融租赁公司的准入条件、业务范围、经营规则和监督管理等内容进行了完善。

2014年7月,银监会发布《金融租赁公司专业子公司管理暂行规定》,允许金融租赁公司依照相关法律法规在中国境内自由贸易区、保税地区及境外,设立从事特定领域融资租赁业务的专业化租赁子公司。

2015年9月1日,国务院办公厅印发了《关于促进金融租赁行业健康发展的指导意见》(以下简称《意见》),《意见》表明了国家鼓励、支持金融租赁和融资租赁业发展的态度和决心,对加快和规范行业发展有着重要意义,为行业的长远发展奠定了基础。

2019年11月,银保监会发布《融资租赁业务经营监督管理暂行办法(征求意见稿)》。

2020年5月26日,银保监会发布《融资租赁公司监督管理暂行办法》,对行业杠杆、抵押物、资产集中度等方面做了具体要求。

2022年1月21日,银保监会发布《融资租赁公司非现场监管规程》,规范地方金融监管部门对融资租赁公司的非现场监管行为,包括信息收集与核实、风险监测与评估、信息报送与使用和监管措施等。

2022年2月11日,银保监会印发《关于加强金融租赁公司融资租赁业务合规监管有关问题的通知》,旨在规范金融租赁公司合规展业,准确把握市场定位和功能,摒弃"类信贷"经营理念,做精做细租赁物细分市场,提升直租在融资租赁交易中的占比。

为引导融资租赁公司回归本源、专注主业、更突出"融物"功能,2017年以来监管政策密集发布,限制地方政府通过融资平台举债,其中包括对融资租赁公司业务的监管和限制。2021年银保监会发布了《银行保险机构进一步做好地方政府隐性债务风险防范化解工作的指导意见》〔银保监发〔2021〕15号〕(以下简称"15号文"),被称为史上最严格城投融资新规,在此监管下,很多金融租赁公司陆续停止城投租赁业务。虽然15号文下发执行的直接对象是银保监会管辖范围内的银行、保险机构等金融机构,但对商租公司来说,监管要求也将逐步趋严。

目前已有八个省市监管,禁止租赁公司违规向城投平台提供融资,包括山西、重庆、江苏、山东、河北、福建、湖北和湖南(表1-5)。

表 1-5　地方监管局限制融资租赁公司向城投提供融资的相关文件

日期	部门	文件	相关重点内容
2023年6月1日	山西省地方金融监督管理局	《融资租赁公司设立、变更和终止工作指引(试行)》	融资租赁公司不得违反国家有关规定向地方政府、地方政府融资平台公司提供融资或要求地方政府为租赁项目提供担保、承诺还款等。
2022年11月29日	湖南省地方金融监督管理局	《湖南省融资租赁公司监督管理实施细则》	
2021年12月20日	湖北省地方金融监督管理局	《湖北省融资租赁公司监督管理实施细则(试行)》	
2022年1月25日	福建省地方金融监督管理局	《福建省融资租赁公司监督管理实施细则(试行)》	
2021年12月1日	山东省地方金融监督管理局	《山东省融资租赁公司监督管理暂行办法》	
2021年10月20日	重庆市地方金融监督管理局	《重庆市融资租赁公司监督管理实施细则(试行)》(征求意见稿)	
2021年1月21日	江苏省地方金融监督管理局	《江苏省融资租赁公司监督管理实施细则(试行)》	
2020年7月3日	河北省地方金融监督管理局	《河北省融资租赁公司监督管理实施细则(暂行)》	

(二) 交易规则

交易规则是融资租赁交易必须遵守的法律、法规。融资租赁相关法规是保障行业健康持续发展的必要支柱,我国融资租赁法规伴随行业的快速发展,经历了从无到有、逐步健全的过程。

我国历年来与融资租赁相关的主要法律法规(部分)如下:① 1996 年 5 月 27 日,最高人民法院印发《关于审理融资租赁合同纠纷案件若干问题的规定》的通知,是我国最早发布的有关融资租赁的专门法律文件;② 1999 年 3 月 15 日,第九届全国人民代表大会第二次会议表决通过了《中华人民共和国合同法》,该法将经营性租赁和融资租赁作为列名合同单独列项,从而使融资租赁的法律地位率先得到了保障;③ 2007 年 10 月 17 日施行《动产抵押登记办法》,该办法于 2016 年 7 月 5 日国家工商行政管理总局令第 88 号第一次修订,于 2019 年 3 月 18 日国家市场监督管理总局令第 5 号第二次修订,2019 年 4 月 20 日起施行;④ 2014 年 2 月,为统一裁判尺度,规范和保障融资租赁业健康发展,最高人民法院正式公布了《关于审理融资租赁合同纠纷案件适用法律问题的解释》;⑤ 2014 年 3 月 20 日,中国人民银行发布《关于使用融资租赁登记公示系统进行融资租赁交易查询的通知》;⑥ 2020 年 5 月 28 日,第十三届全国人民代表大会第三次会议表决通过了《中华人民共和国民法典》,自 2021 年 1 月 1 日起施行,《合同法》同时废止;⑦ 2020 年 12 月 29 日,最高人民法院发布了新的《关于审理融资租赁合同纠纷案件适用法律问题的解释》。

需要特别说明的是,2004 年 3 月 16 日,全国人大财经委融资租赁法起草小组成立,起草小组完成了《中华人民共和国融资租赁法(草案)》,但经过多次研讨和征求意见,至今没有正式发布。究其原因,可能有以下几点:① 融资租赁是"融资"与"融物"、金融、贸易、投资和专业技术的结合,租赁交易涉及金融、会计、税收、合同、物权等多个方面,涉及多个法律层面,各监管主体未达成共识,立法难度大;②《合同法》《物权法》《司法解释》《民法典》等相关法律对融资租赁已有专章或专门表述,是否需要再制定一个统一的《融资租赁法》有待商榷;③ 国际上对于融资租赁的法律没有统一的参考标准,是否专门立法每个国家不太一样。

从融资租赁主要经济体立法情况看,制定专门的融资租赁法的国家为数不多,多数国家的融资租赁的法律法规散见于已有的法律条款中。以海洋法系代表国家美国为例。美国是当今全球融资租赁最大的市场,其融资租赁业产生于20世纪50年代。在1987年颁布的美国《统一商法典》修订版中将《动产统一租赁法》作为第2A篇纳入,但该法典系由美国统一州法委员会和美国法学会联合组织制定,不是一部官方立法,对各州并不具有强制性,各州可选择是否接受《统一商法典》,该法典仅作为各州立法和判决的一个参照样本。再从大陆法系代表国家德国来看,其融资租赁受《民法典》租赁一章规范,并未对融资租赁单独立法。

我国尚未对融资租赁专门立法,借鉴美国和德国的实践,我国将来可能采取合适的形式对《民法典》等调整的融资租赁法律关系进行细化和明确,逐步完善现有立法有关融资租赁章节内容。

(三) 会计准则

会计是指以货币为计量单位,将企业各种有价值的经济业务通过记账、算账、报账等一系列程序展现出来,以此反映企业的财务状况和经营成果。融资租赁公司亦是如此,亦需要通过会计手段反映公司的经济财务状况和经营业绩,以使其合作者或投资者直观了解和判断是否与该融资租赁公司合作以及合作模式等。根据现行美国的财务会计准则以及国际会计准则等,租赁业务代表的是一些未来事项,不是当前的资产或负债,因此不记入资产负债表,这种表外业务可以降低财务报告期的资产负债率,并提高一些反映收益的比率,例如资产收益率等。这也是租赁业务在一定时期蓬勃发展的原因之一。表外融资的优势,促进了经营性租赁市场的发展。

我国租赁业务的会计准则也经过了多次修订(部分):① 2001年1月1日,在多次吸收租赁行业人士的意见,并参考《国际通用会计准则第17号》的主要内容和美国租赁会计准则的一些条款后,财政部制定出既符合中国国情,又与国际接轨的《企业会计准则——租赁》。该准则的制定,使租赁行为在公司财务方面有法可依,避免了以往会计处理混乱的局面。② 2001年11月27日,财政部又颁布了《金融企业会计制度》,这一制度适用于租赁公司。至此,我国租赁会计在准则层面和制度层面都有了相关规定。③ 2006年2月15日,财政部对《企业会计准则——租赁》指南进行了修改,并发布了修改完善后的《企业会计准则第21号——租赁》,从会计角度将租赁分为融资租赁和经营租赁;准则规定,在一项租赁中,如果实质上转移了与资产所有权有关的全部风险和报酬的租赁,则可称为融资租赁。④ 2018年12月7日,财政部发布关于修订印发《企业会计准则第21号——租赁》的通知，核心变化在于承租人不再区别融资租赁和经营租赁。通知要求，在境内外同时上市的企业，以及在境外上市并采用国际财务报告准则或企业会计准则编制财务报表的企业，自2019年1月1日起施行企业会计准则，其他企业自2021年1月1日起施行。

（四）税收政策

涉税事项一直是融资租赁业务应关注的重点。税收政策条文繁杂且更新频率高，这就要求公司相关人员在准确认定租赁业务类型的基础上，积极跟进税收领域的法律法规以及相关政策的变动情况，进而能够拟定、挑选出最优的纳税方案。由于融资租赁相关税法分散在其他税法中，此处仅列举部分与融资租赁展业有关的主要税种和税收政策。

1. 增值税

2016年《营业税改征增值税试点实施办法》（以下简称《营改增办法》）基本确定了我国租赁业全新的税收政策，也即融资租赁业在全国范围内、全行业内开始缴纳增值税，较比以前的缴纳营业税，《营改增办法》明确了融资租赁业如下几点税收特点：第一，明确了租赁分类和税率，《营改增办法》从税务角度把租赁分为融资性的售后回租和一般租赁服务，其中融资性的售后回租被纳入金融行业，按照6%缴纳增值税，该等增值税不得抵扣。第二，尽管《营改增办法》把租赁服务分为融资租赁服务和经营租赁服务，但二者在税率上没有不同，同时营改增办法进一步从租赁物的属性上区分为有形动产租赁服务和不动产租赁服务，分别按照17%（目前降为13%）和11%（目前降为9%）的税率征收增值税，并且可以从销项税额中抵扣。第三，《营改增办法》根据不同的租赁交易性质确定不同的销售额。例如，提供融资租赁服务，是以取得的全部价款和价外费用，扣除支付的借款利息（包括外汇借款和人民币借款利息）、发行债券利息和车辆购置税后的余额为销售额；提供融资性售后回租服务，以取得的全部价款和价外费用（不含本金），扣除对外支付的借款利息（包括外汇借款和人民币借款利息）、发行债券利息后的余额作为销售额；而对于经营租赁服务，则以取得的全部租金价款作为销售额；最后，《营改增办法》还对即征即退，以及以2016年4月30日签署日为节点的有形动产融资性售后回租交易的税收适用问题做出了相应规定，各个租赁公司将根据自己公司的实际情况选择和适用相应的税收政策。

2. 企业所得税

对于融资租赁业务的计税基础，《中华人民共和国企业所得税法实施条例》（以下简称《企业所得税法实施条例》）第五十八条规定：融资租入的固定资产，以租赁合同约定的付款总额和承租人在签订租赁合同过程中发生的相关费用为计税基础，租赁合同未约定付款总额的，以该资产的公允价值和承租人在签订租赁合同过程中发生的相关费用为计税基础。

对于租赁标的的折旧年限选择和折旧费用计提，《企业所得税法实施条例》第四十七条规定:以融资租赁方式租入固定资产发生的租赁费支出,按照规定构成融资租入固定资产价值的部分应当提取折旧费用,分期扣除。此外,《企业所得税法实施条例》还规定了折旧最低年限:"(一)房屋、建筑物,为20年;(二)飞机、火车、轮船、机器、机械和其他生产设备,为10年;(三)与生产经营活动有关的器具、工具、家具等,为5年;(四)飞机、火车、轮船以外的运输工具,为4年;(五)电子设备,为3年。"

需要特别注意的是:

(1)根据财政部、国家税务总局发布的《关于设备、器具扣除有关企业所得税政策的通知》(财税〔2018〕54号)的规定,企业在2018年1月1日至2020年12月31日期间新购进的设备、器具,单位价值不超过500万元的,允许一次性计入当期成本费用,在计算应纳税所得额时扣除,不再分年度计算折旧。

(2)根据财政部、国家税务总局发布的《关于设备、器具扣除有关企业所得税政策的公告》(财税〔2023〕37号)的规定,企业在2024年1月1日至2027年12月31日期间新购进的设备、器具,单位价值不超过500万元的,允许一次性计入当期成本费用在计算应纳税所得额时扣除,不再分年度计算折旧;单位价值超过500万元的,仍按《企业所得税法实施条例》、《关于完善固定资产加速折旧企业所得税政策的通知》(财税〔2014〕75号)、《关于进一步完善固定资产加速折旧企业所得税政策的通知》(财税〔2015〕106号)等相关规定执行。本公告所称设备、器具,是指除房屋、建筑物以外的固定资产。

3. 印花税

2015年12月24日,财政部、国家税务总局发布《关于融资租赁合同有关印花税政策的通知》(财税〔2015〕144号),就融资租赁合同有关印花税政策通知如下:① 对开展融资租赁业务签订的融资租赁合同(含融资性售后回租),统一按照其所载明的租金总额依照"借款合同"税目,按万分之零点五的税率计税贴花;② 在融资性售后回租业务中,对承租人、出租人因出售租赁资产及购回租赁资产所签订的合同,不征收印花税。

4. 房产税

根据财政部、国家税务总局发布的《关于房产税城镇土地使用税有关问题的通知》(财税〔2009〕128号),融资租赁的房产,由承租人自融资租赁合同约定开始日的次月起依照房产余值缴纳房产税。合同未约定开始日的,由承租人自合同签订的次月起依照房产余值缴纳房产税。

第四节 融资租赁的功能与作用

租赁,尤其是现代租赁(也称融资租赁或金融租赁),对租赁当事人及社会经济发展具有重要作用。融资租赁以其具有的融资、投资、贸易及资产管理等功能,在融通资金、刺激消费、促进投资、减低风险等方面发挥价值。

一、融资租赁的功能

（一）融资功能

融资租赁从其本质上看是以融通资金为目的，是为解决企业资金不足的问题而产生的。具体而言，融资租赁交易中，出租人融通资金为承租人购买租赁标的，如机器设备等，将其出租给承租人使用；承租人在拥有租赁标的使用权的同时，也解决了购置租赁标的所需资金。进一步来说，承租人尽管没有从租赁公司直接借得货币资金，但在融资租赁这样的现代租赁中，由于租赁标的是由出租人为承租人专门购置，并由承租人长期租赁使用，实际上起到了与借款相同的作用。需要添置设备的企业，只须付少量资金就能使用到所需设备进行生产，相当于为企业提供了一笔中长期贷款。

（二）投资功能

在现代化的生产条件下，面对丰富的市场信息，投资者如果没有专业的经验，很难对企业价值做出准确判断，从而增加了投资的盲目性。而融资租赁公司由于具有特殊的资源优势，有能力发现合适的投资机会。融资租赁公司作为一个载体，可以通过吸收股东投资、借贷、发债、上市等融资手段拉动银行贷款，吸收社会投资。同时，租赁公司利用银行资金开展租赁业务，可以减少银行直接对企业的固定资产贷款，增加资产流动性，减少银行信贷风险，加大投资力度。更为重要的是，政府财政部门可根据国家的产业政策，充分利用自己的资金、信用，政府的集中采购的杠杆作用，通过租赁公司盘活资产、筹措资金，从而可以扩大财政政策的倍数效应，加强国家对基础设施建设和支柱产业的投资力度。

（三）贸易功能

融资租赁可以用"以租代销"的形式，为生产企业（厂商类出租人等）提供金融服务。这样做的好处有：一方面可避免生产企业存货（机器设备等）太多，导致流通环节不畅通，有利于社会总资金的加速周转和国家整体效益的提高；另一方面可扩大产品（机器设备等）销路，加强产品在国内外市场上的竞争能力。

（四）资产管理功能

资产管理功能是由于租赁物的所有权和使用权的分离而衍生出来的。融资租赁将资金运动与实物运动联系起来。因为租赁物的所有权在租赁公司，所以租赁公司有责任对租赁资产进行管理和监督，控制资产流向。随着融资租赁业务的不断发展，还可利用设备生产者为设备的承租方提供维修、保养和产品升级换代等特别服务，使其经常能使用上先进的设备，降低使用成本和设备淘汰的风险，尤其是对于售价高、技术性强、无形损耗快或利用率不高的设备，这种服务对承租方有较大好处。

正因为上述四种功能,融资租赁将工业、贸易、金融紧密地结合起来,沟通了多个市场,引导了资本的有序流动。

二、融资租赁的作用

(一) 对承租人的作用

1. 降低融资门槛,提高融资比例

现代租赁是借助实物方式实现长期融资的一种有效手段。融资租赁公司(出租人)要用它们筹措的资金,购买承租人指定的设备,解决承租人资金短缺的问题。承租人在获得设备使用权的同时,实际上减少了长期资本支出,起到了长期融资作用。

因此,融资租赁对于承租人而言发挥了贷款融资的作用,但是在一些方面优于贷款:① 租赁手续简单,融资门槛较低。银行借款一般需要经过严格审查,以便银行控制风险。融资租赁中,出租人对承租人的审查更注重其未来使用租赁标的产生的现金流量,而不是过多强调其信用历史或过去的财务记录。对于中小企业承租人,由于自身原因,向银行借贷缺乏信用和担保,很难从银行取得贷款。融资租赁的方式具有项目融资的特点,由项目自身所产生的效益偿还,资金提供者(出租人)只保留对项目的有限权益,信用审查的手续简便,融资和融物为一体,大大节约了时间,使企业能在最短的时间内获得设备使用权,进行生产经营,迅速抓住市场机会。② 租赁融资比例高于贷款,最高可达100%。银行信贷业务中,借款人必须有足够的自有资金,如中长期固定资产贷款,一般要求自有资金比例高达30%~50%,银行融资比例为50%~70%。融资租赁中,承租人并不需要为租赁标的额外准备一定数量的自有资金。从承租人角度看,租赁融资的比例可高达100%,在扩大再生产的当期只需要少量投资,甚至不用直接投资即可完成固定资产投资,从而以有限的资金实现生产目标,并产生显著的财务杠杆效应。

2. 延长融资期限,加大现金流量

融资租赁能延长资金融通期限,加大中小企业承租人的现金流量。承租人若从银行贷款购买设备,其贷款期限通常比该设备使用寿命短得多。并且银行贷款一般是采用整笔贷出,整笔归还的方式,存在刚性支付压力。而租赁同类型的设备则不然,融资期限可以接近这项资产的使用寿命期限,因而其成本可以在较长的时期内分摊。并且融资租赁公司(出租人)可以根据每个承租人的资金实力、销售季节性等情况,为企业定做灵活的还款安排,例如延期支付、递增和递减支付等,使承租人能够根据自己的企业状况,定制付款额。因此,中小企业承租人大部分资金能保持流动状态,成本分摊在资产的全部使用寿命期间,可更密切地同企业营业收入相配比,避免引进设备大量耗用资金而造成资金周转困难。

3. 减少资金占用,加快设备更新

融资租赁为承租人扩大生产、设备更新、技术改造等提供便捷途径。一方面,融租赁可以减少承租人的资金占用。承租企业不必事先投入巨额资金来购买设备,只要定期支付租金就可获得设备的长期使用权,大大减少了企业固定资本的支出,从而能够将资金用于收益更高的其他用途,提升资金利用率。当年美国租赁公司提出的"利润不是通过占有机器生产出来的,而是通过机器的使用带来的"这一经营口号,已然在很大程度上说明了这一点。另一方面,融资租赁可以加快承租人的设备更新。如果承租企业自己购买设备,生产技术更新换代后,承租企业就会面临设备陈旧过时风险。融资租赁中,由于租赁标的的所有权在出租人手中,承租人只是使用设备,因此可以根据对设备技术等的更新周期来确定租赁期限,一旦设备陈旧过时,就能够相对便捷地淘汰旧设备,租用更新的设备。

4. 降低经营风险,避免通胀损失

融资租赁可以使承租企业降低经营风险,避免通货膨胀的不利影响。通货膨胀会影响企业机器设备的正常更新,这是因为企业设备的更新是依靠累计折旧来进行的。目前,中国多数企业采用的是直线折旧法,企业按照固定的法定折旧年限和折旧利率逐年提取折旧,一旦发生通货膨胀,企业累计折旧的实际价值会减少,而设备的价格又不断上涨,这会造成企业累计折旧与设备价款之间差额扩大,设备残值上升,一些企业可能因此无法正常更新设备。融资租赁这一方式可减少通货膨胀对承租企业带来的不利影响。因为设备的租金在租赁开始时便确定,一般不会因通货膨胀而提高,企业不会因通货膨胀付出更多的资金成本。相反,租金成本随通胀率上升而下降,货币贬值反而会减少企业租金的实际价值。可见,通货膨胀发生时,融资租赁既能减轻企业的资金压力,又可以避免企业累计折旧的损失。

5. 改善财务状况,实现表外融资

融资租赁的特点是其创新性,各种租赁方式被创造出来,为具有不同需要和偏好的投资者所运用。企业进行资本结构设计,选择融资工具时,通常根据资产负债情况,财务杠杆的运用和风险情况来选择,融资租赁提供了一种较好的选择。在企业财务决策中,融资租赁往往为一些现金流不足、财务风险较高的新兴企业和中小企业所采用。售后回租即是其中一种重要的方式,承租人通过将现有资产出售给出租人,出租人再将该资产出租给资产出售企业,通过这种方式,承租人仅付出当期租金,但获得了出售资产的现金流,实现了当期现金状况的改善。另外,很多企业通过利用经营性租赁方式实现表外融资,不体现在资产负债表的负债项目中,既实现了投资的目的,又改善了表内财务状况。

(二) 对出租人的作用

1. 以租代销,拓宽产品销售渠道

出租人若为设备生产商,即厂商类出租人,融资租赁可帮助其扩大产品销售,表现在以下几方面:第一,融资租赁减轻了承租人一次性支付的压力,使承租人的潜在需求变成现实需求并得到满足。第二,融资租赁较低的融资门槛使广大中小企业有机会成为承租人,大大扩大了客户群。第三,融资租赁的交易对象是租赁标的,租赁业务的发生可以带动相关配套产品及服务的销售。第四,融资租赁可帮助产品打进国际市场,增加出口。因为租赁不涉及产品所有权的转移,出租人可以避免关税和非关税壁垒,使产品更轻松地进入国际市场。一方面,利用租赁出口享受出口国的优惠政策且不违反世界贸易组织(WTO)规则。比如机械设备的出口,如果采用传统的政府补贴方式来扩大出口,虽能达到促销的目的,却违反了WTO规则中的相关条款,容易遭到进口国和他国的起诉。但是,将类似低息贷款和补贴的优惠政策通过租赁公司落实到机械设备的出口租赁当中,则可以有效地规避上述矛盾,从而降低租赁成本,增强租赁公司在国际市场上的竞争力,促进其销售。另一方面,利用租赁出口,可以不像出口信贷那样要接受各种国际惯例,特别是世界经合组织(OECD)的出口信贷协定的约束,因而对出口国企业而言拥有更大的自主权,更有利于产品的竞争。

2. 降低信息不对称与投资风险

对于出租人而言,融资租赁是一种投资形式,安全性好且收益率高。融资租赁作为投资的期限虽然偏长,但出租人可以通过租金收回投资并获取较为可观的报酬,即租金包含了购置设备的成本,其他各项费用以及出租人应取得的利润等。融资租赁时间跨度长,在漫长的租期内出租人可获得稳定的租金收入,投资效用较好。

融资租赁资金用途明确,因而降低了出租人在信息方面的不对称,从而降低了投资风险。与银行贷款相比,由于融资租赁已经确定了资金的用途,并事先经过周密的项目评估,出租人始终参与设备购买、安装、使用的全过程,可以掌握承租人的更多商业信息,大大减小了出租人的风险。同时,出租人还可以利用拥有的所有权随时监督企业利用租赁标的经营的状况,即使发生风险,由于融资租赁中租赁标的所有权并不归承租人所有,承租人不能履行支付租金的义务时,出租人有权收回租赁标的。在存在完善的二手设备的市场条件下,出租人可以通过出售回收的租赁标的等方式部分收回投资,减少损失,大大降低了其投资风险。

3. 政策优惠,通过加速折旧抵税

对融资租赁当事人给予优惠政策是现代租赁业得以生存和发展的重要条件。例如,新加坡在1998年引入新的税制,使融资租赁对分期付款的优势消失,结果导致新加坡融资租赁行业消亡,2003年新加坡租赁协会不得不自行解散。但是大多数国家为扶持租赁行业的发展,一般规定出租人对租赁设备投资可以采用加速折旧法计提折旧费用,并将其计入成本,免交所得税。

融资租赁公司通过出租设备采用加速折旧的方法可以使固定资产的投资在刚开始几年就得以收回,且折旧在企业报表中是作为费用出现的,在前期可以通过加速折旧减少推迟企业税负的缴纳时间,从而减少企业的所得税和税负。在后期折旧额减少会导致费用抵扣减少和税负上升,但推迟缴纳税负时间的结果类似于获得了一笔无息贷款。

第五节 行业特征与从业人员要求

一、行业特征

融资租赁作为一种金融创新、贸易创新,在国际上是仅次于银行信贷的第二大融资方式。融资租赁业作为与银行、证券、保险、信托并列的行业,对推动国民经济发展、加快企业技术创新、促进国际贸易发挥着十分重要的作用,被誉为金融领域的"朝阳产业"。融资租赁在西方国家受到政府、监管机构和研究部门的高度重视,被称为"新经济的促动者"。融资租赁作为金融创新品种引入我国,在引进资金、技术和先进设备等方面做出了重大贡献,中国融资租赁行业在过去几年取得了显著的发展,也显示出了行业特有的态势。

(一) 企业数量增速放缓

中国融资租赁行业在过去十年内取得了快速增长,成为全球最大的融资租赁市场之一。这一增长主要受益于中国经济的快速发展和国内企业对融资租赁的需求增加。中国的融资租赁业务从 1980 年左右起步,经历了早期的萌芽时期,在 1988 年至 2010 年行业进入调整发展期和规范发展期。2011—2017 年,行业在经济快速发展和融资租赁企业数量不断增长的情况下,步入了快速发展阶段。2018 年以来,企业数量保持稳定,融资租赁合同余额出现小幅下降,行业整体处于调整时期,企业数量也在 2021 年首次下滑。

数据显示,2023 年中国融资租赁合同余额约为 56 400 亿元,比 2022 年底的 58 500 亿元减少约 2 100 亿元,下降 3.59%。其中金融租赁约为 25 170 亿元比上年底增加 40 亿元,增长 0.16%,业务总量占全国的 44.6%;内资租赁约 20 740 亿元,比上年底增加 30 亿元,业务总量占全国的 36.8%;外商租赁约 11 490 亿元,比上年底减少 2 170 亿元,下降 17.15%,业务总量占全国的 18.6%。企业数量方面,据统计,2023 年中国融资租赁行业企业数量为 8 846 家,较 2022 年的 9 839 家减少 993 家,减少的原因主要是 2023 年大批外资租赁企业陆续退出市场,金融租赁保持在 71 家,内资租赁增加 11 家,达到 445 家。地区方面,截止到 2023 年底,全国 31 个省(自治区、直辖市)都设立了融资租赁公司,但绝大部分仍分布在东部地区。其中广东、上海、天津、山东、辽宁、福建、浙江、江苏、北京等省(市)的企业总数约占全国的 90% 以上,并主要集中在一线城市,如上海、天津、深圳等,其余地区业务占比相对较小。

(二) 金融创新繁荣发展

随着新会计准则对使用权资产的概念进行了界定,明确提出了租赁和服务的边界,从租赁行业的长远发展来看,未来的租赁业务将是租赁和服务的综合体,租赁公司需要根据自身的行业资源,为不同的承租人提供定制化租赁整体解决方案,开辟企业差异化发展新路径。融资租赁企业可以为客户提供多功能、创新、量身定制的融资租赁服务,增强客户黏性,持续深化融资租赁服务业务。具体包括:进一步转型和升级金融服务方式,由粗放型向效益高的精细型转变,分类分级地为企业制订融资租赁方案;为普通企业提供企业管理、财务咨询等融资配套服务;为上市公司提供报告优化以及其他深入服务,如财务匹配和税收筹划;创新复合的金融产品类型,深挖产业链中与租赁服务相关的服务内容;不断进行金融创新,推出各种不同类型的融资租赁产品,以满足不同企业的需求,这些产品包括财产租赁、设备租赁、售后回租等。

自2017年以来,"数字经济"已经连续六年被写入政府工作报告。作为融资租赁行业的重点关注领域,数字化转型能够有效地帮助融资租赁公司开拓新的业务模式,寻求新的利润增长点。在业务流程方面,融资租赁公司通过上线融资租赁业务管理系统、智能风控以及零售租赁资产管理系统,力求实现客户签约、订单处理、自动化风控审核完成结果反馈、款项支付等全套业务环节流程在线办理;在加强自身信息化建设方面,建立信息采集分析系统,对各产业数据进行归纳与汇总,以便在开展业务时对目标客户进行背景尽调,有效分析企业情况,在租前、租中、租后对相关业务进行自动化风险筛查,更好地选择是否为客户提供服务,以及怎样为客户提供服务。

(三) 国际化水平显著提高

中国的融资租赁行业逐渐国际化,成为全球融资租赁市场的重要参与者。中国租赁公司不仅在国内租赁市场活跃,还在海外租赁市场寻求机会。

当前,我国融资租赁市场的竞争环境日趋激烈,一方面,越来越多的投资主体进入融资租赁行业,公司数量的快速增加使国内市场竞争日益白热化,表现如盈利下降、债务风险上升、产品种类单一、同质化竞争严重等;另一方面,当前我国经济步入新常态,经济增速从高速转为中高速,经济结构从中低端转向中高端,如何在供给侧结构性改革的过程中加快推进产业结构转型升级、促进实体经济健康发展,与重资产型工业企业密切相关的融资租赁行业面临巨大压力,促使我国融资租赁行业进一步创新经营方式、拓展新的增长点,走向国际市场无疑是其中重要一环。

"一带一路"是我国未来发展的中长期规划,而基础设施互联互通是"一带一路"建设的优先领域,在沿线各国带来一轮大规模的铁路、公路、港口、通信等基础设施建设,为我国相关行业设备的租赁业务提供了巨大的海外市场,是当下我国融资租赁行业的一个重点发展方向。随着"一带一路"倡议的稳步推进和我国企业"走出去"的步伐加快,我国融资租赁产业国际化的时机也日益成熟。由于"一带一路"沿线复杂的情况,融资租赁相比其他金融服务手段更为稳定,能够以实际租赁物为载体,促进国际产能的务实合作,这对统筹国内国外发展大局、强化中国经济发展动力、推动优势资源的跨国配置等方面具有重大现实意义。因此,在实现"一带一路"沿线国家合作共赢、共同发展的历史过程中,我国融资租赁产业的国际化势必会发挥独特而重大的作用,这也是难得的历史发展机遇。

(四)政府监管不断加强

为确保市场稳健发展,中国政府对融资租赁行业采取了一系列监管措施,包括规范租赁公司的资本金要求、强化风险管理和信息披露等。

2020年对于融资租赁公司监管是里程碑式的一年,6月发布的《融资租赁公司监督管理暂行办法》,从监管层面强调合规经营的必要性。全文共6章55条,主要包括总则、经营规则、监管指标、监督管理、法律责任和附则等,主要内容包括完善业务经营规则、加强监管指标约束及厘清监管职责分工。对比2014年3月发布的《金融租赁公司管理办法》,可以发现监管的模块趋同化明显。2020年5月28日我国颁布了《民法典》,系我国第一部以"法典"命名的法律,对我国各民事主体的行为产生深刻影响。其中设置了融资租赁合同专章,从第735条至第760条,共计26条,在租赁物合规性、所有权登记、保证合同与保证方式、债权转让等多个方面做出规定。这些规定对融资租赁业务中所涉及的多种规则产生深远影响,加之随着《民法典》的实施,融资租赁业务先前开办所依据的《合同法》《物权法》等法律,以及最高院关于融资租赁业务相应司法解释于2021年1月1日失效,融资租赁业务运行规则也予以重构。《融资租赁公司监督管理暂行办法》和《民法典》的颁布将融资租赁公司脱离本质、无序扩张的步伐拉停,同时对融资租赁公司内部的合规管理提出了更高的要求。

(五)科技驱动转型升级

融资租赁行业也受到科技的推动,包括区块链、人工智能和大数据等技术的应用,用以改进合同管理、风险评估和客户服务等方面。

案例 1-3

江苏金融租赁股份有限公司打造以敏捷化为核心的"信息工厂"

在"业务开发一个行业,IT新增一套系统"的传统模式下,公司需要部署多个高度同源的业务系统以应对业务领域的不断拓展,而大量的集中式应用系统难以应对高可用需求,可维护性和可扩展性也已到达极限。随势而动,加快数字化转型步伐,打造科技赋能、数据驱动、业务联动的工厂化作业模式成为信息化建设的不二选择。

1. 搭建分布式微服务架构,剥离主要业务组件,实现敏捷化服务。为实现高度敏捷的信息化服务,公司在现有基础上,全力构建适应转型发展的分布式微服务架构。一方面将重要业务组件逐步剥离重写,实现重要业务组件的独立部署和动态扩展;另一方面以业务为中心,重构各业务子系统,分离关键共性服务,通过配置不同的调用路径实现业务服务全链路快速搭建。

2. 积极采用金融科技，关键环节从人防升级为智控。在信息采集录入环节，运用OCR识别技术、电子合同CA认证、活体人脸识别和电子签章等科技手段。在风险评估阶段，引入机器学习、深度学习等人工智能技术，通过风险分析模型，提升风险决策的实时性和智能化水平。在租后环节，使用机器人流程自动化（RPA）处理报表查询、短信催收、网银对账等事务，实现流程自动化的目标。

3. 布局渠道，建设"乐租"系列互全产品，构建业务敏态服务稳态的数字化建设体系。业务市场瞬息万变，"乐租"系列APP针对多种业务场景推出六大终端产品，横向拆解内外部客户需求，中后台服务以配置化形式实现前台业务功能。借助机器人流程自动化（RPA）、智能字符识别（ICR）等技术，业务智能决策、智能资信预警、定期信用评估、租赁物实时监控等高度模块化的系统服务被反复应用于多种业务场景。

自2017年至今，借助"信息工厂"的信息化建设模式，业务部门陆续推出了"快印通""威立融""牙易租"等服务中小微企业的创新租赁模式，切实解决中小企业融资难题，真正践行"服务实体、服务中小"的使命担当，为实体经济发展注入了蓬勃动力。

截至2022年5月，江苏金融租赁通过信息工厂累计投放各类融资租赁业务约30万笔，金额超200亿元。业务处理时间由过去的3天、3小时缩短至现在的3分钟，甚至3秒钟。目前信息工厂可以为客户提供7×12小时服务，每天可以处理融资租赁业务1000笔以上。新的作业模式优化了系统流程，提高了业务办理效率，有效提升了人均产效，降低了成本收入比。

（六）市场竞争日益激烈

由于市场潜力巨大，中国的融资租赁竞争尤为激烈。国内外许多的金融机构和租赁公司进入市场，提供各种不同的租赁产品和服务。除了同行竞争压力外，其他金融机构也在暗中发力。租赁企业相较于银行而言在资金成本上并不存在优势，银行本身就是租赁企业主营业务的竞争对手。在租赁企业展业过程中，经常会遇到银行对优质客户展开激烈的争夺，银行的固有资金池向其他企业倾斜的同时，势必挤压了对租赁企业的业务空间。

从行业市场竞争格局来看，融资租赁行业市场未来集中度有很大的提升空间，行业龙头优势凸显。在外部实体经济承压和内部竞争日益加剧的推动下，我国租赁行业将加速内部的优胜劣汰，市场集中化趋势更加清晰。当前的政策调整也为专业合规的头部公司创造了良好的发展环境与机遇，助力融资租赁市场集中度提高。从长远看，已经处于行业龙头的公司，将利用自身资源和专业化的优势争夺更多更好的市场资源，确立在相关领域的显著优势并形成护城河，进而提高行业整体竞争壁垒。

总的来说,中国融资租赁行业在快速发展,市场前景广阔。然而,由于竞争激烈和监管加强,企业需要谨慎管理风险,同时不断创新以满足不断变化的市场需求。

二、从业人员要求

中国融资租赁行业的从业人员通常需要遵守一些行业规定和道德准则,以确保业务的合法性和诚信性。

(一) 遵守相关法律法规

从业人员需要遵守中国国内和地方政府颁布的融资租赁相关法律法规。目前,由于我国融资租赁尚处于发展初期,市场渗透率较低,融资租赁交易额较少,所以在《民法典》和相关法律法规有关融资租赁的条款很少,一旦发生纠纷案件难以找到相关条款对当事人的合法权益进行保护。国外成熟的融资租赁市场发展经验表明,融资租赁的健康有效发展离不开法律的保护,因此,国外的融资租赁业都有比较明确的法律法规作为参照。

我国尚未建立起一套完善的、与融资租赁行业发展相适应的法律法规。虽然我国目前已经出台了《民法典》《金融租赁公司管理办法》,以及《外商投资融资租赁管理办法》等法律法规,但是部分实施细则并未完善,且业内普遍寄予厚望的《融资租赁法》虽然早在2006年就已公开征求意见,但仍然没有出台,目前我国融资租赁业急需一个统一有效的司法保障。在这种情况下,很多动产租赁物的登记和公示制度尚不能满足租赁业务的需要,租赁权属关系无法得到有效的保障。融资租赁行业的"四大支柱"——法律、监管、会计准则、税收政策法律法规仍然并不完善,没有全面覆盖融资租赁当事人的权利和义务。中国融资租赁行业的主要法律法规如下。

《中华人民共和国税收法》:融资租赁交易涉及税务方面的问题,包括增值税、企业所得税等。税收法规定了税务处理的程序和规定。

《中华人民共和国民法典》:"第三编 合同"相关法律条文适用于融资租赁合同,规定了合同的基本原则,合同的成立、履行、变更、解除等方面的法律规定。

《中华人民共和国公司法》:规定了融资租赁公司的组织形式、股东权益、公司治理等相关事项。

《中华人民共和国银行法》:融资租赁公司可能需要与银行合作,《银行法》规定了银行业务的相关法律规定。

融资租赁监管的相关办法见表1-6。

表1-6 融资租赁监管相关办法

名称	颁布时间	颁布单位	主要内容
《外商投资租赁业管理办法》	2005年2月	商务部	对外商投资租赁企业的设立条件、经营范围、注意事项等做出了详细规定

续　表

名称	颁布时间	颁布单位	主要内容
《融资租赁企业监督管理办法》	2013年9月	国务院	对融资租赁企业经营规则、监督管理等做出了详细规定
《关于"十二五"期间促进融资租赁业发展的指导意见》	2011年12月	商务部	提出了创新融资租赁经营模式、优化融资租赁业发展布局、支持企业拓展新兴业务领域、大力开拓海外资产租赁市场、拓宽企业融资渠道、提高企业风险防范能力、加快融资租赁相关产业发展等七项主要任务
《关于加快融资租赁业发展的指导意见》	2015年9月	国务院	将融资租赁行业发展提升至国家战略,明确了行业发展四方面主要任务,并提出建设法制化营商环境、完善财税、拓宽融资渠道、完善公共服务及加强人才队伍建设等五方面的政策保障措施
《关于融资租赁公司、商业保理公司和典当行管理职责调整有关事宜》	2018年5月	商务部	通知称商务部已于2018年4月20日将制定融资租赁公司、商业保理公司和典当行业务经营与监管规则职责划给银保监会
《融资租赁公司监督管理暂行办法(征求意见稿)》	2020年1月	银保监会	降低杠杆率上限,新增集中度要求,明确业务范围、融资行为、租赁物范围、公司治理、信息报送等多项基础制度及业务规则
《金融租赁公司监管评级办法(试行)》	2020年6月	银保监会	金融租赁公司的监管评级级别和档次分为1级、2级(A,B)、3级(A,B)、4级和5级共5个级别7个档次,级数越大表明评级越差,越需要监管关注
《关于进一步促进中央企业所属融资租赁公司健康发展和加强风险防范的通知》	2021年5月	国资委	中央企业所属融资租赁公司要切实回归租赁本源,立足集团主业和产业链供应链上下游,有效发挥融资和融物相结合的优势,优化业务结构,大力发展直接租赁,不断提升服务主业实业能力和效果,实现健康持续发展
《金融租赁公司项目公司管理办法》	2021年12月	银保监会	要求金融租赁公司、金融租赁公司专业子公司遵循并表管理原则、穿透管理原则管理项目公司,建立健全管理制度及机制,实施全面风险管理
《融资租赁公司非现场监管规程》	2022年1月	银保监会	各地方金融监管部门可以根据融资租赁公司风险严重程度开展差异化监管,采取提高信息报送频率、要求充实风险管理力量、进行风险提示和监管通报、开展监管谈话、提高现场检查频次等监管措施

续 表

名称	颁布时间	颁布单位	主要内容
《金融租赁公司管理办法》	2024年9月	国家金融监督管理总局	为进一步加强金融租赁公司监管,《金融租赁公司管理办法》对金融租赁公司在设立门槛、出资人资质、业务模式、业务分类监管、公司治理监管、公司风险管理、监管指标和业务经营规则等方面提出了进一步的监管要求

(二) 道德准则

融资租赁行业通常有一套道德准则,要求从业人员诚实、公正、透明地开展业务,维护客户利益,防止不正当竞争行为。在金融业竞争日益严峻的今天,租赁业的外部风险无可避免,有时甚至无法预料,但是,对于租赁业的内部风险,尤其是由员工职业操守造成的风险,应做到惩防并举、标本兼治,从源头上加以治理。

1. 爱岗敬业、恪尽职守

爱岗敬业,恪尽职守是社会主义的职业道德的基础和核心,是社会主义职业道德建设所倡导的首要规范。这是每个从业人员生存和寻求发展的基础,也是企业长存的基础。

2. 廉洁奉公、不谋私利

"廉"是一种品行,是中华传统文化的精髓,是一切工作的开始和需要恒久持有的初心,是廉洁奉公和自律自控,是每一个个体对"性本善"遵从的延续。廉洁奉公、不谋私利是金融行业的重要特征,也是衡量租赁业人员职业道德的基本尺度。

3. 认真服务、优质服务

认真服务、优质服务是金融工作者职业道德规范的时代要求。随着改革的进一步深化和经济发展的不断加快,金融服务功能日益受到人们的普遍关注,因此融资租赁企业更要强化服务意识,给客户带来更好的体验。信息化系统建设是提高融资租赁行业竞争力的关键,要充分利用大数据、云计算等技术手段,实现业务流程的优化和智能化,提高服务质量。

4. 保守秘密、诚实可信

这是金融从业人员职业道德规范的基本要求。在市场竞争日益残酷的今天,金融工作者必须对公司内部信息和商业秘密严格保密,不得泄密。同时,还应该围绕单位经济运行的总体目标,在对外交往和商品交易的过程中切实做到诚实可信,履行承诺。从业人员也应该确保客户的权益得到充分保护,包括提供清晰的合同条款、透明的费用结构和及时的信息披露。

(三) 能力要求

融资租赁企业希望员工有很强的分析能力和社交能力,在面对客户时既能为客户带来更好的体验,也能为公司带来更大的收益。具体能力要求如表1-7所示。

表1-7 融资租赁企业员工的能力要求

能力属性	要求强度
抗压能力	强
沟通能力	强
分析能力	强
协作能力	强
创造力	强
学习能力	强

一些融资租赁公司可能对其从业人员的资格和培训有特定要求,例如金融专业背景、相关工作经验或融资租赁培训证书,以此作为自身能力的体现。

在中国从事融资租赁行业需要获得相关证书或资质,具体的证书要求可能因公司、职位和特定岗位而异。以下是一些常见的融资租赁领域的证书要求。

金融从业资格证书:一些融资租赁公司可能要求其员工具备金融相关的从业资格,如拥有"银行从业人员资格证书"或"证券从业人员资格证书"等。

会计师资格证书:在融资租赁公司的财务部门工作的员工可能需要具备注册会计师资格。

法律职业资格证书:公司法务部门的从业人员可能需要具备法律职业资格,以处理合同、法律事务和争议解决等法律问题。

(四) 风险管理

从业人员需要了解和有效管理与融资租赁交易相关的风险,包括信用风险、市场风险和操作风险等。

1. 信用风险

信用风险又称为违约风险,租赁公司向客户提供资产,客户需要按照合同约定支付租金。如果客户未能按时支付租金,或者出现违约情况,租赁公司将面临信用风险;或者供应商不按照合同规定,提供了质量欠佳的设备资产、违反合同约定等。信用风险在经济紧缩时期会加大,因为承租商的经营情况较差,不能定期偿付租金,产生违约可能。同时,在经济条件平稳的情况下,承租人本身也可能会因为各种原因,违反约定。因此,信用风险具有很大的不可控性。

2. 市场风险

资产的价值可能会随市场条件而波动。如果租赁公司在某一资产上投入了大量资金,但在租赁期结束时,该资产的价值下降,租赁公司可能会遭受损失。例如,一家租赁公司可能租赁了一批汽车,但汽车市场价格下跌,导致其在租赁结束时无法收回足够的价值。

(1) 利率风险。

利率风险,是指市场利率变动的不确定性给租赁公司实际收益造成损失的可能性,如船舶融资租赁业务。船舶融资租赁中的租金在某种程度上与银行的贷款类似,其主要构成内容同样是利率,因此可以看作是一种利率产品。在船舶融资租赁项目中,如果租赁合同按承租人要求是按固定利率计算的,那么当市场利率上涨,此时已经租出去的船舶实际价格就会相对下降,给出租人即租赁公司带来损失。反之如果利率下跌,那么船舶的实际价格就会相对上升。

以船舶融资租赁为例,在实际操作中,由于融资金额较高,因此大部分船舶融资租赁项目采用的是杠杆融资租赁方式。租赁公司只需在自持资金中拿出购船款总额的20%,剩余部分可以向银行等贷款人筹资。如果这个时候租赁公司是以浮动利率借入贷款而以固定利率向船运企业回收租金,或者借入贷款和回收租金都是浮动利率,但贷款期限和船舶租赁期限不一致,这样租赁公司可能会面临比银行还要高的利率风险。因此在船舶融资租赁项目中,租赁企业往往需要面对贷入和借出资金利率不一致的风险。租赁公司在向其他金融机构筹资时,应尽可能保持利率的计算方式一致、船舶租赁期限和贷款期限的一致,贷款还本付息与租金收取时间同步,这样可以大大减少船舶融资租赁项目承担的利率风险。

(2) 汇率风险。

以船舶融资租赁为例,在船舶融资租赁项目中,租赁企业使用外汇时会有以下几种可能:承租人是境外客户,要求租赁合同中的租金采用美元结算;承租人需要购买的船舶由国外造船厂提供,造船厂在船舶建造合同中要求以外汇支付船款;承租人选择购买国外航运企业的二手船舶,要求以外汇支付;租赁公司向银行借外汇贷款来筹集购船款。

目前,中国实行的是以市场供求为基础、参考"一篮子货币"进行调节、有管理的浮动汇率制度,汇率时刻变化,而在船舶的融资租赁交易中,从购船合同的签订到整个租赁合同的完成,通常情况下需要比较长的时间。在此期间,即使租赁物的价格不变,但由于支付的币种汇率时刻在变化,导致租赁物的实际价值也会随之变化。此外,如果租赁公司需要跨国筹资,若还款时汇率升水,就需要多付相应的利息,需要承担一定的汇率风险,特别是当出租人在支付船款和回收租金采用两种货币时,将会面临更高的汇率风险。因此,在整个船舶融资租赁项目中,租赁公司更愿意使用同一种货币进行结算,以降低汇率波动所带来的风险。

3. 操作风险

操作风险的产生大多与内部控制制度不健全、对操作人员的管理不严、缺少严密的评估体系、企业内部信息流通不畅等密切相关。融资租赁业务涉及的当事人及签订的合同都比较多,专业性强,业务流程复杂,需要从业人员具备金融、贸易、法律、企业经营管理等专业知识,故而要很好地控制管理过程较为困难。加之目前对融资租赁业务的监管缺位,其交易的操作透明度明显比其他金融产品低,因而更容易发生操作风险。融资租赁公司的操作风险一般表现为：开展业务前，缺乏对市场前景的科学评估，盲目扩大业务规模导致投资浪费；业务流程不规范，从业人员为了提升业绩降低客户的准入门槛，造成租金回收困难；风险管理水平不高，对客户资信评查不够专业，不能识别虚假信息；人员自身专业性不高，对业务的理解不够深入，与客户沟通存在问题、合同纠纷多等。

4. 法律风险

融资租赁合同需要明确定义各方的权利和义务。如果合同条款不清晰或合同违反了法律规定，租赁公司可能会卷入法律争议。争议可能涉及合同解释、租赁期限、违约责任等问题。

5. 政策和监管风险

融资租赁行业受到政府监管，政策和法规的变化可能会影响行业的经营。例如，政府可能出台新的税收政策或监管要求，影响租赁交易的成本和可行性。

融资租赁公司需要谨慎评估和管理风险，包括进行信用评级、定期维护资产、合理定价、制定清晰的合同条款和密切关注市场和法律变化。同时，融资租赁公司通常会采取多元化的投资策略，以分散风险。

（五）持续教育

融资租赁行业通常鼓励从业人员进行持续教育和培训，以跟踪行业最新趋势和法规变化的正常运作，并保护各方的权益。随着经济周期及金融市场规则的不断变化，从业人员需要持续拓宽自己的知识领域。持续教育也是融资租赁从业人员保持专业水准、奉行职业操守的基本要求和必要保证。具体的要求和准则可能因公司、地区和职位而异，因此从业人员应该根据自身情况和所在公司的政策来遵守相应的规定。同时，监管机构也会定期审查和更新相关规定，以确保行业的合法性和健康发展。以下是具体要求，予以参考。

参加继续教育的时间，每年（每个周期）累计应不少于60学时。至少20学时可通过参加行业监管部门、融资租赁行业协会及各地金融业协（学、公）会、金融机构、大专院校以及其他合格教育培训机构组织的面授或网络培训完成。其余的至少40学时可通过参加其他自学或工作实践等活动完成。具体包括：

（1）平均每周阅读财经类报刊、书籍1小时（含）以上；
（2）平均每周收听/收看财经类资讯1小时（含）以上；
（3）参与至少1项金融类研究课题；
（4）参加金融类相关学术交流会议1天（含）以上；
（5）参加并通过全国金融类相关专业技术资格考试1门（含）以上；
（6）在国内统一刊号（CN）的经济、金融类期刊上发表论文1篇（含）以上；
（7）独立或与他人合作公开出版金融类书籍1本（含）以上；
（8）当年从事金融类相关工作。

以上完成 3 项即满足要求,予以认可。

▶▶ 思考题

1. 简述融资租赁的定义及基本要素。
2. 融资租赁与银行贷款的区别在哪里?
3. 简要分析融资租赁的功能与作用。
4. 谈一谈融资租赁行业特征,以及作为从业人员需要具备哪些能力要求。

第二章 融资租赁的起源与发展

融资租赁作为当前国际社会中最普遍、最基本的非银行金融形式,日益在信贷资源供不应求的大环境下发挥出自身独特的融资优势,成为企业获取资本和设备的重要途径。融资租赁起源自美国,相继扩展到欧洲、亚洲乃至全世界,尽管相继受到金融危机和新冠疫情等事件的冲击,但其仍在世界范围内呈现出持续发展的趋势。改革开放以来,中国的融资租赁行业在政府的扶持和鼓励下得到迅速发展,在世界上占据了重要地位。

第一节 融资租赁的产生与发展

一、融资租赁的起源

融资租赁是传统租赁的发展和创新,其历史可追溯至古代传统租赁、近代设备租赁、现代融资租赁三个发展阶段。古代传统租赁最早出现于公元前3000年,海上贸易发达的腓尼基人发明了船只租赁形式。随后,租赁在欧洲迅速发展,租赁对象的范围扩展至土地、房屋、马匹等,但主要业务仍是交通工具的租赁。传统租赁分离了所有权和使用权,出租人通过让渡物品的使用权获取租金收益,承租人付出一定报酬以获得无力或不愿购买的物品的使用权,这种短期的租赁通常被称为租借。

近代设备租赁开始于18世纪工业革命的英国。工业革命后,机器设备制造业迅速崛起,制造商通过设备租赁手段进行产品促销。蒸汽机、内燃机、纺纱机等机器设备,以及蒸汽机车、汽车、汽船等新型运输工具成为主要租赁对象。近代租赁阶段的特征包括：一是租购形式出现，租期结束后承租人可以购买租赁物，先获得使用权进行生产获利，最终取得所有权，区别于传统租赁所有权和使用权的简单分离；二是租赁主体是设备制造商，目的是促进设备销售，而非让渡所有权以获利。

现代融资租赁是租赁业在现代演进形成的新租赁形式，是社会生产规模化的必然结果，实质是市场经济下的一种金融创新。第二次世界大战后，美国工业化生产过剩。为推销设备，厂商开始为用户提供金融服务来增加销售，通常的方式为分期付款、寄售、赊销等。但由于所有权和使用权同时转移，资金回收的风险较大，于是便有人借鉴传统租赁的做法，由销售方保留销售物件的所有权，购买人只享有使用权，直到融通资金全部以租金方式收回后，才将所有权以象征性的价格转移给购买人，这种方式被称为"融资租赁"。

我国学者普遍认为，1952年，美国人杰恩菲尔德在旧金山创办美国租赁公司（现更名为美国国际租赁公司），标志着现代租赁的诞生。在此之后，租赁进入了一个集融资、融物于一身，具有金融性质的崭新发展阶段。杰恩菲尔德原本是加利福尼亚一家食品工厂的老板，1952年，他的工厂接到了大批订单，但工厂现有的设备不足，不能满足订单生产的需要；与此同时，杰恩菲尔德也缺乏充足的资金，无法通过购置设备、扩大生产以解决生产力不足的问题。考虑到当时的金融业发展尚不充分，企业外部资金来源有限，杰恩菲尔德开创性地摒弃了先投资购买设备，再将设备投入生产的做法，转而租赁生产所需要的设备，并以盈利支付租金，最终获得设备的所有权。这一举措使杰恩菲尔德获得了成功，也让他意识到融资租赁作为一种能够提供长期资金融通的新型金融工具，对战后资金需求激增的企业具有重要意义。因此，他在同年创立了世界上第一家现代租赁公司，专门从事对承租人选定设备的长期租赁，即融资租赁。他的创举也使得其他企业家认识到了融资租赁的优势，在此之后，美国的融资租赁行业飞速发展，并形成了一定的规模。

二、融资租赁的发展历程

正像其他经济活动一样，融资租赁作为经济领域的新生事物，经历了从简单到复杂、从幼稚到成熟、从单一到多样化的发展阶段。为了便于了解融资租赁活动的基本规律，同时对国际上的融资租赁交易及世界不同地区、不同国家融资租赁的发展动态有所掌握，本章将介绍有关融资租赁发展阶段论的国际权威观点。国际租赁业权威学者、世界租赁大会理事、国际金融公司租赁顾问阿曼波先生在深入研究之下，大致将融资租赁的发展历程划分为五个阶段，他的这一划分方式已为国际租赁业界所普遍接受。

（一）融资租赁发展的第一阶段——简单租赁阶段

阿曼波先生认为，对于世界上几乎每一个国家来说，这一时期的租赁第一次以区别于传统租赁（Rental）的形式，作为真正的租赁产品出现。这一产品始终以承租人利用租赁作掩护,而实施购买行为是其特色。实际上,租赁仅仅是一种融资手段,即在租赁期满时,承租人已经全部支付租金后,以名义上的货价购买了租赁设备。在这一时期,虽然人们认识到通过融资租赁的设备可以获得设备的使用价值,但最终拥有该设备的所有权仍然是人们追求的目标。从出租人的角度看,他也只是通过租赁的形式为设备融资,不愿意在租赁期满时再收回设备。可以说,在融资租赁发展的第一阶段,信用风险而不是设备风险才是出租人所要十分关注的。避免设备上的风险需要一个发达的二手设备市场,但在这一时期这样的市场并不存在。阿曼波认为,一般地说,这一时期有5~7年的时间。

还应当指出,有的学者认为这一阶段的融资租赁,就其功能而言,与贷款相同,这说明融资租赁的实际作用就是融资。而在这一时期中,各国政府为鼓励本国融资租赁行业的发展,都会采取给予租赁以优惠政策的措施,使得融资租赁相较于贷款取得成本上的比较优势,因此客户在面对融资需求时会优先考虑融资租赁的形式。这一时期的融资租赁具有以下特征:

第一,租赁合同不可解约性。即承租人在租期结束之前不能以退还租赁物件为条件而提前终止合同。原因很简单,一般通过融资租赁租用的设备大多为专用设备,如上文所述,出租人的目的在于赚取租金,而并非要拥有设备所有权。如果承租人中途解约,像传统租赁那样退回设备,将使出租人蒙受重大损失。

第二,租赁设备的所有权最终转移。租赁期满后,出租人将全部收回其融资并获得相应回报,承租人将以名义价格,即非常低廉的价格,或者根据约定无偿地从出租人那里获得租赁设备的所有权。租赁设备的所有权最终由出租人转移给承租人。

第三,租金期均等。一般来讲,融资租赁合同约定的租金金额每期都是相同的,而且时间跨度也相同。

(二) 融资租赁发展的第二阶段——创新性的融资租赁

随着市场的不断扩大以及竞争的日益激烈,融资租赁进入第二个发展阶段。在这一阶段,出租人开始设计多种融资租赁方式,同时为承租人提供租赁期满后的多种选择,例如以租赁设备残值形式为基础重新租赁等。阿曼波认为,这一时期许多国家的租赁产业获得巨大发展,具有很大的市场占有率和渗透力。同时,许多设备制造商也开始建立他们自己的租赁公司,税务部门、行政管理机关以及会计部门都意识到租赁的重要意义,开始注重该行业并制定各种原则、规章以鼓励它更快发展。

这一阶段融资租赁的重要特征在于它的创新性,即为了尽可能满足承租人的需求,出租人设计多种多样的租赁形式,以增强市场竞争能力。比如,租金支付方式更加灵活,承租人可根据现金流量来安排支付,由均等付租到等差、等比的递增,或等差、等比递减,或不均等付租等多种选择方式;租期与设备法定耐用年限关系的变通,一般而言,租期经常短于租赁设备的法定年限,但这一阶段出租人也可根据承租人的需求及特点,将租期规定得长于租赁设备的法定年限,从而有利于承租人降低单位租期内的租金,提高承租人的收益;出租人融资方式的创新使得转租赁、杠杆租赁以及出售回租等形式开始出现。有的国家通过给租赁公司提供优惠资金或信用保险等方面的政策,将租赁公司的租赁投资与政府的某项宏观经济目标有机地结合在一起,从而达到通过政府少量支出带动社会和法人投资按政府的意图安排投向,最终实现政府某项宏观经济目标,如日本的武士租赁。

特别应当提到的是,由于融资租赁的标的以大型专有设备为主,因此许多机械、电子等工业设备的制造商在这一阶段开始创建自己的租赁公司,作为销售本公司产品的重要促销手段,融资租赁的促销功能得以充分发挥。通用电气财务公司(GE Capital)、IBM 公司、AT&T 资本公司、兰克施乐国际租赁公司和贝尔太平洋国际租赁公司都是世界上著名的附属于大的制造商的租赁公司。实践证明,利用融资租赁促销功能而建立和发展的上述租赁企业大多获得了巨大成功。

(三) 融资租赁发展的第三阶段——经营性租赁阶段

这里所说的经营性租赁不同于传统意义上的经营租赁。后者是指以自有物件出租给他人开展经营活动的租赁,人们经常以此区别于以融资为核心的融资租赁。但这里所提到的经营性租赁是指具有融资租赁基本交易性质(承租人选定设备,中长期融资等),但出租人又在一定程度上承担了租赁投资决策风险的一种特殊形式的融资租赁。

这一阶段的特点是,承租人在租赁期满后,可以返还租赁设备。许多经营性租赁都是全方位的服务租赁(full-service leases),拿计算机租赁来说,硬件、软件、安装、维护以及培训等,都包括在租赁交易的过程中。

阿曼波认为,在经营性租赁阶段,承租人变得非常精明和专业,他们认为租赁作为非常具有活力的融资工具被广泛接受了,不再仅仅考虑租赁本身。因此,租赁合同的条款不再是出租人单方起草了,承租人要与之讨价还价。实际上,很多情况下承租人坚持由他们自己的法律顾问起草合同来控制租赁交易。

特别应当提到,经营性租赁迅速发展的主要原因是其能给承租人带来一些特殊的经济功能,如表外融资、降低租期内的租金、避免报废资产的处理、避免技术过时风险和出租人的全方位服务等。

(四) 融资租赁发展的第四阶段——租赁的新产品阶段

有的学者将其译为创新的租赁,但为了区别于第二个发展阶段创新性租赁阶段,译为租赁的新产品阶段似乎更妥。竞争的日趋激烈、出租人经营方式的日益创新以及技术转让交易的不断增长都推动租赁产业进入了新的发展阶段——租赁的新产品阶段。

在这一阶段,经营性租赁交易变得非常复杂,包含着复杂的最终选择条款、提前中止的选择权、设备翻新和升级、技术更新以及类似的许多新的内容。这一阶段形成了许多新的产品,如证券化(securitization)、风险租赁(venture leases)和综合租赁(synthetic leases)。

所谓证券化是指租赁应收债权证券化,即租赁公司以手中一组租赁收益、尚未实现的租赁合同为基础而在资本市场上发行债券或信托凭证等证券的过程,目的是从市场上获得大量的低成本的租赁资金。

所谓风险租赁是指租赁公司在一项租赁交易中,对于其租赁总投资额,一部分以租赁债权,另一部分以股权投资方式将租赁物件出租给承租人,出租人获取租金和股东权益收益作为投资回报的一项租赁交易。

所谓综合租赁,亦称合成租赁,是指在一项总的租赁交易中包含有上面提到的各种租赁方式,目的是满足承租人的不同需求。

(五) 融资租赁发展的第五阶段——租赁成熟期

融资租赁进入成熟期后,业内出现了产业的稳固联合,这种联合是通过兼并、合并、合资、股票操作等形式进行的。这是因为这一阶段的市场竞争更加激烈,租赁公司的收益减少,市场渗透率逐渐稳定,租赁的数量增长几乎与经济的全面增长同步,业内开始"大鱼吃小鱼",大的租赁联合体重新寻求市场定位,而竞争能力弱、服务水平差、资金薄弱的企业则要退出市场。进入成熟期的国家,其租赁业开始迈出国门,开拓跨国业务,国际融资租赁交易蓬勃发展。阿曼波先生认为,美国租赁业已于1995年进入了成熟阶段。

尽管上述五个发展阶段一般都适合世界各国的情况,但应指出,首先,这一分法是针对一个国家的整个租赁业而言,而不是对所有的从业者都适用;其次,每一个阶段划分都不是绝对的,如美国,当它的租赁业已进入成熟期时,许多租赁公司仍在为客户提供简单的融资租赁,另一些公司则专营经营性租赁,还有一些公司在经营综合性租赁。

值得注意的是,当新兴市场进入成熟期时,从简单租赁到成熟租赁的时间跨度变得越来越短。毫无疑问,这是市场间信息传播、技术更新的速度越来越快的必然结果。

在这里还应指出,根据中国社会科学院欧洲研究所所长助理、欧盟法研究室主任程卫东教授的观点,应当将网上租赁阶段作为融资租赁发展的第六个阶段。随着互联网技术的进步,以及电子设备在社会生活中的普及,网上租赁业务的发展是融资租赁发展的必然趋势,一些租赁公司已开展网上咨询、网上谈判等业务。网上支付、网上签约、配送服务以及电子商务法律等问题的解决也为网上租赁业务的进一步发展提供了条件,如何进一步地将融资租赁业务与互联网有效结合,推动融资租赁企业数字化转型,将成为融资租赁未来发展过程中的重要议题。

第二节 融资租赁在世界范围内的发展

自1952年第一家融资租赁公司成立以来,经过70多年的发展,融资租赁已经成为全球范围内仅次于银行信贷的第二大融资方式和商品流通渠道,也成为全球经济增长的重要推动力量。尽管先后受到2008年全球经济危机和2019年新冠疫情的冲击,但租赁业仍在坎坷中持续发展。进入2024年,全球经济形势继续复杂多变,但地缘政治紧张、通货膨胀、供应链问题以及全球经济转型等因素仍在影响着全球经济的发展。尽管如此,融资租赁行业依然表现出较强的韧性,并在经济复苏中发挥了重要作用。特别是在新兴市场和技术创新领域,融资租赁为企业提供了灵活的融资解决方案,促进了资本的有效配置和技术的快速推广。

一、世界融资租赁概况

在对各国情况进行详细介绍之前,首先对当前全球融资租赁市场的概况作大致了解。据《世界租赁年报》统计,2011—2022年,全球租赁交易额总体保持平稳快速增长,2011年全球租赁业新增业务额为7 967亿美元,2022年为14 700亿美元(图2-1)。从融资租赁渗透率来看,主要发达市场渗透率达到较高水平。其中美国融资租赁渗透率达22%、加拿大达39%,而英国则达到40%。日本融资租赁渗透率只有4.2%,数据比较低的一个原因是,日本渗透率中分母为社会投资总额(包含房屋土地和设备投资),分母口径要大于其他国家。当然,经济低迷也是20年来日本融资租赁业发展相对迟缓的主要原因之一。

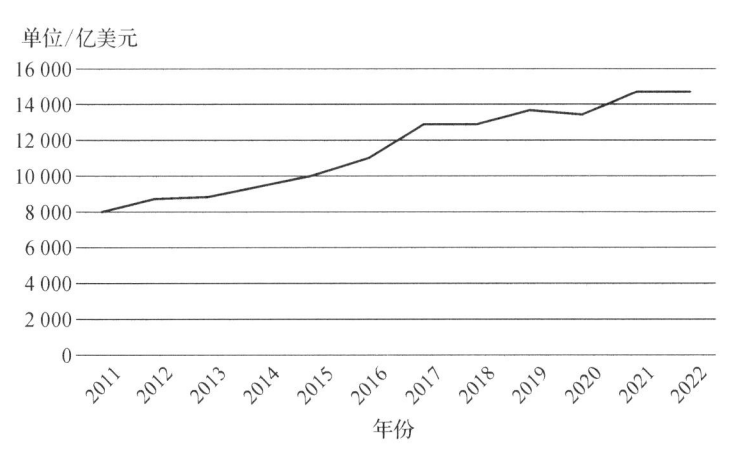

图 2-1 2011—2022年全球租赁业新增业务额
数据来源:White Clarke《世界租赁年报》

北美洲、亚洲和欧洲三大区域是世界融资租赁业务量最大的三个区域,三个区域全球市场份额占比超过90%。2022年北美洲全球市场份额占比最高,达到37.15%;欧洲第二,为30.05%;亚洲第三,占比28.94%,三个区域合计占比达96%(见图2-2)。其中,北美洲地区是2022年全球唯一实现业务额增长的地区,增幅为7%,其他地区则都出现了不同程度的下降。欧洲地区业务额下降了1.1%,亚洲、南美洲地区业务额均下降了5%,大洋洲地区(澳大利亚和新西兰)业务额下降了0.8%,非洲地区业务额与2021年持平。

图 2-2 2022 年全球各地区融资租赁市场份额
数据来源：White Clarke《世界租赁年报》

二、融资租赁行业在美国的发展

1. 发展历程

融资租赁起源于美国，于二战后的 20 世纪 50 年代开始进入创新和快速发展时期，经过了半个多世纪的发展，美国已经成为融资租赁业发展最快、规模最大的国家，目前美国仍是全球最大的单一租赁市场。

1952 年，美国成立了世界上第一家融资租赁公司——美国租赁公司（现更名为美国国际租赁公司），开创了融资租赁的先河。

1954 年，美国出台新税法，允许固定资产所有人加速折旧，这为现代租赁公司的兴起创造了条件。随着税收政策明确了"有条件销售"（融资租赁）和"真实租赁"（经营租赁）的区分，厂商背景的租赁公司因产品促销需要迅速发展起来。

1962 年，美国租赁业迎来了重要的政策支持：投资税收抵免，即设备所有者可获得设备价款 7%的税收抵免。这项政策使承租人融资成本优于银行贷款成本。

1963—1997 年，美国银行监管当局逐步允许银行进入租赁行业。在这一背景之下，一些市场份额占有率高的银行纷纷参与租赁行业，与一些专业租赁公司争夺市场，银行系租赁公司得到迅猛发展。1970 年《银行控股公司法案》出台，允许银行组建控股公司从事信贷以外的多元化业务，银行业开始作为整体关注租赁业。建立银行控股公司需要比较多的成本，为了说服股东，银行开展了与信贷较为类似、盈利能力较强的融资租赁业务。在这之后，拥有充沛现金流和丰厚税前利润的银行，很快就成了租赁业的重要力量。随着银行充分进入租赁业，以及税收激励的减少，独立租赁公司的竞争优势不再，逐渐向结构化资产融资市场转移。银行系租赁在融资租赁行业的地位继续提高，逐步占据了融资租赁业的半壁江山。

1998 年至今，融资租赁创新发展，税务租赁、杠杆租赁、转租赁、售后回租、合成租赁、风险租赁等创新租赁模式逐步发展起来，融资租赁市场渗透率多年保持在 20%以上。

2. 发展的新变化

一是融资租赁模式向服务化转型。美国的融资租赁起源于厂商设备租赁,并在设备租赁方向上得到了长期、持续的发展。但是当前市场环境日新月异,美国租赁行业数据化、信息化、专业化的趋势不断增强。同时,消费者的需求也在发生变化,用户不再仅仅关注设备自身,而是越来越重视租赁方案的灵活性,服务的全面性和便利性,以及出租人的风险共担。传统的融资租赁模式已经无法满足消费者的这些需求,美国租赁行业向服务化转型更加迫切。

二是运用新兴技术改变销售模式和运营管理方式,人工智能(AI)技术就是其中之一。一些融资租赁公司会采用人工智能技术进行贷款决策和欺诈检测,从而降低运营成本、提高生产率和增强安全性。据统计,全球人工智能支出从2019年的375亿美元增长到2020年的500亿美元,预计2024年人工智能投资将增加一倍以上。此外,机器人流程自动化(RPA)技术能将可重复的过程自动化、标准化,从而减少人为错误并提高效率。而区块链技术的应用可以简化维护信息安全的过程,加快数据处理和信息流动,因此多用于改进贷款流程、安全支付和快速结算。

三是充分利用深思熟虑且合理规划的市场细分,对小单、中单、大单客户都采用特定的竞争策略,从而获得竞争优势。曾在美国租赁协会担任基金会经理和专业发展主任的约瑟夫·莱恩在文章中详细地列出了美国融资租赁行业常用的七种竞争策略,分别是:① 为小型企业、地区办事处和居家微型企业服务的小单业务专家;② 专注于特定类型资产或垂直产业的中单业务专家;③ 为大型公司和政府部门服务的大单业务专家;④ 厂商租赁公司、经销商租赁公司一类的销售支持合作商;⑤ 银行作为出租人的银行多面手;⑥ 通常作为供应商统筹多种技术手段,为客户提供完整的、全方位服务的综合解决方案的综合解决方案供应商;⑦ 仅收取佣金、为其他融资租赁公司负责某类资产组合租前、租中和租后的全流程管理的流程外包服务商。

四是融资方式较为多样化。美国融资租赁企业和银行业、保险业及信托业合作频繁,形成各方多赢的局面。

3. 行业政策

为了保证融资租赁行业的健康运行,美国首先创立并完善了融资租赁业的四大支柱:行业监管、交易规则、会计准则、税收政策。

在行业监管方面,美国的融资租赁属于市场调控,不需要准入许可或最低资本金限制。如果一家公司要在美国进入融资租赁业,几乎不存在障碍,也不需要支付最低注册资本金,只要有资本就可以进入市场,且无须经过行政审批。融资租赁行业没有专门的监管机构,也没有专门的融资租赁监管法律,成立后,企业发展业务涉及哪个领域就由这个领域的相关部门按照其法律法规进行职能监管。然而,银行旗下的融资租赁公司需要接受监管部门对银行的并表监管。此外,美国融资租赁协会对行业的健康发展进行引导,使得美国的融资租赁企业具有较强的灵活性和创新性。

在交易规则方面,美国将融资租赁视为一种特殊的租赁交易,并遵循《统一商法典》

的规定。《统一商法典》在逐步完善的过程中将融资租赁与买卖、一般租赁进行了区分,并明确规定了各方的权利和义务。

在会计准则方面,融资租赁的会计准则遵循《国际财务报告准则》(IFRS 16)和《美国通用会计准则》(ASC 842)。2019年1月1日生效的《国际财务报告准则第16号——租赁》改变了承租人的会计处理方式,要求承租人在租赁开始日在资产负债表中确认使用权资产和租赁负债,只对短期租赁和低价值租赁提供了有限的豁免。这基本上结束了经营性租赁在"费用化"和"表外融资"的特殊优势。

在税收政策方面,美国将租赁分为"有条件销售"和"真实租赁",对销售收入征收普通所得税,对真实租赁征收资本利得税。美国对融资租赁的税收优惠主要体现在投资税的减免和允许加速折旧等方面。

三、融资租赁行业在英国的发展

1. 发展历程

英国目前是欧洲第一大、全球第三大融资租赁业务市场。20世纪60年代,融资租赁迅速发展,由美国扩展到英国、加拿大、日本等发达国家。1960年,英国第一家租赁公司——英美合资的商业租赁公司正式成立,开始了英国现代租赁的新时期。整个20世纪60年代是英国现代租赁的创业期,业务有了稳步发展。早在1960年,英国便诞生了设备租赁税收优惠制度。1966年,英国原有的税收减免制度为设备投资补助金所取代。

20世纪70年代,英国租赁产业获得了迅速发展,逐步形成了一个新产业部门。1970年,英国废除投资补助金,重建了税收减免制度。

1971年8月,英国设备租赁协会成立。该协会成立不久,立即联合那些经营租赁的融资机构、清算银行、商业银行、外国银行、保险公司和工业附属机构,很快成为英国租赁业的代表机构。

1979年,英国还成立了租赁经纪人协会,协会拥有16个会员公司,提供咨询、股票管理、投资评估等服务。英国租赁的成交额以及在设备投资中所占比例一直占西欧国家首位。

1992年,英国设备租赁协会与英国金融协会合并为英国金融租赁协会,该协会起到了整合行业资源、发挥产业聚集效应的作用。

2017年,英国租赁市场渗透率提高到33%,远高于美国和欧洲其他国家。

2019年后,受新冠疫情的影响,英国通过融资租赁、租购方式、经营租赁方式实现的新增融资额均呈断崖式下降。英国融资与租赁协会首席经济学家兼研究主管Geraldine Kilkelly表示,为应对新冠疫情对经济的冲击,英国政府出台了多项措施,包括推迟缴纳税款、降息、新冠疫情企业中断贷款计划(CBIL)及中小企业的新定期融资计划(TFSME)等一系列应对措施。其中,新冠疫情企业中断贷款计划、中小企业的新定期融资计划均未包括融资租赁企业等非银行机构,对设备融资租赁市场造成了重大打击。

2021年,英国经济从新冠疫情的重创中逐步复苏,融资租赁新增业务额出现强劲反弹,创十年以来最大增幅,较2020年增长16.8%。

2. 发展的特点

一是业务类型以租购为主。租购作为英国融资租赁公司最主要的业务类型,占总体业务的57%,英国融资租赁业对需要购置设备和更换新设备的实体企业的支持力度较大。

二是重视中小企业客户。英国融资租赁有超过64%的资金流向中小企业,为他们的设备融资提供资金。

三是销售渠道分布较为均匀。直接销售、经销商、中介推荐这三种销售渠道在英国一直保持着较为稳定的占比,2021年,直接销售占销售渠道的43%、经销商占34%、中介推荐占23%。

四是以动产租赁为主。在英国,不动产租赁几乎等于零,这是区别于其他欧洲国家的最显著特点之一。英国设备租赁不包括土地、工业建筑和私人住宅等。财产租赁通常不是由租赁公司,而是由保险公司、养老金专业财产公司以及使用长期基金的其他企业来进行的。

五是融资租赁行业绿色转型。受英国政府在2021年公布的"零排放"战略的影响,按使用付费成为英国设备租赁市场的主流趋势。此外,英国政府还出台了一系列政策法规,鼓励和引导企业开展新能源汽车融资租赁服务。在当前乃至即将发生的立法的引导下,为新兴技术提供融资的绿色设备租赁将进入快速发展的新时期。

3. 行业政策

英国对融资租赁采用适度监管的模式,融资租赁直接或间接地受到经济管理方面各种必要的法律约束:外汇管制、金融监管、价格管制。除此之外,英国把融资租赁视为委托契约的一种形式,如其他商业合同一样受普遍法条的制约。

与其他欧洲国家不同,英国对融资租赁性质的认定与美国观点是类似的。融资租赁被视为委托契约的一种形式,像其他商业合同一样受普通法条文制约。按照普通法规定,租赁财产的所有权与使用权永远分离,出租人对设备的所有权与承租人对设备的经济受益权彼此独立,出租人的物权永不转让给承租人或任何有关的第三者。因此,融资租赁期满时,承租人不能享有留购权,要么归还设备,要么以较低租金续租,租赁合同如果订有一项留购权的规定,那么该合同则被视为租购合同,不能享受作为租赁的税收待遇。也就是说,英国税务当局将认为不是出租人而是承租人作为设备物主享受折旧及投资优惠和补助。然而,在大多数欧洲国家,租赁合同通常都包括一项承租人享有留购权的规定。因为那些国家的法律认为,融资租赁合同是自成一类的交易契约,其主要目的是融通设备的使用权,转移所有权不过是从属活动。

英国金融租赁协会密切关注《国际财务报告准则16号——租赁》(IFRS 16)对英国

租赁行业的影响,希望央行推行"定期融资计划"以替代"区域发展基金",成为帮助中小企业发展的有效途径。

英国没有给予租赁公司特殊税收优惠,但可以享受与银行贷款和相关行业一样的支持政策,如投资奖励、投资减税、政府补助金、出口信贷担保等。英国对于大型运输工具的融资租赁可以按上年年末账面价值的25%进行加速折旧、税前扣除。

四、融资租赁行业在日本的发展

1. 发展历程

日本是发达国家中融资租赁业务发展较晚的国家,但在亚洲国家中发展最早,目前是亚洲第二大、全球第五大租赁市场。1963年8月,日本借鉴美国经验,创立了国内第一家专业租赁公司——日本国际租赁株式会社,标志着日本现代租赁业的开始。日本租赁是以融资租赁为核心发展起来的,发展过程大致可以分成四个时期:发展初期、快速增长期、平稳增长期、发展调整期。

1963—1968年是日本融资租赁业的发展初期。20世纪60年代,日本经济保持高速增长,企业设备投资意欲旺盛,资金出现短缺,租赁作为新的设备投资手段应运而生。1963年8月,日本国际租赁株式会社成立。1964年4月和9月东方租赁株式会社和东京租赁株式会社先后成立,掀开了日本现代租赁史的第一页。

1968—1977年,日本融资租赁业进入快速增长期。在此期间,日本经济继续保持快速增长,技术创新突飞猛进,投资需求特别旺盛。大银行、大商社、大厂家纷纷进入租赁业,并成立了综合租赁公司。这些公司充分利用母公司的业务渠道,租赁交易量快速增长,年平均增长率高达30%~50%。目前日本租赁业的大多数大公司都是在这一时期成立的。

1978—1989年,是日本融资租赁的平稳增长期。这一时期,日本信息技术发展迅速,传统产业需要大量的设备进行信息化改造,政府则执行宽松金融政策。在这种环境下,租赁机构激增,专业租赁公司不断问世,电脑、汽车、建筑等行业企业陆续建立租赁公司;人寿保险信用金库等金融机构纷纷涌入租赁行业,日本租赁业进入全面竞争期。1986年,世界租赁大会在东京召开。日本一些大型租赁公司开始走出国门,开拓境外租赁业务。

1990年至今,是日本融资租赁的发展调整期。20世纪90年代后,日本泡沫经济崩溃,租赁业发展陷入低迷。2000年以后日本经济逐渐恢复,租赁业发展迎来转机。2005年日本租赁市场规模仅次于美国,居世界第二位。2008年日本企业会计准则更改,要求将符合条件的借款费用计入资产成本,使融资租赁失去在会计报表中的优势,同时受到美国次贷危机的影响,融资租赁交易额大幅回落,仅有1991年峰值的一半。另外,随着日本经济的重要驱动力从第二产业向第三产业的转换,融资租赁行业也开始向新的服务类别发展。融资租赁在日本的租赁市场渗透率虽然只有8%~10%,但普及率却很高,约有94%的企业正在利用租赁方式融资。近十年,日本融资租赁交易额和资本投资额一直比较稳定,呈现出在波动中微弱回升的态势。

2. 发展的特点

一是投资主体多元化。日本租赁市场主要由金融机构和大商社出资组建全国性租赁公司、由厂家或经销商出资成立专业租赁公司,以及地方银行组建地方性租赁公司。从投资来源看,基本可分为银行型、厂家型和银行贸易复合型三大投资类型。日本企业租赁意识很普遍,融资租赁公司经营业务种类相当丰富,租赁公司的资金来源主要是银行贷款,租赁客体主要以机器租赁、非制造业租赁为主,目前租赁业仍以融资租赁为主要方式。

二是资金来源以银行贷款为主。日本租赁公司资金来源主要依靠银行贷款,公司债券融资和资本金占比较小。

三是业务类型渐趋多样化。目前日本租赁公司除租赁业务外,还可经营房地产、投资及贷款等业务。

四是融资租赁仍是主业。日本租赁业是以融资租赁为核心发展起来的,目前融资租赁仍是主要方式,也有部分大型租赁公司从事经营性租赁,或对特定设备开展维修服务租赁。

五是建立融资租赁业中介组织。社团法人日本租赁事业协会和日本汽车租赁协会联合会是日本融资租赁业重要的两个组织。社团法人日本租赁事业协会负责租赁及租赁事业相关的调查研究、政策落实、推广宣传、发展指导。设立该协会的目的是促进机械设备租赁事业的健康发展,发展日本经济,提高国民生活水平。日本汽车租赁协会联合会收集信息和项目研究,向政府部门、企业和社会提供政策建议,促进汽车租赁业的发展。

3. 行业政策

日本与美国一样,没有规范融资租赁交易和融资租赁公司的专门立法,但《日本银行法》等法律法规监管银行、保险公司等金融机构合规开展融资租赁业务。由于融资租赁业务拥有各种类型的标的物,融资租赁合同的相关当事人五花八门,所以日本融资租赁公司需要遵守各领域、各行业的法律法规。例如,日本《废弃物处理法》规定了如何处置租赁期满的租赁物的要求;签署融资租赁合同的各方中属于消费者的,还要遵守《消费者契约法》《特定商业交易法》等法律规定。同时,中介组织租赁协会制定的融资租赁合同范本在业界也得到广泛应用。日本租赁界通常认为"融资租赁合同就是一种以借贷为核心,包含融资和服务的新型合同",将融资租赁作为一种促进企业技术开发和设备更新的资金融通手段。

融资租赁的会计准则按照日本政府颁布的《租赁会计准则》执行。会计准则将租赁区分为"融资租赁"和"经营租赁"两种交易形式。融资租赁又分为所有权转让和所有权非转让两种。对于不转移所有权的融资租赁,承租人将租金计入费用和表外融资,允许出租人加速折旧,出租人可以提取50%的坏账准备,在无法收回资金的情况下税前扣除。

与此同时,日本是给予租赁业优惠政策最多的国家,政府制定了一系列的扶持政策,以促进融资租赁业的发展,主要包括政府补助制度、政策性财政融资制度、租赁信用保险制度等。一是对信息科技和产业、中小企业实行投资减税制度;二是在农林水产领域,对特定设备承租人发补助金;三是建立政策性保险制度,政策性保险公司负责赔偿租赁损失,日本通商产业省负责监管。综合以上政策可以看出,日本政府所有的扶持政策实质上都是激励机制,但这种激励机制是有条件的,融资租赁公司只有达到了政府所规定的条件才能享受。为了能够享受优惠政策,所有公司都必须自觉遵守市场秩序,并且利用一切资源来提高资本质量,这就形成了良性循环,促使整个行业实现健康快速发展。

第三节　融资租赁在中国的发展

一、我国融资租赁业的发展历史

西方发达国家的租赁业发展一般经历三个阶段:早期租赁业阶段、近代租赁业阶段和现代租赁业阶段。但中国租赁业的发展同西方国家的发展轨迹不同,有其自身的特点。在1949年新中国成立以前,伴随封建的社会形态,我国的租赁形式主要表现为早期租赁业态,并且土地租赁成为社会较为普遍的交易。新中国成立后,我国进入计划经济时期,租赁业经济几乎中断。后来,到1978年改革开放以后,随着对外资和西方发达国家现代化经济模式的引进,我国选择直接从国外引进现代租赁业的交易形式开展融资租赁业务。因此,我国租赁业可以说是直接从早期租赁业阶段跨越到了现代租赁业阶段。

(一) 我国融资租赁产生的背景

20世纪70年代末80年代初,我国开始实施改革开放政策。在此之前,我们主要学习苏联的经济模式,即计划经济体制。在这种体制下,国家财政在国民收入和再分配中发挥主要作用。在当时,我国金融体系中,银行成为唯一的金融机构类型。以存、贷、结为代表的典型银行业务成为我国仅有的金融工具。而金融市场的概念在当时是不存在的。

1978年12月,党的十一届三中全会确立了改革开放的大政方针政策。但是,实施改革开放政策以后,在相当长的一段时间内,我国对改革的认识主要集中在如何解决计划经济体制中所存在的一些弊端,主要是社会的各个个体,包括企业、事业单位和个人缺乏活力,整个社会出现效率低下等现象。解决的思路就是引进市场经济(在相当长的时间内我们采用了商品经济的概念)中的机制与手段。解决的具体途径就是借鉴西方市场经济国家(在相当长的时间内我国称之为资本主义国家)已有的许多具体实践经验。1979年10月,邓小平同志在省部级领导座谈会上强调,银行现在只是算账、当会计,银行要成为发展经济、革新技术的杠杆,要把银行真正办成银行。自此中国进入金融体制改革的新时期,体现在金融市场的发展,就是伴随着我国改革开放的不断深入,我国不断从市场经济国家学习,设立了新的金融机构。20世纪90年代以前,在我国影响面最广的金融工具是信托投资,及其相应的、大大小小的各类信托投资公司。而我国开放政策的实施,主要体现在伴随着我国对外开放领域的不断扩大,越来越多的外国资本通过各种渠道,不断渗透到我国经济的各个方面。利用外资,在相当长的一段时期内,成为我国对外开放的主要经济现象。

我国引进外资主要有三条途径:外商直接投资、对外借款和外商投资租赁公司的融资租赁。对于境外投资人来讲,采取外商直接投资方式,资金回报可能较高;外方能直接参与企业的决策和管理;用外方的技术生产的产品有可能取得一定的市场份额;和中方伙伴有可能建立战略合作关系。但是,采取外商直接投资方式要承担风险:在我国加入WTO之前,外商直接投资在许多行业上要受到限制;如果找不到合适的合作伙伴,战略合作和市场份额等优点可能落空。企业对外借款,其总规模由国家计委控制,其引进手续由指定的窗口银行办理。对于一般的境外投资人来讲,不太可能利用这种渠道。

通过中外合资融资租赁方式引进的外资,不受国家外债总规模的限制。租赁项下的外资进入和汇出也没有限制。因此,对于境外投资人来讲,如果想投资那些不允许外商直接投资的行业或项目,采用外汇融资租赁是一种最可取的办法。由于当时我国处于由计划经济向市场经济转型的时期,习惯了计划经济体制的企业领导和主管部门对项目评估等市场经济下的决策方式显得不太适应。这也给中国现代租赁业,尤其是期限较长的融资租赁业的发展埋下了隐患。同时,经济政策的不断变化是我国改革开放时期的主要特点,这也给我国现代租赁业的发展带来了许多不确定因素。尤其是我国外汇管理制度的巨大改变,对以引进外资为主的中国租赁业产生了许多消极影响。

为解决外汇紧张等问题,时任全国政协副主席的荣毅仁先生首先提出创办国际租赁业务,以开辟利用外资的新渠道。1980年,中国国际信托投资公司的融资租赁业务开始试点,成为中国融资租赁业务发展的起点。同年,中国民航购买波音飞机首次采取融资租赁方式。1981年4月,中国东方租赁有限公司与日本东方租赁株式会社合资建立的中国东方国际租赁公司取得营业执照,由此我国第一家现代意义上的租赁公司正式成立。同年,中国首家金融租赁公司——中国租赁有限公司成立。

因此,改革开放是我国融资租赁产生的时代背景和发展前提,并且在随后40多年的发展过程中也被深深地打上了这一时代的烙印,我国的现代租赁的市场结构也可以被看作改革开放的产物。国内第一家租赁公司——中国东方租赁有限公司,第一家金融租赁公司——中国租赁有限公司先后成立,标志着中国融资租赁业的正式兴起和建立。

(二) 我国融资租赁行业的发展历程

1981年中国东方租赁有限公司成立,标志着中国融资租赁业的正式兴起和建立。在此后的40多年中,中国融资租赁业主要经历了初创发展期、规范发展期、高速发展期和调整发展期四个阶段(图2-3)。

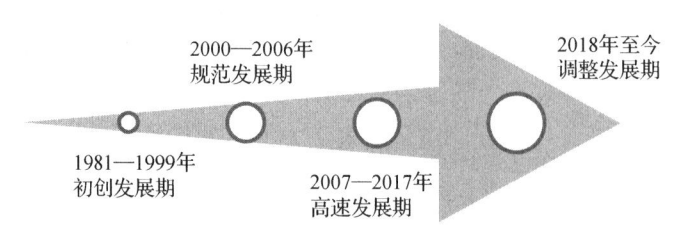

图 2-3　中国融资租赁行业的发展历程

1. 初创发展期(1981—1999年)

改革开放初期,融资租赁公司通常以政府的项目规划为业务,目的为购置先进设备,我国融资租赁行业得以推动发展。由于当时国内对新兴金融模式的探索与支持,国家给予了融资租赁公司很低的门槛,很多公司以较低的注册资本获得了牌照。中国东方国际租赁公司成立之后,中国租赁公司、中国环球租赁公司、中国外贸租赁公司等数十家中资、合资的专业租赁公司相继成立。此外,1983—1984年,浙江租赁、广东国际租赁等一批以信托投资为主的内资租赁公司成立。1984年,各大银行开始兼营融资租赁业务,租赁业蓬勃发展。

与此同时,融资租赁行业缺乏规范的法律法规以及监管,导致融资租赁公司经营混乱,风险管理水平较差。1988年之前,融资租赁公司通常以政府的项目规划为业务,有国家信用作为后盾,但随着经济改革的推进,我国经济主体由政府转向企业。1988年,最高人民法院印发《关于贯彻执行〈中华人民共和国民法通则〉若干问题的意见(试行)》的通知,规定国家机关不能担任保证人。由于企业主体并未具备独立经济主体意识、租赁主体权责不明确、企业自身还款能力不足,以及还款意识薄弱,且国内对租赁行业的信用体系并未建立,导致融资租赁行业遭遇系统性风险,欠租问题频发。在此之后,1995年《中华人民共和国商业银行法》规定,银行不能参股融资租赁公司,1997年亚洲金融风暴导致国内外资撤出。在外资不足、内控缺陷的窘境下,1999年中国的融资租赁业几乎陷入了停滞状态。

2. 规范发展期(2000—2006年)

1999年后融资租赁行业四大支柱,即行业监管、交易规则、会计准则、税收政策,全面展开建设,促进了融资租赁行业健康快速发展。行业监管和交易规则方面,2000年6月中国人民银行发布《金融租赁公司管理办法》,对金融租赁公司提出了监管要求;2004年10月,商务部、国家税务总局发布《关于从事融资租赁业务有关问题的通知》,制定了内资融资租赁公司的试点要求;同时,2005年2月商务部发布了《外商投资租赁业管理办法》，对外商投资租赁业的投资形式、审批程序、业务规则以及监管做了具体规定。会计准则方面，2001年财政部颁布了《企业会计准则——租赁》，规范了租赁行业会计核算等要求。税收政策方面，国家税务总局2000年颁布的《关于融资租赁业务征收流转税问题的通知》，对融资租赁公司的营业税和增值税做了明确要求，2003年1月财政部、国家税务总局颁布的《关于营业税若干政策问题的通知》明确要求了融资租赁企业的税基。

在这个阶段，内资融资租赁公司先行启航，2004年商务部批准了第一批内资试点企业。但之后为了应对WTO主要承诺要求，政府放宽了外资融资租赁公司的审批条件，外资融资租赁公司后来居上成为行业发展的主力军，行业迎来了第一轮飞速扩张期。

3. 高速发展期（2007—2017年）

2010年，国家出台文件加强城投平台信贷管理，但在四万亿投资刺激下，地方政府融资需求旺盛，而融资租赁业务成为地方非标融资通道之一，市场需求大幅增加。2015年9月，国务院办公厅发布《关于加快融资租赁业发展的指导意见》，明确要进一步加快融资租赁行业发展，政策支持力度加大。融资租赁行业的公司数量大幅增加，市场规模持续扩大，服务领域更加广泛，市场活跃度明显提升。不仅如此，2009年商务部已将外资租赁公司审批权限下放至地方商务部门，2016年开始也逐步将内资租赁公司审批权下放至地方主管部门。2011—2015年，外资租赁公司数量同比增加了65%、92%、76%、110%和111%，内资租赁公司数量同比增加50%、20%、56%、24%和25%，行业迎来第二轮飞速扩张期。但到了2017年，为了应对租赁行业经营风险，监管部门对金融租赁公司审批趋严，原商务部门负责的租赁公司审批也停止，在经济形势和监管环境的变革下，转型与发展又成为融资租赁行业将面临的问题。

4. 调整发展期（2018年至今）

2018年，商务部将融资租赁行业监管规则制定的职能划转给银保监会，从此以后，租赁行业实现统一监管。根据银保监会发言人介绍，2020年72%的融资租赁公司处于空壳或不展业的状态，租赁行业将逐渐出清"僵尸"企业。2022年底，外资融资租赁公司数量达到9 334家，同比上年下降18.24%，内资租赁公司数量为434家，同比上升1.40%，外资租赁公司数量下降趋势明显。不仅如此，2021年中国人民银行发布的《地方金融监督管理条例》提出，对于地方融资租赁公司原则上限制异地展业。而各地市后续出台的监管文件对该问题留了讨论的余地，但也有的明确指出原则上不允许跨省经营，如内蒙古，这对该地区的融资租赁公司业务影响较大。2022年2月11日，中国银保监会印发《关于加强金融租赁公司融资租赁业务合规监管有关问题的通知》，旨在规范金融租赁公司合规展业，未来融资租赁行业将更突出"融物"功能，回归本源，促进融资租赁行业高质量发展。2023年3月，国家金融监督管理总局在银保监会的基础上组建，并吸纳银保监会的所有职能。2024年9月，为进一步加强金融租赁公司监管,国家金融监督管理总局出台了《金融租赁公司管理办法》,对金融租赁公司在设立门槛、出资人资质、业务模式、业务分类监管、公司治理监管、公司风险管理、监管指标和业务经营规则等方面提出了进一步的监管要求。

二、我国融资租赁业的现状

(一) 我国融资租赁公司的分类

1. 按照企业性质划分

根据监管主体和监管标准的不同,按现行法规我国拥有办理融资租赁业务资质的融资租赁公司仅有三种,分别是金融租赁公司、外商投资融资租赁公司(含外商独资型和中外合资型),以及内资融资租赁公司。

金融租赁公司是指在中国金融监管机构的管理和监督下,依法设立并从事金融租赁业务的机构。金融租赁公司的特征在于,其经营范围主要围绕金融租赁业务展开,通过提供融资租赁服务为客户进行设备、车辆以及其他资产的租赁,以满足客户的需求。金融租赁公司通常依靠自有资金和融资渠道为租赁业务提供资金支持,并通过风险管理和控制保障资产的安全性和回报率。金融租赁公司一般由银行或金融企业集团出资设立,多为银行关联子公司,以融资租赁业务为主。金融租赁公司属于金融机构,其融资方式、分支机构设立等均与其他金融机构相同,接受国家金融监督管理总局监管。

内资融资租赁公司(以下简称"内资租赁公司")是指由中国的法人或自然人作为控股股东或股权投资者的融资租赁公司。内资租赁公司的特征在于其注册资本和所有权完全或部分掌握在中国境内的机构或个人手中。内资租赁公司可以根据国内市场需求,灵活地设计和提供融资租赁产品和服务,支持国内经济发展和产业升级。内资租赁公司遵守中国的法律法规,并受到中国金融监管机构的监管和审批。内资租赁公司主要为厂商系融资租赁公司,一般由设备制造商成立,主要为其母公司的客户提供另类融资方案以促进设备销售。该类融资租赁公司能够高效发掘客户需求,并提供综合解决方案,同时推动母公司产品销售业务及其自身融资租赁业务发展。

外资融资租赁公司(以下简称"外资租赁公司")是指由境外投资者或国外金融机构控股或独资设立的融资租赁公司。外资租赁公司的特征在于其注册资本和所有权由境外实体控制或拥有。外资租赁公司进入中国市场,通常会为国内客户提供特定行业和跨境融资租赁业务,促进国内外资本和技术的流动与交流。外资租赁公司在中国开展业务需要遵守中国的相关法规,并接受中国金融监管机构的监管和审批。该类融资租赁公司多为独立的第三方融资租赁公司,能够更灵活地按照客户需求提供增值服务。

三种融资租赁公司业务范围的比较见表 2-1。

表 2-1 三种融资租赁企业业务范围的比较

公司分类	业务范围
金融租赁公司	① 融资租赁业务;② 转让和受让融资租赁资产;③ 向非银行股东借入 3 个月(含)以上借款;④ 同业拆借;⑤ 向金融机构融入资金;⑥ 发行非资本类债券;⑦ 接受租赁保证金;⑧ 租赁物变卖及处理业务。
外商投资融资租赁公司	① 融资租赁业务;② 租赁业务;③ 向国内外购买租赁财产;④ 租赁财产的残值处理及维修;⑤ 租赁交易咨询和担保;⑥ 经过地方金融办审批批准的其他业务
内资融资租赁公司	① 吸收存款或者变相吸收存款;② 向承租人提供租赁项下的流动资金贷款和其他贷款;③ 有价证券投资、金融机构股权投资;④ 同业拆借业务;⑤ 经地方金融办审批批准的其他业务

2. 按照股东背景划分

按照融资租赁公司的股东背景进行划分,可以分为厂商系融资租赁公司、第三方融资租赁公司和平台类融资租赁公司三类。三类融资租赁公司各有特点(图 2-4):

厂商系融资租赁公司,股东背景为大型产业集团或设备制造厂商。厂商系企业的股东多为制造业实体企业或集团,主要为集团内部生产制造提供融资租赁服务,业务集中度高但股东对其控制力不强,集团多采用引入战略投资者形式为租赁子公司注资;对大股东依赖度高,风险相对可控,但由于利润相对微薄以及监管对集中度的要求,越来越多的厂商系租赁公司开始发展集团外租赁业务,寻求战略转型。

第三方融资租赁公司,股东特征不明显,大型资本集团较多。此类企业的业务相对分散,在客户和供应商的选择方面均具有更大的自主权和选择空间,下游客户资源依赖于公司过去的积累,由于缺乏股东业务支持,业务差异性较大。

平台类融资租赁公司,股东多为地方政府平台,融资能力与地方政府支持力度直接挂钩。经营地区多集中于股东所在地区,业务具有一定的政策性和公益性,一般投向基础设施建设和公共服务等行业。

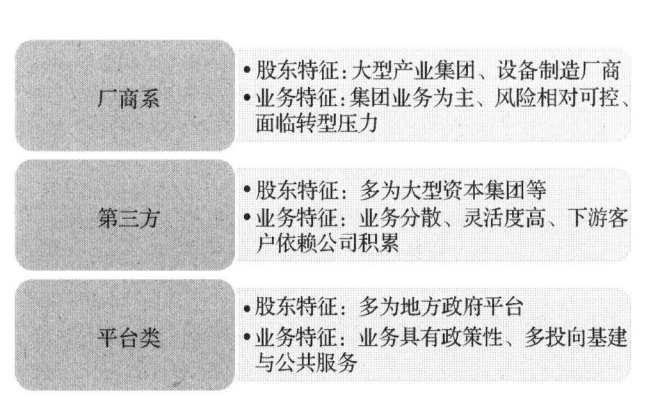

厂商系
- 股东特征:大型产业集团、设备制造厂商
- 业务特征:集团业务为主、风险相对可控、面临转型压力

第三方
- 股东特征:多为大型资本集团等
- 业务特征:业务分散、灵活度高、下游客户依赖公司积累

平台类
- 股东特征:多为地方政府平台
- 业务特征:业务具有政策性、多投向基建与公共服务

图 2-4 按照股东背景划分的三类融资租赁公司

(二) 我国融资租赁行业的发展情况

1. 融资租赁公司的数量和业绩概览

当前,融资租赁业在经历了快速发展后增速逐渐放缓。在经历初创发展期、规范发展期、高速发展期、调整发展期后,我国融资租赁业逐渐走向规范、健康发展的轨道。2007年1月发布的修订版《金融租赁公司管理办法》允许合格金融机构参股或设立金融租赁公司。随后,国内主要的商业银行先后设立或参股金融租赁公司。截至2024年6月底业务总量约35 060亿元人民币,约占世界租赁业务总量的21.5%。

外资租赁公司在2010年及之前发展十分缓慢,2011—2023年期间快速增长至8 330家,之后较为稳定。金融租赁公司数量较少,在2013年及之前发展缓慢,2014—2023年期间增长较快,达71家,随后企业数量保持稳定。内资租赁公司在2012年及以前企业数量变化较小,2013—2023年期间快速发展,企业数量增加至445家。

融资租赁企业数量在快速增长后进入平稳期。随着监管政策的逐步放开,国内融资租赁公司总数逐年增长。截至2023年底,我国融资租赁公司(不含单一项目公司、分公司、SPV子公司、港澳台当地租赁企业和收购海外的公司)总数约为8 846家,较上年底的9 839家减少约993家,降幅为10.09%。其中,金融租赁公司数与上年持平,仍为71家;内资租赁公司总数为445家,比上年底增加11家;外资租赁公司总数约为8 830家,比上年底减少约1 004家(图2-5)。

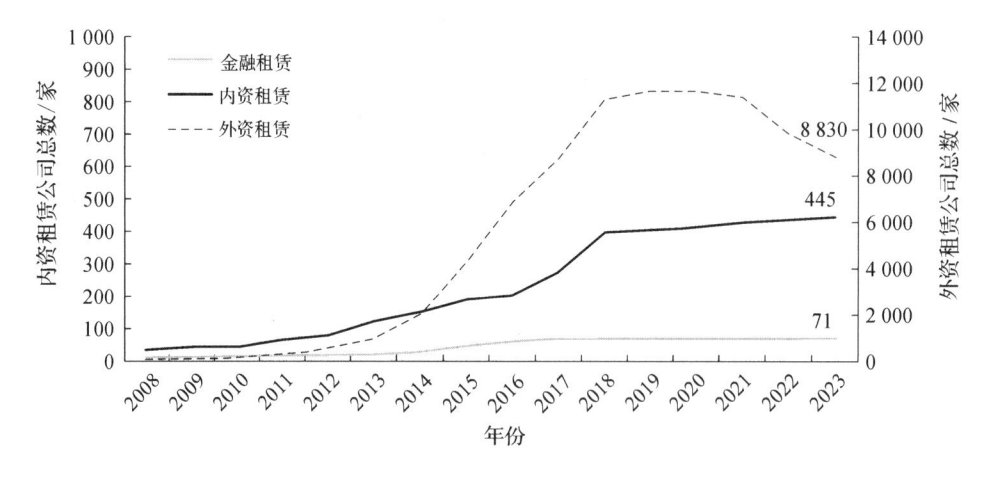

图2-5 2008—2023年中国三类融资租赁公司数量
资料来源:中国租赁联盟

截至2023年末,我国融资租赁行业的总资产达到83 071亿元人民币,同比增长约7.31%。同期,我国融资租赁合同余额约为5.64万亿人民币,较2020年末的5.85万亿减少约2 100亿元,同比约下降3.59%。从机构来看,金融租赁公司数量少但市场份额最高。

金融租赁业务量长期高于内资租赁业务量和外资租赁业务量,2018年及之后金融、内资租赁业务量保持稳定,2020年后外资租赁业务量持续下降。国内三类机构业务在2009—2018年都经历了快速增长,2018年及之后金融租赁业务量保持高位,较为稳定,内资租赁业务量也较为稳定,二者间差额在5 000亿元上下波动(图2-6)。外资租赁在2020年遭到冲击后,业务量持续下降,相较于2019年外资租赁业务量20 810亿元,2021年外资租赁业务量下降至16 300亿元,下降比例约达22%。从中国融资租赁合同余额结构来看,2023年金融租赁约为2.51万亿元,占比44.6%;外资租赁则约为1.1万亿元,占比18.6%;内资租赁则约为2.1亿元,占比36.8%。

整体来看,国内融资租赁行业已结束了爆发式增长阶段,未来行业发展或趋于稳定。

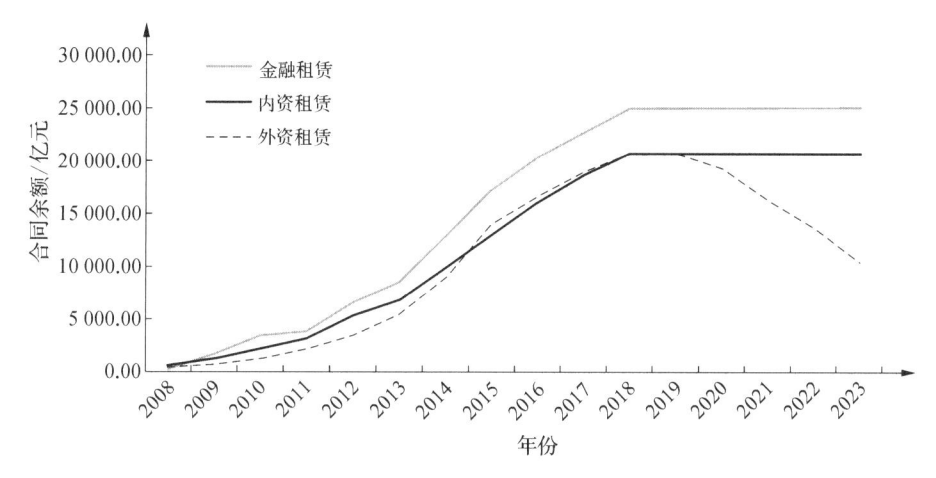

图2-6 2008—2023年我国三类融资租赁公司合同余额统计
资料来源:中国租赁联盟

2. 融资租赁公司的地区分布情况

我国融资租赁企业主要分布在沿海一带,截至2024年6月底,我国融资租赁公司总计8 671家,主要集中在广东、上海和天津,三个地区的融资租赁公司占比超过70%。分类型来看,金融租赁公司共71家,其中天津11家,上海10家,广东6家;内资融资租赁公司450家,其中天津152家,广东33家,辽宁32家;外资融资租赁公司8 150家,其中广东2 830家,上海1 710家,天津1 440家。由表2-2可知,我国融资租赁公司大部分分布在交通便利、经济发达的东部地区,这也体现了融资租赁行业作为新兴金融行业与经济发展之间密不可分的关系。

从行业实践来看,融资租赁公司主要通过区域深耕与行业聚焦的方式,提高市场份额,并逐步打造专业能力,基于对目标客户的综合分析,结合战略方向,制定具有针对性的竞争策略。区域选择的思路通常可以围绕国家战略重点区域,针对该区域的国家大动作和大事件展开研究与选择。

表 2-2　2024 年 6 月底我国融资租赁企业分布情况　　　　　　　　　　单位:家

地区	金融租赁公司	内资租赁公司	外资租赁公司	企业合计	占比
东部	49	363	7 743	8 155	94%
中部	10	31	126	167	2%
西部	12	56	281	349	4%

数据来源:中国金融租赁协会

(三) 我国融资租赁行业产业链上下游分析

根据融资租赁行业的主要业务模式,融资租赁行业产业链上游为资金方——银行机构和非银行金融机构(第三方投资机构、信托公司、保险公司等),以及设备制造商;中游参与主体为三类融资租赁公司,即金融租赁公司、外资租赁公司以及内资租赁公司;下游由承租企业构成,所在行业涵盖范围较广,包括农林牧副渔业、交通运输行业、工业、建筑行业等(图 2-7)。上游资金方与制造商为中游融资租赁公司提供设备购买资金以及相关设备资产,以供出租给下游各类承租企业。

上游: 资金方:银行机构、非银行金融机构　制造商:设备、飞机、汽车、船舶等

中游: 金融租赁公司、内资租赁公司、外资租赁公司

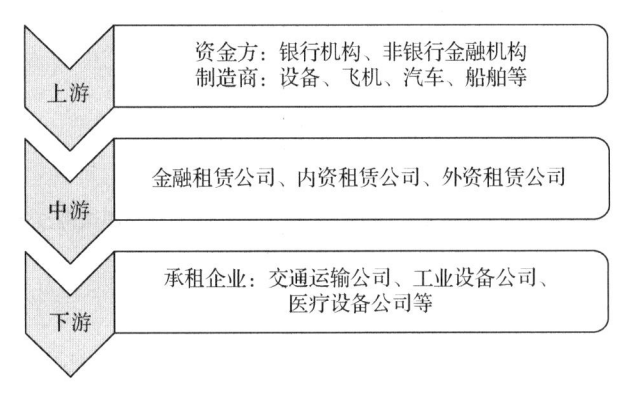

下游: 承租企业:交通运输公司、工业设备公司、医疗设备公司等

图 2-7　融资租赁行业产业链

(四) 我国融资租赁业在发展中表现出的特点

我国的融资租赁业产生于改革开放初期这个特殊的历史时期,正是在这个特殊时期,我国融资租赁业逐渐形成了自己独有的特点和发展路径。这一发展过程可被视为一个承载着政策引导和市场需求相互作用的演进历程。在改革开放初期,中国经济逐渐适应市场经济体制,这促使了融资租赁业作为一种新兴金融机构的产生和发展。具体而言,我国的融资租赁业在成长过程中表现出以下几个显著特点。

(1) 在机构设置上,主要集中在东部沿海发达地区,中西部的租赁机构少,东西部发展极不平衡。统计数据显示,截至 2024 年 6 月底,东部共有 8 195 家融资租赁公司,西部有 349 家,中部则仅有 167 家,其中广东、上海、天津是融资租赁公司最多的省(市),而上海的融资租赁公司多达 1 749 家,比中西部的总和还要多。

（2）在开展融资租赁业务次序上，我国是先采用国际融资租赁后开展国内租赁的发展路线。这与西方国家刚好相反，西方国家一般都是先发展本国国内的融资租赁，待时机成熟后再扩展到其他国家。我国的融资租赁是 20 世纪 80 年代改革开放初期作为利用外资的方式引进的，当时正面临着企业技术落后、设备陈旧过时、资金高度紧缺的问题，采用国际租赁方式有利于引进先进技术设备，解决资金短缺问题。而此时西方国家的国内设备市场正好趋于饱和，通过国际租赁的手段，为剩余产品和资金找到了出路。

（3）在开办融资租赁的种类上，我国主要采用了资金配置效率较低且风险较大的自营租赁方式，即出租企业自己筹资购买设备，再出租给承租企业的租赁方式。而其他几种较为灵活的融资租赁方式却较少使用。

（4）在租赁各方的关系上，出租人与承租人的关系密切。我国的融资租赁业务政策性强，融资租赁项目必须遵循国家的发展方针，纳入国家或地方投资计划之内，对于出租人和承租人都有严格的规定。

三、融资租赁在我国发展的前景展望

在当前的经济背景下，融资租赁业的发展既面临着机遇，同时也存在不少挑战。与欧美发达国家相比，我国融资租赁行业尚处于起步阶段。在美国、英国、德国等发达国家，租赁渗透率已达到 20%～30%，其融资租赁已逐渐成为仅次于银行信贷和资本市场的第三大融资方式。目前我国租赁渗透率仅约 6%，较低的渗透率表明我国融资租赁行业尚有较大的发展空间。受限于宏观经济增长放缓、金融监管趋紧、行业竞争加剧，我国融资租赁企业数量、租赁合同余额的增速放缓。尽管如此，融资租赁行业利润仍处于良好水平，融资租赁行业整体发展态势良好。我国正处于经济转型升级的关键时期，新兴产业和高端装备制造业迅速发展，传统制造业亟须升级，这会加大对高端设备的需求和固定资产的投资。巨大的市场需求将为我国融资租赁行业带来发展机遇和空间。

（一）产业结构升级催生市场需求

"十四五"的蓝图规划下，中国 GDP 仍将保持较快增长，这意味着融资租赁行业拥有良好的赖以生存发展的土壤。中国的 GDP 结构中第二产业占比较高，从 2023 年的数据来看，第二产业即制造业在 GDP 中占比为 38.3%，这样的产业结构使以设备为依托和载体的融资租赁的经营有了生存发展的基础。

融资租赁不仅能够缓解企业缺乏资金的问题，还可以通过对落后产能的淘汰和市场竞争加快产业技术革命进程，催生新技术革命对融资租赁的新需求。当一国加快产业结构调整、推动技术革新时，融资租赁业务规模和市场渗透率也会迅速上升。在我国人口红利逐渐消失、企业用工成本不断上升的背景下，我国经济转型及产业结构升级的压力迫在眉睫，需要通过加大资本投入提升生产效率、加快产业结构调整和

技术革新深化,有利于提升融资租赁行业服务领域的需求,有利于融资租赁行业发挥出产融结合的优势,推动融资租赁企业的快速发展。

(二) 城镇化进程助推融资租赁增长

2023年,我国城镇化率为66.16%,与高收入国家平均81%的城镇化率还有一定差距,积极稳妥推进城镇化是我国现代化进程中的大战略。围绕未来城镇化战略布局,国家将统筹推进铁路、公路、水运、航空、输油气管道和城市交通基础设施建设。国家政策也鼓励各级政府在提供公共服务、推进基础设施建设和运营中购买融资租赁服务,有助于推动上述领域对融资租赁业务需求的增加。城镇化进程的积极推进将成为融资租赁行业未来增长的有力推动因素之一。综上,较快增长的中国经济,以制造业为主的产业结构,企业用工成本不断上升的背景下经济结构转型产业升级的需求,以及城镇化继续推进等将共同为我国融资租赁业的发展构筑起良好的外围需求环境。需要说明的是,参考英美经验,政府与公共部门是融资租赁业务的重要需求方,我国的融资租赁公司也要重视相关业务。

(三) 国家政策鼓励支持融资租赁业务发展

鉴于融资租赁对于经济发展特别是中小企业经济发展的良好促进作用,我国政策层面积极鼓励融资租赁业的发展。特别是2015年9月,国务院办公厅发布《关于加快融资租赁业发展的指导意见》和《关于促进金融租赁行业健康发展的指导意见》,明确要进一步加快融资租赁行业发展,并提出通过改革约束行业发展的体制机制、完善财税政策、优化营商环境等多种具体措施,真正支持融资租赁的健康持续发展。商务部也多次做出详细规定,支持、促进行业发展。

2018年以来,在统一监管、监管趋严成为行业发展主基调的背景下,仍然有多项支持行业发展政策出台。例如,2021年,国家发展改革委等13部门联合发布的《关于加快推动制造服务业高质量发展的意见》就明确指出,创新发展供应链金融,逐步发展大型设备、公用设施、生产线等领域的设备租赁和融资租赁服务,开发适合制造服务业特点的金融产品。国务院发布《横琴粤澳深度合作区建设总体方案》,支持澳门在合作区创新发展财富管理、债券市场、融资租赁等现代金融业。另外,地方层面多项激励政策陆续出台,江苏、上海、重庆等省市自治区的"十四五"金融改革规划中都提到了鼓励融资租赁业务发展。相关利好政策包括打造良好的融资租赁环境,支持融资租赁服务中小微企业以及农业、环保、养老产业发展,支持融资租赁企业拓展融资渠道、推动融资租赁公司立足本土、拓展租赁标的物范围和加强业务创新等多个方面。2024年8月16日,金融监管总局制定了《金融租赁公司业务发展鼓励清单》《金融租赁公司业务发展负面清单》和《金融租赁公司项目公司业务正面清单》,对金融租赁公司及项目公司业务实施清单制管理,引导金融租赁公司行业贯彻落实党中央、国务院决策部署,以国家战略需求为导向,坚持"有所为、有所不为",优化业务方向和业务结构,更好地发挥专业化、特色化金融功能,为企业提供"融物+融资"金融服务,促进经济社会高质量发展。

思考题

1. 国际融资租赁行业是如何随着时间发展演变的？不同国家的发展有什么因素作用？

2. 美国、英国、日本等发达国家与中国在融资租赁业发展方面有什么不同之处？

3. 融资租赁业的兴起如何积极影响了交通运输、医疗保健和科技等行业？

4. 中国融资租赁业的发展存在哪些具体问题？你认为有哪些措施可以解决或改善这些问题？

5. 我国融资租赁业的未来发展前景如何？有哪些机遇和挑战需要关注？

第三章 融资租赁机构

融资租赁机构是指专门为承租人提供资金融通的租赁公司,该类金融机构的有序发展对宏观和微观经济发展都有重要影响。本章第一节是融资租赁机构概述,具体介绍了我国融资租赁机构的发展历程、我国融资租赁机构的分类与比较,以及融资租赁公司的组织架构;第二节具体阐述了我国融资租赁机构的设立及融资租赁机构的变更;第三节分析了融资租赁机构的整顿与重组;第四节介绍了融资租赁机构的破产与终止,以及融资租赁机构的撤销与关闭,其中对机构的破产程序做出重点分析。

第一节 融资租赁机构概述

在我国现行管理体制下,融资租赁公司作为租赁资产的购置、投资和管理机构,可以是金融机构,也可以是非金融机构。

一、我国融资租赁机构发展的阶段性特征

相比发达国家,我国融资租赁行业起步较晚。为开辟利用外资的新渠道,吸收和引进国外的先进技术和设备,1980年初,中国国际信托投资公司试办了第一批融资租赁业务,并取得了良好的经济效益。1981年4月,第一家合资租赁公司——中国东方租赁有限公司成立;同年7月,第一家金融租赁公司——中国租赁有限公司成立。从此,融资租赁机构就在中国大地上蓬勃兴起。融资租赁机构的发展大致经历了四个阶段。

(一) 政府推动设立(1981—1987年)

由于政府积极推进并提供担保,融资租赁业呈现了初期的辉煌。多个较大规模的融资租赁公司相继成立,如中国环球租赁、国际租赁、北方租赁、华和租赁、包装租赁、光大租赁等。在众多中外合资公司中,外方股东主要集中在日本、法国、意大利、德国、英国、美国、新加坡等国家,其中不乏许多世界级的银行和商社。至1988年,中外合资租赁公司已达20多家,累计完成合同金额17.9亿美元,无不良债权发生。

(二) 中外合资设立(1988—1998年)

这一时期,我国的融资租赁业因体制转换而出现了全行业性的租金拖欠,20多家外商投资租赁公司的租金拖欠总额达3亿美元。在中国外商投资企业协会、中外合资租赁公司联谊会等多方共同努力下,有关租赁公司和欠租企业、地方政府陆续签订了解决欠租的协议,到1998年为止,政府有效担保的欠租问题得到基本解决。尽管如此,在行业整顿的这十年间,融资租赁业并没有停止发展。这一时期我国新设立了14家中外合资融资租赁公司,共完成新签融资租赁合同金额46亿美元。

(三) 主体多元化(1999—2017年)

2004年,外商独资融资租赁正式开放,内资融资租赁公司开始试点。2007年,修订后的《金融租赁公司管理办法》重新允许国内商业银行介入金融租赁,这使得我国融资租赁业开始恢复活力。随着融资租赁业经营环境的进一步改善,以及利好政策的不断出台,行业发展势头更加迅猛。2007年,银监会允许商业银行控股设立非银行金融机构的金融租赁公司,主体多元化进一步显现。

(四) 数字化发展(2018年至今)

这一时期各项政策陆续出台,对于融资租赁的监管愈发明确。在各省市对融资租赁公司的清理整顿下,真正服务实体经济的融资租赁公司前行之路更加清晰。而且伴随着数字化技术的迅猛发展、国家战略层面的政策引导,融资租赁公司的科技创新研发能力不断强化,逐步加快数字化转型,通过人工智能、区块链、云计算、大数据和其他FinTech技术创新,为我国基建、新能源以及医疗健康产业的发展赋能。随着数字化渠道建设的推进,融资租赁逐步实现从线下到线上转化,产生大量的结构化数据。此外,伴随着互联网和物联网技术的大规模应用,半结构化和非结构数据也大规模形成。这些数据和业务样本的沉淀,推动了整个融资租赁行业的算力。融资租赁机构正式迈入数字化发展时期。

二、我国融资租赁机构的分类

我国的融资租赁机构主要有金融租赁公司和外商融资租赁公司两种,其中2004年又试点了内资融资租赁公司。这三种公司的注册投资主体、设立条件以及审批部门有些区别。

(一) 金融租赁公司

根据 2024 年颁布的《金融租赁公司管理办法》，金融租赁公司是指经国家金融监督管理总局批准设立的，以经营融资租赁业务为主的非银行金融机构。

(二) 外商融资租赁公司

外商融资租赁公司，指外国公司、企业和其他经济组织可以在中华人民共和国境内以中外合资、中外合作，以及外商独资的形式设立并从事融资租赁业务的非银行金融机构。2015 年 10 月 28 日，商务部对《关于修改部分规章和规范性文件的决定》进行修正，并自公布之日起施行，规定外商投资租赁公司和外商投资融资租赁公司的外国投资者的总资产不得低于 500 万美元。

(三) 内资融资租赁公司

内资融资租赁公司，是由商务部、国家税务总局于 2004 年底开始分批确认的融资租赁试点企业。

2004 年 10 月，商务部、国家税务总局发布《关于从事融资租赁业务有关问题的通知》，开启了我国内资融资租赁试点工作。根据通知，商务部是内资融资租赁企业的行业主管部门。各省、自治区、直辖市、计划单列市商务主管部门可以根据本地区租赁行业发展的实际情况，推荐企业参与试点工作，被推荐的企业经商务部、国家税务总局联合确认后，纳入融资租赁试点范围。

内资融资租赁的试点为更好地发挥融资租赁业在扩大内需、促进经济发展中的作用，支持融资租赁业快速健康发展发挥了重要作用。众多国内设备制造企业及相关机构开始设立内资融资租赁公司，融资租赁行业的机构类型和投资主体更加完善，有力地促进了我国融资租赁行业的快速发展。

三、我国融资租赁机构的比较

(一) 投资主体不同

（1）金融租赁公司的主要出资人，包括在中国境内外注册的具有独立法人资格的商业银行，在中国境内外注册的主营业务为制造适合融资租赁交易产品的大型企业，在中国境内外注册的具有独立法人资格的融资租赁公司，依法设立或授权的国有（金融）资本投资、运营公司以及国家金融监督管理总局认可的其他出资人。

（2）内资金融租赁公司的投资主体没有特别限制，直接参照公司法执行。

（3）外商融资租赁公司的投资主体是外国公司、企业和其他经济组织。

(二) 设立条件不同

在三大类型融资租赁机构的设立条件中,外商融资租赁公司的设立要求最为严格,除了对于注册资本、公司内部管理、公司人员的要求,相关规定还对其持股公司与法人、公司规划等做出具体要求。具体设立条件请参照下一节内容。

(三) 审批部门不同

(1) 金融租赁公司由国家金融监督管理总局负责审批。
(2) 内资融资租赁公司由商务部和税务总局负责审批。
(3) 外商融资租赁公司由商务部负责审批。

四、融资租赁公司的组织架构

(一) 因要求不同设置法人治理结构

按照有关法律法规完善融资租赁公司的法人治理结构,建立科学、合理、高效、规范的公司组织结构,是保证公司健康发展、规避经营风险的基础工作和组织保障。不同类型或不同机构性质的融资租赁公司的组织结构在其法人治理结构方面与其公司的性质、审批监管部门的要求都有一定的关系,不完全是一个模式。

融资租赁有限责任公司和股份有限公司,外商独资、中外合资、中外合作的融资租赁公司,金融租赁公司或是非金融机构的融资租赁公司都要依据《中华人民共和国公司法》(以下简称《公司法》)或外商投资企业的相关法律及审批监管部门颁布的审批和管理法规,完善法人治理结构,明确股东会、董事会、监事会、管理层的决策权限、管理权限。要制定合乎《公司法》等相关法律的程序、合乎有关监管部门的规定,具有可操作性,有有效率的股东会、董事会、监事会和管理层的报告、议事、表决的规则。

按照《公司法》的规定,股份有限公司、上市公司必须设置独立董事,原银监会对金融租赁公司也曾要求进行过设置独立董事的试点。对有限责任公司和外商投资企业,目前则没有硬性的法律规定。按照《金融租赁公司管理办法》的规定,金融租赁公司应当按照法律法规及监督规定,建立包括股东会、董事会、高级管理层等治理主体在内的公司治理架构,明确各治理主体的职责边界、履职要求,不断提升公司治理水平。

(二) 因需设置经营组织结构

有资金优势的金融机构所属的融资租赁公司,有实力经营独立机构类型的融资租赁公司,有专业能力的厂商所属的融资租赁公司,有客户群体、区域优势的连锁化、规模化经营的专业化的设备租赁公司,这些不同类型的租赁公司构成了一个完整的融资租赁产业链。不同类型的融资租赁公司要根据公司的自身优势,明确公司在这个产业链条中的功能定位和主要的业务模式。

融资租赁公司经营管理层面的内部组织结构的设置,除办公室、人力资源、财务等管理部门外,其业务部门、风险控制机构、资金筹措机构的设置则与公司本身所具备的优势以及市场功能定位、客户群体和主要的运作模式有很强的关系。融资租赁公司必须根据公司自身业务开拓、资金筹措的方式、风险控制的特点和企业不同的发展阶段,设立和调整公司的经营管理结构。例如,银行独资或控股的金融租赁公司重点在市场开拓、产品研发、业务管理的机构设置。不一定要设置功能齐全的风险评估和项目评估的终审机构和融资部,完全可以依托银行内部的职能管理部门。业务部门的设置与银行信贷部门的设置相类似,可以按地区或客户分类进行。

与厂商有关联的融资租赁公司。专业厂商设立的独资或控股的融资租赁公司,或与厂商签订战略合作协议,为厂商提供融资租赁外包服务的独立机构的融资租赁公司,市场开拓机构就不一定是公司的主要部门,客户和项目来源可以依托厂商的直销或代理销售体系。由于业务部门要为销售部门制定客户或项目选择的基本标准和设备余值处置和回购的风险控制方案,业务部门一般按地区或产品设置,与厂商的销售体系相对接,以便融资租赁公司与销售部门密切合作。公司财务部或单独设立的融资部承担项目融资的任务是必不可少的。

专门以项目融资租赁与资产证券化、银行保理相结合为主要业务模式的专业投资机构独资或控股的融资租赁公司,其内部经营管理的结构往往与投资银行类似,一般业务部门都实行项目团队设置,实行决策环节少的扁平化管理。为了与券商、信托、银行等机构沟通,同样应该设立专门的融资部门,服务于各个项目团队。

以财务投资为主的独立机构类型的融资租赁公司。这类融资租赁公司必须尽快形成一定的行业定位和专业能力。对由公司直接承担项目还贷风险的项目,融资租赁公司必须根据自身拥有的客户群体的需求特点和专业优势,设立独立的、功能完善的客户资信、项目风险评估机构和融资机构。业务部门往往是根据行业或地区来设置的。对大项目、新介入的服务领域还要充分利用专业的咨询、评估、担保机构的专业能力。租赁公司在与中介机构的合作中,要逐步积累和提高自身的评估和风险控制水平,提升自身信用和融资能力。

华融金融租赁股份有限公司是我国大型的国有金融租赁公司,作为一个上市的股份有限公司,它拥有广阔的业务范围和较为完善的公司体制,其公司组织架构如图3-1所示,具有很强的代表性。其董事会细分为多个委员会,从多个维度引领公司发展。由于业务范围较广、资产种类较多,因此其业务部门细分种类多并设置了资产保全部。

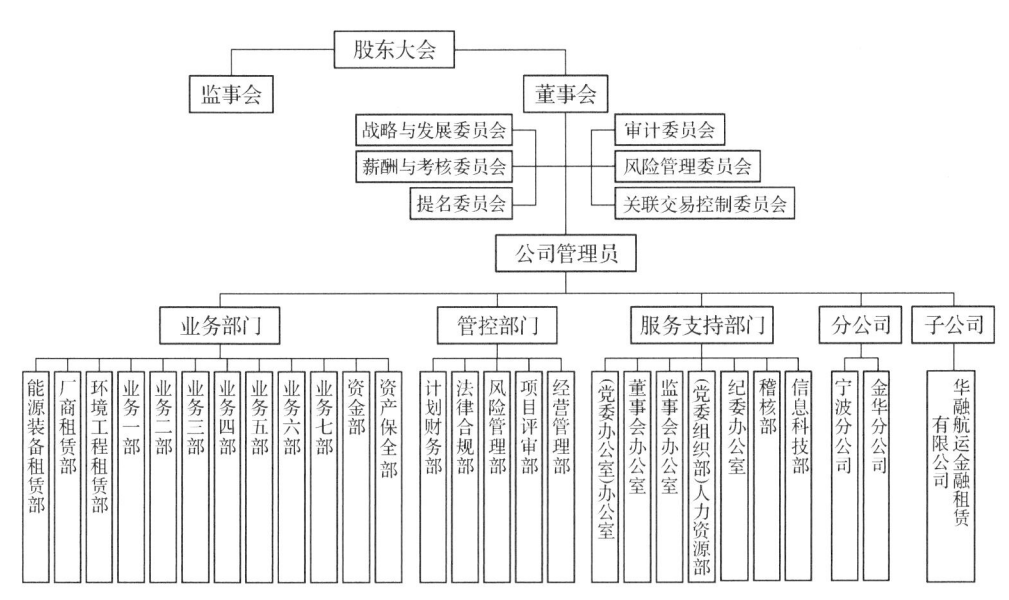

图 3-1 华融金融租赁股份有限公司组织架构

(三) 根据功能定位配置人力资源

融资租赁公司的人力资源配置除了必需的高管、财务、行政管理人员之外,还有产品研发、业务开拓、项目管理、租赁服务、资金筹措、风险管理、信息管理等专业人员。这些人员的配置与机构设置一样,同样与公司的功能定位和主要的业务模式相关联。不同的功能定位和业务模式,人力资源的需求和配置也大不相同。

银行所属的融资租赁公司。它是融资租赁产业链中的高端,是产业链中的资金供给方。具有产业背景或专业能力的融资租赁公司是银行的主要客户。其主要的业务模式是全额偿付的融资租赁业务。融资租赁资产的管理主要侧重于租赁债权的管理。风险评估和控制主要针对承租人的信用评估和管理。由于有股东银行的资金支持和项目评审及风险控制部门的配合,此类公司往往是比较少的人管理着很大的资产。项目开拓和合同管理人员比重比较大,同时要配备一定数量的高素质产品研发人员。

专业厂商的融资租赁公司。这一类型的融资租赁公司是融资租赁产业链中的设备购置和管理的主渠道。与银行所属的融资租赁公司不同,控制物权和租赁服务应该是专业厂商的融资租赁公司的强项,也是其控制风险和盈利的主要手段。促进销售是此类融资租赁公司的主要功能。此类公司需要配置一定数量的专业技术人员从事融资租赁业务,同时要依托或委托厂商的销售公司的专业技术人员进行租赁物的管理和提供租后服务。新的租赁产品的研发课题并不会太多,产品开发人员不需要很多。

总之,侧重债权管理,融资服务为主的融资租赁公司,需要的人员不一定很多,多以金融专业人才为主,盈利手段比较单一,盈利水平也较低;侧重物权管理,以促销或资产管理为主的融资租赁公司,为客户提供的服务越多,需要的专业技术人员也越多,相应地公司盈利水平也越高。

知识拓展

光伏融资租赁市场迈向规范[①]

2022年12月,上海票据交易所公开披露了《截至2022年11月30日持续逾期名单》。在此次公布的4 786家承兑逾期的承兑人中,从事光伏融资租赁业务的临沂财金租赁有限公司在开户机构广发银行股份有限公司临沂分行的累计逾期发生额为1.5亿元,逾期余额为1.5亿元。

在分布式光伏开发持续升温的过程中,大量融资租赁机构涌入市场。在此背景下,如何营造规范、健康的市场环境成为行业关注的焦点。

一、高额承兑逾期

此次出现高额承兑逾期的临沂财金租赁有限公司(以下简称"临沂财金租赁")于2017年11月由临沂市财金投资集团有限公司(以下简称"临沂财金集团")独资设立,注册资本2.5亿元,实际控制人为临沂市财政局。

临沂财金集团官网显示,临沂财金租赁受集团委托,主要负责光伏助力乡村振兴项目的持续推进,以及已建成项目的后期管理工作,具体包含光伏电站现场验收、信息监控、运维监督、收益归集与分配等工作。

据悉,临沂财金租赁管理的项目包括2019年度集团3.65亿元光伏项目和2020年度租赁公司投资建设的3亿元光伏项目,管理资产总规模达6.65亿元。临沂财金租赁公司官网显示,下一步,在做好光伏电站运营管理和新项目推进工作的基础上,公司将以自有资金从事投资活动,逐步拓展公司经营范围,开展汽车租赁、固定资产租赁、金融租赁等多元化租赁业务。

二、加强重点监管

"此前,顶着融资租赁的名头,很多不规范的企业进行虚假宣传和营销,使得农户上当受骗,不仅无法获得收益,甚至出现贴钱还贷款的情况。"中国新能源电力投融资联盟秘书长彭澎表示,其间的症结在于经销商管理混乱,大幅度推高组件价格,使得电费收益无法覆盖租金。"这其实并不是融资租赁模式的问题,关键在于加强对户用光伏市场的规范和管理。"

对于融资租赁公司的管理已经在强化之中。2022年3月,国家发展改革委、商务部联合印发《市场准入负面清单(2022年版)》,明确将融资租赁列为禁止准入类经营活动,规定非金融机构、不从事金融活动的企业,在注册名称和经营范围中原则上不得使用"融资租赁"等与金融相关的字样,并要求凡在名称和经营范围中选择使用上述字样的企业(包括存量企业),市场监管部门将注册信息及时告知金融管理部门,金融管理部门、市场监管部门予以持续关注,并列入重点监管对象。浙江大学金融研究院融资租赁研究中心副主任唐吉平表示,目前,融资租赁企业的监管模式正在向金融企业监管模式靠拢,融资租赁公司的金融属性已经在国家政策层面凸显出来。

---

① 姚金楠.光伏融资租赁市场迈向规范[N].中国能源报,2023-01-02(014).

第二节 我国融资租赁机构的设立与变更

一、我国融资租赁机构的设立与要求

(一) 金融租赁公司

1. 金融租赁公司设立的条件

根据《金融租赁公司管理办法》规定,金融租赁公司设立的条件包括:

(1) 公司章程。金融租赁公司应该有符合《中华人民共和国公司法》和国家金融监督管理总局规定的公司章程。

(2) 出资人。有符合规定条件的主要出资人。

(3) 注册资本。注册资本为一次性实缴货币资本,最低限额为 10 亿元人民币或等值的可自由兑换货币,国家金融监督管理总局根据金融租赁公司的发展情况和审慎监管的需要,可以提高金融租赁公司注册资本金的最低限额。

(4) 公司人员。金融租赁公司应该有符合任职资格条件的董事、高级管理人员,从业人员中具有金融或融资租赁工作经历 3 年以上的人员应当不低于总人数的 50%,并且在风险管理、资金管理、合规及内控管理等关键岗位上至少各有 1 名具有 3 年以上相关金融从业经验的人员。

(5) 公司内部管理。金融租赁公司应该建立有效的公司治理、内部控制和风险管理体系。

(6) 内部系统架构与技术。金融租赁公司应该建立与业务经营和监管要求相适应的信息科技架构,具有支撑业务经营的必要、安全且合规的信息系统,具备保障业务持续运营的技术与措施。

(7) 营业场所与安全防范措施。金融租赁公司应该有与业务经营相适应的营业场所、安全防范措施和其他设施。

(8) 国家金融监督管理总局规章规定的其他审慎性条件。

2. 金融租赁机构的出资人及限制要求

金融租赁公司的主要出资人,包括在中国境内外注册的具有独立法人资格的商业银行,在中国境内外注册的主营业务为制造适合融资租赁交易产品的大型企业,在中国境外注册的具有独立法人资格的融资租赁公司,依法设立或授权的国有(金融)资本投资、运营公司以及国家金融监督管理总局认可的其他出资人。

金融租赁公司主要出资人应当具备以下条件:

（1）具有良好的公司治理结构、健全的风险管理制度和内部控制机制；
（2）为拟设立金融租赁公司确定了明确的发展战略和清晰的盈利模式；
（3）最近2年内未发生重大案件或重大违法违规行为；
（4）有良好的社会声誉、诚信记录和纳税记录；
（5）入股资金为自有资金，不得以委托资金、债务资金等非自有资金入股；
（6）注册地位于境外的，应遵守注册地法律法规；
（7）国家金融监督管理总局规章规定的其他审慎性条件。

(二) 内资融资租赁公司

1. 内资融资租赁公司的设立条件

2004年10月商务部、国家税务总局发布的《关于从事融资租赁业务有关问题的通知》要求，从事融资租赁业务试点企业（以下简称"融资租赁试点企业"）应当同时具备下列条件：

（1）注册资本。2001年8月31日（含）前设立的内资租赁企业最低注册资本金应达到4 000万元，2001年9月1日至2003年12月31日期间设立的内资租赁企业最低注册资本金应达到17 000万元。

（2）公司内部管理。具有健全的内部管理制度和风险控制制度。

（3）公司人员。拥有相应的金融、贸易、法律、会计等方面的专业人员，高级管理人员应具有不少于三年的租赁业从业经验。

（4）经营业绩与违规记录。近两年经营业绩良好，没有违法违规记录。

（5）行业背景。具有与所从事融资租赁产品相关联的行业背景。

（6）法律法规规定的其他条件。

2. 内资融资租赁公司的限制要求

内资金融公司应严格遵守国家有关法律法规，不得从事下列业务：
（1）吸收存款或变相存款；
（2）向承租人提供租赁项下的流动资金贷款和其他贷款；
（3）有价证券投资、金融机构股权投资；
（4）同业拆借业务；
（5）未经中国银行保险监督管理委员会批准的其他金融业务。

(三) 外商融资租赁公司

外商融资租赁公司的设立条件：
（1）注册资本符合《公司法》的有关规定；
（2）符合外商投资企业注册资本和投资总额的有关规定；
（3）有限责任公司形式的外商投资融资租赁公司的经营期限一般不超过30年。
（4）拥有相应的专业人员，高级管理人员应具有相应专业资质和不少于3年的从业经验。

二、融资租赁机构的变更

(一) 融资租赁机构变更类型

融资租赁机构变更类型主要包括：
(1) 变更名称；
(2) 调整业务范围；
(3) 变更注册资本；
(4) 变更股权或调整股权结构；
(5) 修改公司章程；
(6) 变更住所；
(7) 变更董事、高级管理人员；
(8) 分立或合并；
(9) 国家金融监督管理总局规定的其他变更事项。

(二) 变更事项分析

实质性变更事项有调整业务范围、变更注册资本等。

1. 调整业务范围

对于融资租赁本业范围的调整，它并不改变该机构专营融资租赁业务的性质。因此，各类融资性租赁公司均可进行。

另一种是，在以融资租赁业务为主业的同时，增加其他类型的金融或租赁业务。其前提是必须首先取得非银行金融机构的主体资格，即得到国家金融监督管理总局的批准。

需要说明的是，融资租赁的交易方式不仅是十分多样的，而且是在不断创新之中的。任何交易方式，只要按《中华人民共和国合同法》和《租赁会计准则》的规定判别是融资租赁交易的，都视为融资租赁业务，而不应视为该机构业务范围的调整。

2. 变更注册资本

迄今为止，既有的融资性租赁公司的注册资本普遍偏低。因此，所谓变更注册资本，只能是指增加注册资本。注册资本的增加可能有两种情况：一是正常情况下的增资扩股。这是来自现有股东以及新的股东的货币资金的注入，其效果自然是该机构的资金数额增加，同时也是该机构有效资产规模的扩大；二是在特定条件下的"债转股"。融资租赁机构的债权人，将其对该机构的金钱债权转为对该机构的股权，由于"债转股"并无新的货币资金注入，因此，对这样的增资批准程序显然更为严格。

> **知识拓展**

融资租赁：民营养老机构设施升级的路径选择[①]

2019年2月20日，由国家发展改革委、民政部、卫生健康委共同印发的《城企联动普惠养老专项行动实施方案（试行）》指出，应加强老年人产品应用推广，鼓励有条件的城市开展康复辅助器具、人工智能养老产品的租赁服务，并鼓励金融机构通过收费权质押等方式拓宽抵质押担保范围、创新信贷方式，畅通养老机构融资贷款渠道，提供融资支持，提升民营养老机构、服务型养老机构的融资能力。这为民营养老机构高质化发展和融资租赁模式运用提供了政策指引。

这一新型的模式在市场上逐步得到了推广。

下面通过HY租赁股份有限公司（以下简称HY）开发的"YLB"养老产业融资租赁产品进行分析。

HY于2016年底开始探索养老产业融资租赁模式搭建和运营，经过两年探索，开发出"YLB"养老产业融资租赁产品，至2019年6月，产品已覆盖安徽、湖北、山东等地，联系养老机构50多家，投资金额7 600余万元，2020年荣获"中国普惠金融服务乡村振兴典型案例"奖。

一、"YLB"融资租赁模式

"YLB"融资租赁主要涉及直接融资租赁和售后回租两种模式。

直接融资租赁即根据民营养老机构的要求和选择购入所需固定资产（设备），再租赁给养老机构使用。在此类融资租赁过程中，HY与供货人签订养老设备购买合同，资金则从HY支付至养老产品设备供货商处，供货商负责给民营养老机构提供产品及相应售后服务，民营养老机构不再需要支付设备资金，仅需向HY提供少量设备租金即可。

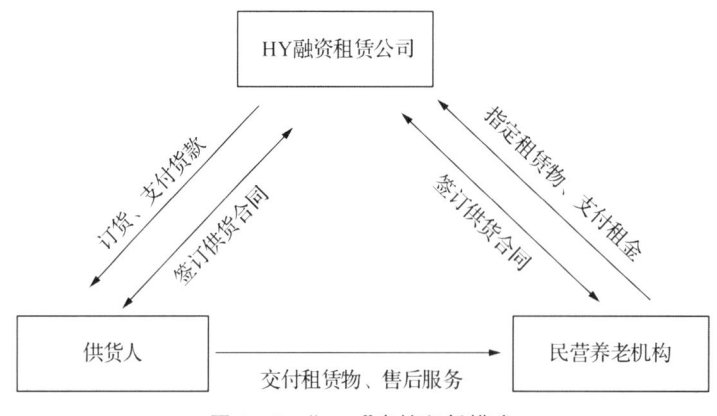

图3-2 "YLB"直接租赁模式

[①] 韩振燕，姚光耀，刘唯一.融资租赁：民营养老机构设施升级的路径选择[J].河海大学学报（哲学社会科学版），2021，23(3)：97-104.

售后回租是民营养老机构将自有固定资产出售给HY,再从HY租回使用,租赁期满后以名义货价回购此固定资产。此类融资租赁过程中,养老机构通过将自身固定资产出售给HY,HY向养老机构支付固定资产购买费用,大量固定资产资金自HY向养老机构流转,养老机构仅需付少量租金租回设备继续运营即可,缓解了养老机构的资金和运营压力。

二、"YLB"运营模式

一是投前运维。投资之前进行完善的产品设计、推广和前期筛选是十分必要的。首先,产品开发与设计。通过与政府民政部门、中国老龄事业发展基金会以及养老行业协会沟通,HY针对养老机构经营共性和行业融资痛点,结合租赁公司业务特点和相关制度,设计标准化业务模式和风控标准,而后选取数家企业进行检验和不断完善,最终形成"YLB"标准化养老服务产品。其次,多渠道宣传推广。通过报纸、养老机构拜访、行业协会宣传、政府推荐等形式多渠道推广"YLB"产品,让更多机构了解并尝试选择此融资产品,扩大产品适用范围。最后,养老机构筛选审核。机构规模上,"YLB"适用于已开办运营的养老机构及日间照料中心等,机构需各项证照齐全,入住人数达到50人以上。融入资金可用于养老场所的改扩建、新投院区、采购设备、装修及日常维护等方面。投资安全性审核上,投资前,HY会赴养老机构进行调研,按照《养老产品项目清单》和《养老项目产品表》搜集材料并进行核查,核查无误后出具《尽职调查报告》,并在公司内进行多层审核,审核周期约为3~5天,最终完成投前审批。

二是过程管控。投前审核完成后,HY同养老机构签订协议开展租赁业务,支持养老机构发展。为保证投后资金安全,积极跟踪过程管理,业务经理采取提前向客户提交《租金支付通知书》和定期查询、走访等形式了解客户经营情况;若出现风险事件,业务经理及时向公司报告风险事件发生的原因,风控部门根据风险成因拟定不同的应对措施,并根据出现风险的概率及时调整产品要素。

三、"YLB"运营优势

"YLB"产品所采用的两种融资租赁模式能十分完备地为养老机构解决设备或资金不足的困境,改善养老机构经营环境,推进养老产业发展。首先,审批手续简单。符合标准的项目通过线上发起快速审批流程,3~5个工作日即可审批完毕,实现快速化、批量化开展业务。其次,期限长,还款方式灵活。"YLB"设置还款期限可长达3年,选择按月、按季还款或根据养老院实际情况定制还款间隔,灵活还款。再次,额度匹配适度,还款压力小。"YLB"按照老年人数量1万元/人的额度进行配资,偿还额度在养老机构经营收入之内。最后,信用融资,无须抵押。不需要养老院提供任何实物抵押,仅需要提供个人保证即可,避免了融资无抵押的困境。

第三节　融资租赁机构的整顿与重组

一、融资租赁机构的整顿

融资租赁机构的整顿,指金融主管部门或债权人通过法院从外部对其进行监管,以便其经营更加合理合规。

(一)融资租赁机构整顿的原因

融资租赁机构的整顿,发生在以下两种情况:一种是经营中出现了严重问题,另一种是该机构被其债权人申请破产。

这里说的经营中出现的"严重问题",主要是指:
(1)出现严重亏损;
(2)出现严重支付困难;
(3)违反国家有关法律或规章。

按照《金融租赁公司管理办法》的规定,所谓"严重亏损",是指当年亏损超过注册资本的30%或连续三年亏损超过注册资本的10%。

(二)融资租赁机构整顿的措施

对于经国家金融监督管理总局批准设立的金融租赁公司来说,发生上述"严重问题"时,国家金融监督管理总局可视情况责令其内部整顿或停业整顿,并对该公司采取下列措施:
(1)要求更换或禁止更换该公司高级管理人员;
(2)暂停其部分或全部业务;
(3)要求在规定期限内增加资本金;
(4)责令改变股权结构;
(5)责令该公司重组。

如果该公司已经或者可能发生支付危机,严重影响债权人利益和金融秩序的稳定,则由国家金融监督管理总局对该公司实行接管。但是,此种接管并不改变该机构的债权债务关系。

(三)整顿后的融资租赁机构恢复营业的条件

按照《金融租赁公司管理办法》的规定,金融租赁公司经过整顿(整顿时间最长不超过一年),符合下列条件的,可以恢复正常营业:

(1) 已恢复支付能力。
(2) 亏损得到弥补。
(3) 违法违规行为得到纠正。

(四) 被债权人申请破产时的整顿

出现这种情况的绝对前提是该机构不能清偿到期债务,也就是说,出现了严重的支付困难,但不一定是已经资不抵债,或者未必没有债务重组的可能。整顿的申请是由被申请破产机构的上级主管部门或董事会向债权人会议以提交和解协议草案的方式提出的。如果该机构在法院主持下同债权人达成和解协议,则该机构进入整顿期间,破产程序中止。和解协议的内容通常也就是债务重组。整顿期间,该机构若能按照和解协议清偿债务,则破产程序终结,该机构恢复正常状态,继续经营;反之,若该机构不能履行和解协议,财务状况继续恶化,或有严重损害债权人利益的行为,例如隐瞒、私分或无偿转让财产、非正常压价出售财产、对原来没有财产担保的债务提供财产担保、对未到期的债务提前清偿或者放弃自己的债权之类,致使债权人会议申请终止整顿时,则法院可以裁定终结该机构的整顿,宣告其破产。

二、融资租赁机构的重组

近年来,中外合资租赁行业和内资租赁行业的融资性租赁公司的重组发展都很快。在融资租赁公司原有法人和主营融资租赁业务不改变的前提下,重组包括股权重组和债务重组。

(一) 股权重组

股权重组是指股份制企业的股东(投资者)或股东持有的股份发生变更。它是企业重组的一种重要类型,是现实经济生活中最为经常发生的重组事项。融资性租赁公司股权重组存在两种情况:一种是股权转让,另一种是债转股。

1. 股权转让

(1) 股权转让的含义。

所谓"股权转让",是指股权人主体的变更,即该公司的某个或某些股权人,将其所持有的在该公司的股权向其他主体的转让。单纯的股权转让并不导致实投资本的变动,但是可能导致股权人个数或股权比例的变动,尤其是可能导致控股人主体的改变。

(2) 融资租赁公司股权转让的程序。

第一,对目标公司进行尽职调查。应该查清的事项有:目标公司的股权结构、资产状况、负债状况、欠税等。并将尽职调查报告作为股权转让合同的附件。

第二,股东会和董事会需就股权转让事宜形成决议。出让方与受让方签订《股权转让意向书》，约定生效条件、出让方的通知义务。

第三，出让方通知目标公司其他股东。出让方应当在意向书规定的时间内书面通知目标公司的其他股东，要求他们在一定时间内就是否同意此次转让、是否行使优先购买权进行表态，并及时履行公司章程规定的程序。

第四，出让方与受让方签订正式的《股权转让合同》。

第五，办理公司股东名册变更和工商登记变更。

2. 债转股

（1）债转股的含义。

债转股，是在某融资性租赁公司经营状况恶化、资产质量低劣，以致不能清偿到期金钱债务的情况下，其债权人同该融资性租赁公司达成协议，将其对该公司的金钱债券转为在该公司的股权。债转股可以改变资金来源结构，降低公司的负债率，优化资产负债比例结构，减轻硬债务的资金占用成本，但是丝毫不会改变现有资产的质量。因此，债转股的可行条件是：在该公司债务负担减轻后，以及在该公司可以持续稳定地取得相当规模的新借入资金的情况下，该公司有机会在新的市场定位中，扩大营业规模和有把握实现投放资金的安全回收，并且能够盈利。

（2）债转股的制约因素。

融资性租赁公司的债权人本身的性质，将制约其是否能进行债转股。例如，根据《中华人民共和国商业银行法》第四十三条规定："商业银行在中华人民共和国境内不得向非银行金融机构和企业投资。"目前，我国经国家金融监督管理总局批准设立的融资性租赁公司，是非银行金融机构；经对外贸易经济合作部批准设立的融资性租赁公司，是外商投资企业。因此，如果这些公司的债权人是我国的商业银行，将不能直接进行债转股。至于已被资产管理公司收购的对融资性租赁公司的债权，其债转股虽然并无法律上的限制，但从实际情况看，迄今未见任何一家资产管理公司是采取了债转股方式的。而当融资性租赁公司的债权人是境外机构时，则一方面，其作为外资对融资性租赁公司的参股，将受到我国现行政策法规的制约，如外方股权比例不得大于多少；另一方面，就实际情况而言，作为经营状况恶劣的融资性租赁公司的债权人的境外机构，主要是一批金融机构，他们的方针并非是要更深入地介入我国的融资租赁行业，反而是急于退出。所以，债转股的可能性也是微乎其微的。

（二）债务重组

1. 债务重组的含义

债务重组，是指在不改变交易对手方的情况下，经债权人和债务人协定或法院裁定，就清偿债务的时间、金额或方式等重新达成协议的交易。也就是说，只要是修改了原定债务偿还条件的，即债务重组时确定的债务偿还条件不同于原协议的，均作为债务重组。本节讨论的债务，专指融资租赁机构作为债务人对其他主体因借贷或票据出立等形成的债务。

2. 债务重组的前提条件

融资租赁公司债务重组的前提条件包括：一是该公司发展符合国家宏观经济政策、产业政策和金融支持政策；二是该公司产品或服务有市场、发展有前景，具有一定的重组价值；三是该公司和债权人有金融债务重组意愿。融资租赁公司进行债务重组时，必须满足发生财务困难这个前提。

3. 债务重组的类型

（1）以资产清偿债务。指债务人转让其资产给债权人以清偿债务的债务重组方式。债务人通常用于偿债的资产主要有：现金、存货、固定资产、无形资产、股权投资等。这里的现金，是指货币资金，即库存现金、银行存款和其他货币资金。在债务重组的情况下，以现金清偿债务，通常是指以低于债务的账面价值的现金清偿债务，如果以等量的现金偿还所欠债务，则不属于本节所指的债务重组。

（2）债务转为资本。指债务人将债务转为资本，同时债权人将债权转为股权的债务重组方式。但债务人根据转换协议，将应付可转换公司债券转为资本的，属于正常情况下的债务转资本，不能作为债务重组处理。

（3）修改其他债务条件。指修改不包括上述两种情形在内的债务条件进行债务重组的方式，如减少债务本金、降低预期年化利率、免去应付未付的利息等。

（4）以上三种方式的重组。指采用以上三种方法共同清偿债务的债务重组形式。例如，以转让资产清偿某项债务的一部分，另一部分债务通过修改其他债务条件进行债务重组。

4. 融资性租赁公司债务重组时的会计处理

（1）如果是以应收租赁债权清偿债务，则融资性租赁公司应将重组债务的账面价值与转让的应收租赁债权的协议价值之间的差额作为债务重组收益，计入资本公积；转让的应收租赁债权的协议价值与其账面价值之间的差额，作为资产转让损失，计入当期损益。这里说的"应收租赁债权的账面价值"，在已经计提坏账准备金的情况下，是指应收租赁债权的账面余额扣除坏账准备金后的账面净值。

（2）如果是债务转为资本，则融资性租赁公司应将债权人因放弃债权而享有的股权份额确认为实收资本。其会计处理方法在上面已经说明。

（3）如果是以修改其他债务条件进行债务重组的，融资性租赁公司应将重组债务的账面价值减至将来应付金额，减去的金额作为债务重组收益，计入资本公积。

（4）以现金、应收租赁债权、债务转为资本等方式组合清偿某项债务的，融资租赁公司应先以支付的现金、转让的应收租赁债权的协议价值冲减重组债务的账面价值，再按上述说明做债务转为资本的会计处理。

> **知识拓展**

我国融资租赁公司资产证券化的困局

一、基础资产适配度低

融资租赁公司实现资产证券化模式依托的是基础资产,它的质量尤其重要。就目前我国基础资产选择的现状而言,从整体宏观角度来看,融资租赁行业虽有着多元化发展的趋势,但主要的基础资产行业较多聚集于交通运输、基础设施、通用机械设备、工业设备等主要领域,广度上总体有限,一旦政策导向变化或是行业自身不景气,基础资产的质量容易下降,承租人交付租金的压力也会随之增加,间接导致融资租赁企业陷入资金链断裂的困境。从地区范围看,若某一行业的基础资产集中于某区域,当该领域出现信用危机时,对现金流也会造成巨大的冲击。换言之,行业和地区集中度与风险性成正比。

从微观角度来看,2018年,上交所和深交所分别发布了《融资租赁债权资产支持证券挂牌条件确认指南》(以下简称《指南》),以及配套的《融资租赁债权资产支持证券信息披露指南》,对挂牌条件、融资租赁公司资质、基础资产真实性、入池及转让条件、资产分散等做了规定,融资租赁资产证券化发展发出向好信号。《指南》仅适用于上交所和深交所的挂牌交易,适用区域有限,入池门槛较高,一定程度上阻断了多数中小融资租赁公司的加入,但高门槛的设置具有合理性,这不仅源于基础资产本身所具有的信用风险,还有大部分中小型融资租赁公司内部不合规和风险管理能力较为薄弱的因素。承租人的信用等级参差不齐,违约事件频发,这导致许多公司基础资产质量低下、风险度高,无法满足资产证券化的条件。企业现有的经营风险使其不敢也没有资格进入资产化市场去负荷更高的经营与信用体系风险。

二、税收政策不明

行业的税收优惠往往会促进该领域纳税人的市场经济行为。融资租赁公司资产证券化过程复杂,环环相扣,多层业务叠加,涉税环节比较多,税收政策也是影响该领域公司发展新模式的重要因素之一。税收筹划是融资租赁业务的优势,相应地,其也容易受到税收政策变化的影响。自2016年全面推行营改增以后,融资租赁行业的税率发生变化,《关于全面推开营业税改征增值税试点的通知》中,融资租赁企业也被纳入其中。该领域的售后回租业务被认定为贷款业务,税率从17%变更为6%,而该领域内的直租经营模式被认定为租赁业务,有形动产的税率仍为17%,不动产的税率由5%调整至11%,可见融资租赁行业中不同业务模式下的税率各不同。对于资产证券化这一新领域,财政部、国家税务总局颁布的《关于信贷资产证券化有关税收政策问题的通知》纳入了部分该领域业务的税收规定,但该通知主要适用的领域是信贷资产证券化产品,对于融资租赁类业务没有明确规定。

三、融资租赁企业防控能力薄弱

在传统的融资租赁业务中,除了宏观调控政策等不可抗力因素外,融资租赁企业内部风控能力薄弱这一现状也不可忽视。承租人违约或"名为融资实为借贷"的情形较多,租金追讨难、租赁物所有权争议、一物多融、售后回租模式中涉及的承租人无权处分等情形带来的出租人资金链断裂,均说明传统的融资租赁行业本身存在多方面的风险控制不足,一旦租赁资产被选定为基础资产形成资产证券化,还会涉及投资人的利益,故而对融资租赁企业的风险控制能力要求很高。对于中小型融资企业,如何突破风险管控能力的瓶颈,如何通过政策引领,实现更多符合资质标准的中小型融资租赁企业纳入资产证券化过程,是值得进一步研究的问题,也是铺开融资租赁证券化新模式的关键。

资料来源:吴滢.我国融资租赁公司资产证券化的困局与出路[J].甘肃金融,2021(3).

第四节 融资租赁机构的破产与终止

一、融资租赁机构的破产

融资租赁机构破产是指丧失了继续经营事业的财产承受能力,或是发生了债务不能清偿的危机。实际中第二种情况较多。

(一) 融资租赁机构破产的原因

破产原因并非是指导致债务人经济陷入困境而不能清偿债务的原因,而是指法院判断是否宣告债务人破产的根据和理由,因此又称破产界限。破产原因的存在是申请宣告破产和法院受理申请的前提。

破产原因的直接表现是"企业不能清偿到期债务",指债务清偿期已经截至,债权人已经要求清偿,而债务人明显缺乏清偿能力。另外,不能清偿的债务必须是债务人对于到期的全部债务均不能清偿,并非指对某一债务不能清偿或因有争议而拒绝清偿。不能清偿必须是一种持续状态,而不是一时性的状态。就债务的内容而言,虽然不只限于金钱债务,但不包括以单纯的作为或不作为标的的债务。而就融资租赁机构的债务而言,则主要是其金钱债务。

(二) 融资租赁机构破产适用的法律

对于没有外资成分的融资租赁机构的破产案件,适用于《中华人民共和国企业破产法(试行)》。其中,涉及对当事人的诉讼权利能力、诉讼代理、证据、期间和送达等问题没有规定的,适用民事诉讼法的有关规定。

对于有外资成分的融资租赁机构的破产案件,适用于《中华人民共和国民事诉讼法》关于破产还债程序的规定。只有对于该程序中没有明确规定的破产财产、破产债权、破产费用、破产别除权和破产取回权等,才适用破产法。

(三) 破产宣告及其法律后果

1. 破产宣告的特征

破产宣告是法院对债务人不能清偿到期债务的事实所做出的法律上的判定。其特征有四项:

(1) 只适用于不能清偿到期债务的债务人。

(2) 属于审理破产案件的法院的司法审判行为。破产案件专属法院管辖,法院以外的任何其他机构或者国家行政机关都没有权力对债务人的不能清偿到期债务做出具有法律意义的裁判。

(3) 开始破产清算的标志。

(4) 发生破产法所规定的程序效力。例如,破产宣告以其特有的溯及力使破产人于临界期间内有害债权人利益的行为归于无效,并限制破产人权利的行使。当然,债权人及利害关系人的权利行使,也同样地受破产程序约束。

2. 破产宣告的法律意义

(1) 债务人丧失法人资格,因而也丧失了对其财产的管理处分权;

(2) 清算组成为破产财产的管理人;

(3) 有担保债权的债权人成为别除权人,其债权从破产财产中优先受偿;

(4) 无担保债权的债权人成为破产债权人,其债权通过破产分配程序实现。

债务人提出破产申请和债权人提出破产申请,在法律意义和法院宣告上的区别在于:前者是"主动的、积极的"破产宣告,无须等到债权申报完毕,更无须首先召开债权人会议;后者将导致债务人"消极的、被动的"宣告破产,必须等到债权申报完毕和债权人会议召开之后,以便使债务人有提出和解申请的机会。

3. 法院宣告破产的依据及后续措施

我国破产制度是采取申请主义原则,即"不告不理"的原则。未经破产和解整顿程序的破产案件,其破产宣告只能由法院依据申请人的申请做出,而不能由法院依据职权主动进行。只有经过破产和解整顿程序的破产案件,法院才可以因债务人的破产原因未能消除这一点,而依职权做出破产宣告。

(1) 法院宣告债务人破产的依据有三项:

① 债务人不能清偿到期债务;

② 债务人的破产整顿提前终结;

③ 债务人在破产整顿期满后不能执行和解协议。

(2) 法院宣告企业破产后措施:

① 从企业上级主管部门、财政等有关部门和专业人员中指定清算组成员,以成立

清算组。

② 指定必要的留守人员留守企业。留守人员包括破产企业的法定代表人和财务、统计、管理、保卫人员。

③ 因企业不能按照和解整顿协议清偿债务而法院宣告该企业破产时,重新登记债权。

法院宣告企业破产后,应通知破产企业的债务人或财产持有人,向清算组清偿债务或交付财产。企业宣告破产后,破产企业所有或占有的财产、物品、账册、文书、资料和印章,非经破产程序有权机关的同意或行为,都必须按原状归于负责破产清算事务的机构名下,加以统一管理和清理,任何人不得加以处分;破产企业的债务人和财产持有人应为的给付,当属破产财产,应当向清算组清偿债务或交付财产。该债务人或财产持有人在接到法院通知后,应按通知的债务数额、时间或交付财产的种类、数量、时间等,向清算组清偿债务或交付财产。债务人或财产持有人若对此有异议,可于接到通知后七日内提请法院裁定,逾期既未清偿债务或交付财产,又未提出异议的,由清算组申请法院裁定后强制执行。

这一规定对于融资租赁机构破产宣告而言,无法简单地操作。原因有三:第一,融资租赁机构的占压倒多数的债务人——承租人的租赁债务,在破产宣告时未必已经到期。其未到期的部分,即使只要求其偿付本金,也是提前偿付。而在承租人无过错的情况下要求其提前偿付,是不公平的;第二,正是大量的逾期租赁债权不能实现,才是导致融资租赁机构破产宣告的原因,因此,这里将会发生一系列的诉讼程序,而绝非简单的"法院裁定"和"强制执行";第三,在融资租赁合同履行期间,租赁物的法定所有权属于出租人——融资租赁机构,是该机构的财产。但是,"出租人对租赁物的所有权,是同出租人的租赁债权互为消长的""出租人所可以处分的,是租赁物的变现价值或公允价值中等于它未实现的租赁债权的部分。超过部分归谁,是需要协商解决或者遵照法院裁决或仲裁裁决处理的"。因此,简单地通知破产的融资租赁机构的财产持有人,让承租人交付财产,即租赁物,这样的做法是行不通的。

(四) 融资租赁机构的破产清算程序

融资租赁机构的破产清算程序如图 3-3 所示。

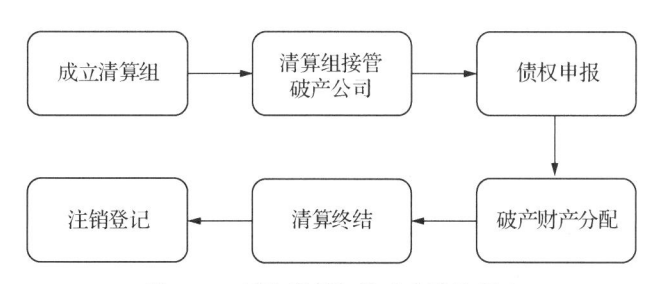

成立清算组 → 清算组接管破产公司 → 债权申报 → 破产财产分配 → 清算终结 → 注销登记

图 3-3 融资租赁机构破产清算程序

破产清算中的重要步骤主要有成立清算组、债权申报和破产财产分配。

1. 成立清算组

(1) 清算组的性质。

清算组是在破产宣告后由法院指定成立的,以接管破产企业、负责破产财产的保管、清理、估价以及处理和分配的,不享有司法权也不是法院的执行机构的,受法院监督的、临时性的专门机构。清算组的意义在于,由于它是独立于债权人和债务人、同破产财产没有利害关系的专门机构,因此能够保证破产清算的公正合理。法院与清算组是监督与被监督的关系。清算组同时受债权人会议的监督。

(2) 清算组的人员构成。

清算组成员,应以能胜任破产财产的管理、变价和分配的人员为限。在具体工作程序上,法院往往商同政府企业主管部门,以及财政、工商行政管理、计划管理、税务、审计、物价、劳动、人事等部门,并同时考虑相关专业人员的需求,来指定清算组成员,并在其中指定一位组长。为了使清算组的组成能有效率,必须走市场化的路,即清算组组长已从经注册登记的破产咨询事务所、律师事务所、会计师事务所、审计事务所的专家中指定,清算组组员由组长选聘,由法院批准。股份制企业破产时,股东或股东大会代表是清算组成员。

(3) 清算组的义务。

① 清算组要向债权人会议报告清算的进程和基本情况;

② 清算组的决定应及时告知债权人会议;

③ 需经债权人会议议决的清算事项,应报债权人会议决议通过,否则无效;

④ 债权人会议可以直接纠正或通过法院裁定纠正清算组的不妥行为。

(4) 清算组的工作内容。

清算组有权拒绝债权人会议的无理干涉。双方的争议由法院裁定解决。清算组代表破产企业进行的民事活动,只能以实现清算目的为限。其内容包括:

① 清算组认为确有必要的生产经营活动;

② 聘用必要的工作人员并支付报酬;

③ 决定破产企业未履行合同的继续履行或解除;

④ 承认有财产担保的债权、破产取回权、破产抵销权和破产费用请求权;

⑤ 参加有关破产财产的诉讼、和解或仲裁;

⑥ 请求召开债权人会议;

⑦ 询问破产企业原法定代表人;

⑧ 列席债权人会议并接受其监督;

⑨ 申请法院终结破产程序;

⑩ 破产程序终结后,向破产企业原登记机关办理注销登记。

(5) 清算应遵循的原则。

在财产清算中,需要考虑到破产财产变价和分配原则。破产财产变价和分配的原则是必须将所有的破产财产变现为货币,称为财产等质化,以保证清偿时的公正。这一规定,对于以金融资产——应收租赁债权为其财产的融资租赁机构而言,是其债权人所必须特别考虑的问题。因为应收租赁债权并非实物财产,其评估、变现是一个十分复杂的程序。任何绝对化的操作或者限期完成,都必然导致该机构破产财产的无端贬值,而使债权人因此蒙受更大的损失。

2. 债权申报

(1) 债权申报的意义。

① 使债权人取得破产程序当事人地位;

② 债权诉讼的时效因此而中断;

③ 据以组成相对稳定的债权人会议,避免因个别确认债权而发生重复支出。债权申报并非破产分配的最终依据。

(2) 债权申报期限。

债权申报期限是指所有的债权人都应当在法律规定或法院酌定的期间内,向受理破产案件的法院申报其债权。但债权人在破产程序开始前以破产申请或诉讼提示债权的行为,以及债权人逾债权申报期限向法院提示债权的行为,均不构成债权申报。

对于已知债权人,其债权申报期限为自收到通知之日起一个月内;对于未知债权人,其债权申报期限为自法院发布受理破产案件公告之日起三个月内。

债权申报期限的长短以时、日计算时,开始的时和日,不得计算在期间内;期间届满的最后一日是节假日的,以节假日后的第一日为债权申报期限届满的日期。债权申报在届满前投邮的,不构成逾期。

债权人因不可抗拒的事由或其他正当理由,耽误债权申报的,可以在"障碍消除"后十日内,向法院申请顺延期限,是否准许由法院裁定。但是,债权人有正当理由向法院申请债权申报期限的顺延,最迟应当在最终分配开始前提出。

债权人逾期未申报债权的,应当视为自动放弃或丧失参加破产程序的权利。也就是说,只要破产程序非因和解程序而终结,债权人就没有机会对债务人行使债权了。

(3) 债权申报特殊情况。

在破产程序之外,在两种情况下,债权人仍可以继续行使未申报的债权:其一,如果债务人经和解整顿而免于破产,这时,债权人仍可向债务人主张债权,但应以按照和解协议可以受清偿的债权额为限;其二,债权人可以向债务人的保证人或其他连带债务人继续行使权利。

3. 破产财产分配

(1) 破产财产分配的顺序。

根据《企业破产法》的规定,破产财产优先拨付破产费用后的分配顺序是:

① 破产企业所欠职工工资和劳动保险费用;

② 所欠税金;

③ 破产债权。

而当破产财产不足以清偿时,同一顺序的清偿要求按照比例分配。

(2) 破产财产分配的特征。

① 所分配的仅限于破产财产,而不是他人财产、破产人的自由财产以及被设置了担保的担保物;

② 接受破产分配的,仅限于破产债权人;

③ 需依法定顺序进行;

④ 具有强制执行力。清算组进行破产分配,实际上是执行法院的裁定。银行债权与其他债权的受偿顺序没有不同。

(3) 融资租赁机构破产财产的额外规定。

根据合同法的有关规定,在租赁期间,出租人享有租赁物的所有权,承租人破产的,租赁物不属于破产财产。承租人在租赁期间届满后破产的,租赁物的归属按照法律规定或当事人约定来确定:若租赁双方约定租赁物在租赁期间届满后归承租人所有的,则租赁物属于破产财产;若租赁双方对租赁物的归属没有约定或者约定不明确,且无法定的权属变更事由的,则租赁物的所有权仍归出租人,该租赁物不属于破产财产。

(五) 取回权的界定及行使

取回权是指财产的所有权人从破产企业取回其放置在破产企业中的或由破产企业控制的该财产的权利。其中,一般取回权,是指对于不属于破产财产法定范围内的财产的、已为破产管理人所实际占用,其所有权人所享有的、不依破产程序即可取回的财产的请求权。构成一般取回权的基础权利有所有权,占有物返还请求权、担保物权和用益物权,债权等。

1. 所有权

所有权属于他人之物,不能纳于破产财产加以分配。破产人于破产宣告前之所以能占有他人财产,其原因无非有两类:一类是物权行为,即破产人基于某种原因取得他人财产以作为履行担保;另一类是债权行为,即破产人基于加工承揽合同、借用合同、仓储保管合同、租赁合同、融资租赁合同、寄售合同、无因管理等占有他人财产,在受破产宣告后他人要求取回其财产。具体而言,又有以下几种情况:

(1) 保留所有权。是指在动产买卖中,买受人受破产宣告时尚未支付全部价金,而使出卖人对买卖标的物所仍享有的所有权。

(2) 信托行为受托人的所有权。信托人受破产宣告时,其破产管理人可以行使取回权,将信托财产收回,归于破产财产。

(3) 让与担保所有权。是指信托人向受托人提供资金或信用,受托人将其特定财产的所有权移转给信托人,作为债权担保,但该物仍由受托人实际占有。在受托人受破产宣告时,信托人对该特定财产仅享有别除权,而不享有所有权。在信托人受破产宣告时,受托人若完全履行了担保债务,则因信托人解除条件的成就而获得取回权;若受托人未能履行其债务,破产管理人则可以变卖让与担保标的物,以其所提价金归回破产财产。这时,对于信托人而言,他不仅是形式上的所有权人,而且是经济上的所有权人。

(4) 不得对抗第三人的所有权。一是指在所有权移转时必须依法登记,而未登记的不得对抗第三人。在破产宣告前自破产人取得所有权或其他权利的人,若此种取得必须依法登记,而该取得者在破产宣告时尚未登记,则破产债权人可以主张破产人的让与行为无效,破产管理人可以据此否认相对人的取回权。二是指破产人与相对人恶意通谋受让所有权或其他权利时,应属于无效的民事行为,相对人不得主张撤销而获得取回权。当然,就破产人本人而言,他并无受让的权利。但是,若作为"善意第三人"的破产债权人反对撤销这种移转行为,该相对人不得与之对抗,因而就丧失了取回权。

2. 占有物返还请求权、担保物权和用益物权

占有物返还请求权是指占有人的占有物被侵占时,可以请求侵占人返还占有物的权利。担保物权,是与用益物权相对应的他物权,指的是为确保债权的实现而设定的,以直接取得或者支配特定财产的交换价值为内容的权利。用益物权,是指以一定范围内的使用、收益为目的而在他人之物上设立的定限物权。这三种权利既非前述所有权,亦非后述债权,也可以成为取回权的基础权利。

3. 债权

破产人基于承揽、租赁、寄托、借用等法律关系占有他人财产,在受破产宣告后,该财产的所有权人或支配权人,可依据其债权请求权向破产管理人主张取回权。

(1) 权利人的取回权利益的保护方式。

① 债务人或破产管理人在合法占有他人之物期间,除非当事人之间就标的物风险的负担另有约定,标的物因不可抗力或意外事件灭失,权利人不得对债务人或破产管理人请求损失赔偿。

② 债务人或破产管理人因无因管理他人之物,标的物因不可抗力或意外事件灭失,债务人或破产管理人承担损失赔偿责任。

③ 债务人或破产管理人在合法占有他人之物期间,若当事人之间约定,由债务人或破产管理人承担物的意外灭失风险,权利人因物的意外灭失而致取回权不能行使的,可以请求债务人或破产管理人赔偿损失。权利人请求债务人赔偿的权利,发生在破产宣告前,可以为破产债权;请求破产管理人赔偿的,可以为共益债权。

④ 债务人或破产管理人无法律上的原因,占有他人之物的,构成非法占有他人财产,对标的物灭失不论有无过错,均应当承担赔偿责任,权利人可以要求损失赔偿。损失赔偿的权利发生在破产宣告之前的,以破产债权行使权利;发生在破产宣告之后的,以共益债权行使权利。

(2) 出卖人的取回权的成立要件。

① 所谓出卖人的取回权,其成立有两个前提条件:一是出卖人已将买卖标的物发

运,即已将标的物交付于第三人代为送达买受人。因此,标的物已经脱离出卖人的占有;二是出卖人尚未收讫全部买卖价款。

② 出卖人在买受人破产前发运标的物的,享有取回权;出卖人不知买受人受破产宣告的事实而发运标的物的,也可以享有取回权。但是出卖人在破产宣告公告后发运买卖标的物的,则应视为出卖人已知买受人破产宣告的事实,而不享有取回权。

③ 如果买受人已受破产宣告,出卖人知道这一事实,而出卖人尚未发运买卖标的物的,则出卖人可以要求破产管理人付清或保证付清全部买卖价款,以决定是否发运买卖标的物;否则,出卖人可以主张同时履行抗辩权、不安抗辩、预期违反合同而拒绝发运买卖标的物。这里不可能出现出卖人取回权的问题。

④ 如果在出卖人发运买卖标的物后,买受人才受破产宣告,则分两种情况处理:一是若买受人在破产宣告之前已经收取标的物,则不论买受人是否已经支付全部买卖价款,该买卖标的物已经属于破产财产,出卖人只可以主张买卖价款请求权,而无取回权可言;二是若在买受人受破产宣告之时该买卖标的物仍处于运输途中,即尚未被买受人实际占有,则出卖人便享有无可争辩的取回权。

(3) 对财产权利人的取回权行使的约束性规定。

① 以该财产仍然存在为前提,若应取回的财产已经灭失,则取回权也就转化为损失赔偿请求权而作为破产债权。

② 若行使取回权的时间在破产宣告之后,则取回权应向破产清算组提出,并应提交对其取回财产享有所有权的文件。

③ 若在破产财产分配前未行使取回权的,视为放弃行使取回权。破产财产分配后,再行使取回权的,不发生法律效力。

④ 若在清算中取回权人未行使取回权,则即使清算组发现了部分放置于破产企业的财产不属于破产财产,清算组也不负有告知所有权人以及将该财产返还给所有权人的义务。

二、融资租赁机构的终止

根据《金融租赁公司管理办法》的规定和市场的通常做法,融资租赁机构的终止有三种类型,即解散、被撤销与被宣告破产。前文已经对融资租赁机构的破产有了详细的阐述,因此下文重点介绍融资租赁机构的解散与被撤销。

(一) 融资租赁机构的解散

1. 融资租赁机构解散的含义

融资租赁机构的解散是指已经成立的融资租赁机构,因其章程规定或法律规定的事由发生,致使其丧失了经营能力,经批准登记注销后,该机构组织消灭的法律行为。

2. 融资租赁机构解散的条件

融资租赁机构的解散适用《中华人民共和国公司法》。其中,经国家金融监督管理总局批准设立的金融租赁公司,同时适用《金融租赁公司管理办法》。内资金融公司则适用《商务部内资融资租赁试点企业管理办法》。经对外经济贸易合作部批准设立的中外合资租赁公司,同时适用《中华人民共和国中外合资经营企业法》《中华人民共和国中外合资经营企业法实施条例》和《外商投资企业清算办法》。

(1) 金融租赁公司解散的条件。

当金融租赁公司出现以下情况时,经国家金融监督管理总局批准后,予以解散:

① 公司章程规定的营业期限届满或者公司章程规定的其他解散事由出现;

② 股东会决议解散;

③ 因公司合并或者分立需要解散;

④ 依法被吊销营业执照或者被撤销;

⑤ 其他法定事由。

(2) 内资金融租赁公司解散的条件。

出现下列情形之一的,内资融资租赁公司可以解散:

① 公司章程规定的营业期限届满或者公司章程规定的其他解散事由出现,且未进行章程修改的;

② 股东会或者股东大会决议解散;

③ 因公司合并或者分立需要解散;

④ 依法被吊销营业执照、责令关闭或者被撤销;

⑤ 被依法宣告破产;

⑥ 法律、法规规定的其他情形。

内资金融租赁公司出现解散事由的,应当在解散前一个月通过地方商务主管部门报送商务部。

内资金融租赁公司解散的,应当依法进行清算。清算结束后,清算组应当将清算报告报地方商务主管部门确认,地方商务主管部门确认后应当在5日内通报商务部。

(3) 外商融资租赁公司的解散条件。

中外合营融资租赁公司出现下列情况时,可申请解散:

① 合营期限届满;

② 公司发生严重亏损,无法继续经营;

③ 合营一方不履行合营公司协议、合同、章程规定的义务,致使公司无法继续经营;

④ 因自然灾害、战争等不可抗力遭受严重损失,无法继续经营;

⑤ 合营公司未达到经营目的,同时又无发展前途;

⑥ 合营公司合同、章程所规定的其他解散原因已经出现。

(二) 融资租赁机构的被撤销

融资租赁机构的被撤销是该机构市场退出的行政程序。它是指国家金融监督管理总局对经其批准设立的具有法人资格的金融租赁公司，因其违反法律、行政法规而依法采取行政强制措施，吊销其经营金融业务许可证，终止其经营活动，对其债权债务活动进行清算，最终消灭其主体资格。

> **知识拓展**
>
> **融资租赁机构加速入局新能源赛道并积极防控风险**[①]
>
> 围绕"双碳"目标，2021年以来我国电力行业相关政策持续加码。总体来看，电力降碳节能主要通过发电侧、电网侧及用户侧来实现。发电侧，政策集中于新能源，包括加大引导金融机构对风电和光伏等行业支持。电网侧，集中于电网及电价两方面，包括积极推进以新能源为主体的新型电力系统建设电网。用户侧，重点推动新型储能装机发展。
>
> 随着国家鼓励政策的落地，融资租赁公司在光伏、风电、储能等新能源租赁项目上具有较大的市场空间。同时，新能源租赁行业已经出现了加速分化的趋势。由于多家国有电力企业旗下的融资租赁公司已经深耕行业多年，新入局新能源租赁市场的融资租赁公司主要从用户侧的分布式光伏和储能项目入手。2022年6月21日晚，越秀金控公告称，为积极助力"碳达峰、碳中和"国家战略目标，提高绿色发展水平与产融结合的专业化水平，公司控股子公司广州越秀融资租赁有限公司投资1.5亿元设立新能源子公司，并于日前完成工商注册登记。
>
> 新能源租赁行业面临一定风险。一般而言，光伏项目、储能项目回收期较长，其中储能设备的电池寿命在6~8年，光伏电站的寿命可达25年。因此，除了常规的资产或股权抵质押、第三方担保等风控手段外，融资租赁公司需设计周密的风险收益测算模型，对投放企业进行综合评估。此外，融资租赁公司不可能实时跟进项目，如果出现限电、补贴不及时或其他极端情况时，原有的风险收益测算模型未必能充分体现整个项目的收益情况。基于此，融资租赁公司对新能源行业的了解程度以及对企业风险的测算成为规避风险的关键环节，应适时调整风险收益测算模式，做好风险预估。华能租赁在其发行的《2022年碳中和绿色公司债券（第二期）（民营经济发展支持债券）募集说明书》中表示，发行人在选择租赁客户时坚持以"资产为本"，重点关注资产质量，综合考量客户偿债能力和信用资质等方面。

[①] 刘颖,等.融资租赁机构加速入局新能源赛道[N].中国经营报,2022-07-18(B07).

思考题

1. 我国融资租赁机构发展经历了哪些阶段？各自有什么特点？
2. 我国目前融资租赁机构按主体划分有哪些类型？有什么区别？
3. 我国金融租赁公司有哪些设立条件？与外商融资租赁公司的设立条件有哪些不同？
4. 简述我国融资租赁机构的重组。
5. 简述我国融资租赁机构的破产流程。
6. 融资租赁机构面临哪些风险？如何防范与化解？
7. 我国融资租赁机构存在哪些问题？有什么发展建议？

第四章 融资租赁业务流程

本章主要介绍融资租赁业务流程,包括项目接洽与立项、尽职调查、项目评审、"两合同"洽谈和签订及买卖合同的履行、租赁履约与租赁期满时租赁资产所有权的处置等环节,如图4-1所示。

本章要求读者掌握尽职调查的基本原则和调查要点,充分理解和掌握"两合同"的关系,掌握合同洽谈的重点和注意事项,掌握对承租人的监督和租后管理内容,理解掌握租赁期满后的设备处理和残值管理。

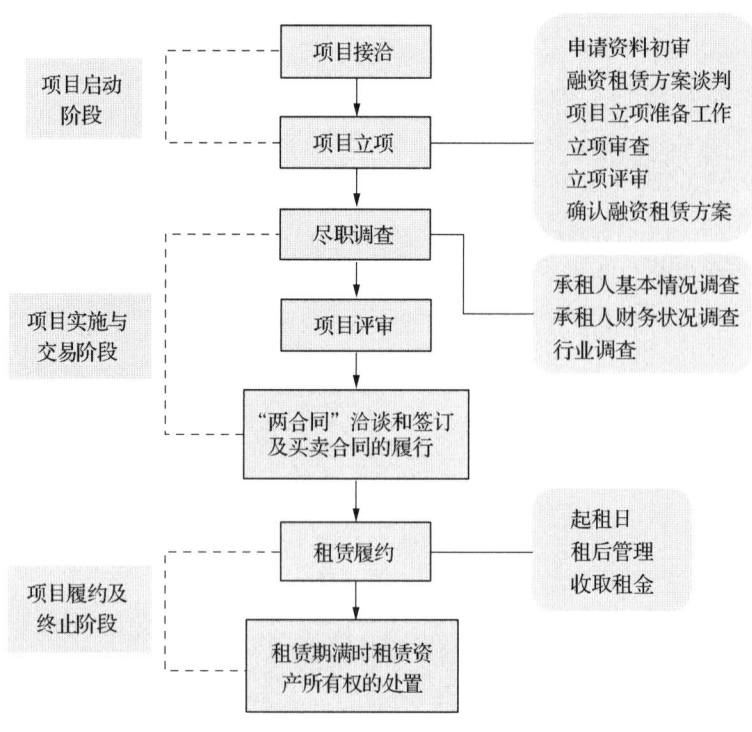

图4-1 融资租赁业务流程

第一节　项目接洽与立项

一、项目接洽

融资租赁业务交易是由融资租赁发起人向融资租赁公司提交申请表开始的。承租人应首先向融资租赁公司提出申请，表明其具有融资租赁的意愿。

项目经理在接到承租人的融资租赁业务需求时，应采取面谈或者电话访谈的形式，充分了解承租人的企业性质、成立年限与实际经营年限、资产规模、收入规模、设备保有量、融资目的、资金用途、意向融资金额、意向租赁物、期望的还款方式和期限、是否可以提供额外的担保、承租人在行业内的位置和环境等，对项目的可行性做出初步判断。

如果判断项目可以受理，应给予承租人明确的答复，并告知承租人本公司的一般业务流程和工作周期，向承租人发送《融资租赁业务申请资料清单》（表 4-1），请承租人提交申请资料；如果判断项目不可行，应立即给予承租人答复并告知不能受理的原因，以期承租人达成条件后还有申请业务的可能，并记录承租人基本信息和联系方式，作为潜在客户进行管理。

表 4-1　融资租赁业务申请资料清单

融资租赁业务申请资料清单						
承租人资料			担保方资料		
^	^	^	如担保方为企业		
序号	资料名称	原/复	序号	资料名称	原/复
1	《融资租赁业务申请书》（表4-2）	原	1	法人营业执照、组织机构代码证、税务登记证正、副本复印件	复
2	法人营业执照、组织机构代码证、税务登记证正、副本复印件	复	2	开户许可证复印件、贷款卡及查询密码	复
3	开户许可证复印件、贷款卡及查询密码	复	3	公司简介（需包括机构设置、历史沿革等）	原
4	公司简介（需包括机构设置、历史沿革等）	原	4	公司章程及修正案	复
5	公司章程及修正案	复	5	法定代表人身份证复印件	复
6	法定代表人身份证复印件	复	6	近三年审计报告	复
7	近三年审计报告	复	7	最近一期财务报表及附注	复
8	最近一期财务报表及附注	复			
9	特殊行业经营许可证、相关资质证书及成立批文	复			

续 表

融资租赁业务申请资料清单

承租人资料			担保方资料		
^^^			如担保方为个人		
序号	资料名称	原/复	序号	资料名称	原/复
10	已签订的上下游合同清单、长期合作客户名单	复	1	身份证	复
11	抵(质)押物清单、权属证明	复	2	户口本(户主页及本人页)	复
	如为设备租赁：		3	婚姻状况证明(单身证明/结婚证/离婚证)	复
12	直租设备提供意向订购清单	复	4	家庭财产清单	原
13	回租设备提供设备清单(含发票号码)	复	5	各项财产的权属证明(房产土地证、车辆所有权证书等)	复
	如为项目租赁：					
14	项目立项或备案文件	复			
15	可行性报告及批复	复			
16	环评报告及批复	复			

以上资料,注明"原"为要求提供原件,注明"复"为要求提供加盖客户公章的复印件,多页的文件还需加盖骑缝章。

在融资租赁交易中,从承租人的法律属性角度看,承租人既可以是法人,也可以是自然人,但在实践中,融资租赁交易中的承租人多为法人。因此,上述申请资料清单以法人承租人为前提制定。当承租人为自然人时,承租人资料2～9项不适用,参照担保方为个人的资料提供。

表 4-2 融资租赁业务申请书

融资租赁业务申请书					
××租赁公司： 因业务发展需要,经我公司股东会集体研究决定,特向贵公司提出如下设备的融资租赁申请：					
序号	设备名称	型号/规格	生产厂家	设备价格	租赁期限
1					年
2					年
3					年
合计	人民币(大写)：				

续 表

我公司在此声明:以上设备的型号、参数及价格等,均由我公司自行选择和确定,我公司愿对以上决策负完全责任。

同时,我公司郑重承诺:

1. 提供给贵公司的申请资料均具有公认的编制标准和无保留性,我公司对其真实性、完整性和公允性负责,并承担由此引起的法律责任。

2. 如果此次申请能获贵公司审批通过,我公司将恪守信誉,严格履行合同约定,以我公司的综合收入作为支付每期租金的资金来源,优先偿还贵公司租金。如遇我公司法人代表或财务审批人在租金到期日前无法及时签字还款,我公司将预先安排好财务计划及相关支付文件,提前偿还贵公司当期租金,绝不拖延而导致逾期。

法定代表人签字: 公章:

年 月 日

承租人基本信息表

企业名称		成立日期	
地址		邮编	
联系电话		传真号码	
法定代表人		电话/手机	
财务负责人		电话/手机	
生产负责人		电话/手机	
项目联系人		电话/手机	
在职员工总数		高级职称人数	
主营业务		所在行业	
主导产品			

银行借款情况表

银行名称	借款金额(币种)	起止时间	本息支付方式	借款余额	担保方式

续　表

有负债情况表

被担保人	保证金额（币种）	起止时间	担保余额	与被担保人关系	被担保人经营情况

其他重大事项

1. 在建工程情况（建筑物名称、建筑时间、投资金额、资金缺口、资金来源等）：

2. 未来三年内的投资计划及资金来源：

3. 近期有无重大事项变更计划（如股权结构、经营策略等）：

用款计划表

时间	金额	时间	金额	时间	金额

还款计划表

时间	金额	时间	金额	时间	金额

二、项目立项

1. 申请资料初审

项目经理收集到《融资租赁业务申请资料清单》中所列的相关资料和《融资租赁业

务申请书》后,应在认真阅读资料和广泛查询信息的基础上,初步判断项目的可行性。

如果判断项目可行,应给予承租人明确的书面答复(可以电子邮件方式进行),安排进行融资租赁方案谈判,确定初步融资租赁方案;如果判断项目不可行,应明确告知承租人原因(可以电子邮件方式进行),并在录入承租人基本信息后将承租人申请资料原件退还承租人,将承租人信息纳入潜在客户台账进行管理。

初步判断项目是否可行,可以从以下几个方面进行:

(1) 对租赁物的了解。

租赁物是融资租赁项目得以实施的基础,第一步应对租赁物进行了解。从承租人申请资料中可以了解到:租赁物的名称、型号规格、购买价格、存放地点,售后回租项目还应了解租赁物的净值、权属、是否设置抵押、有无评估价值。

从其他信息渠道还应了解:租赁物的通用性、保值性、流通性、质量是否可靠、技术是否领先、适用范围和频次、短期内是否有被新技术替代的可能,承租人对租赁物的依赖程度。

应该优先选择通用性强、流通性好、技术领先、质量过硬、适用范围广的租赁物。如果租赁物达不到以上要求,可考虑承租人对租赁物的依赖程度,判断该租赁物是否为其生产经营的必要生产工具。

(2) 对承租人的了解。

承租人是融资租赁项目租金的偿还主体,应对承租人进行了解。

从承租人申请资料中可以了解到:承租人的历史沿革、股权结构变化历史、主营业务、所涉业务发展历史、所处行业、主要上下游关系、历史经营情况、历史融资情况、未来发展战略。

从其他信息渠道还应了解:承租人基本信息、承租人及法定代表人/实际控制人涉诉信息、承租人及法定代表人/实际控制人被执行案件信息、承租人及法定代表人/实际控制人其他违法信息、承租人所处行业情况、承租人在行业内和产业链中的位置。

(3) 对担保人(担保物)的了解。

担保不是融资租赁项目所必需的,只有在确定融资租赁交易结构和租赁物存在缺陷时才需要增加担保措施,以保障租金的按时足额偿还。对于担保措施的保证能力,一般来说,连带担保要优于一般保证,房地产抵押担保要优于设备、存货抵押,存单质押要优于仓单质押,银行信用担保要优于企业信用担保。

如果是企业法人或者自然人以自身信用进行担保,除参照以上对承租人的了解方法外,还应该了解保证人与承租人之间的关系、是否存在关联关系或关联交易等。

如果是抵(质)押物进行担保,应了解抵(质)押物的权属、原有价值、评估价值、变现难易程度。

2. 融资租赁方案谈判

通过资料初审,确定项目可行的,项目经理应安排进行融资租赁方案谈判,确定初步融资租赁方案。鉴于融资租赁产品的融资与融物双重特性,承租人参与融资租赁方案谈判的人员至少应包括法定代表人（或实际控制人）、财务负责人、生产负责人。

融资租赁方案谈判本身是一个客户需求被满足的过程，也是一个客户需求被引导和创造的过程。项目经理在进行融资租赁方案谈判时，还应该牢记：基于融资租赁具有金融产品的属性，谈判的过程必须是销售和风险识别同步统一、互相渗透的过程。

在融资租赁方案的谈判过程中，项目经理应在思维上首先确认：必须脱离简单地对融资租赁产品的销售，应凸显对产品价值的销售，同时这种产品的价值必须能被客户切实地感受到，换言之，能感受到的价值才是有效的价值。在向客户揭示价值并令其实际感受到的过程中，要时刻关注两个层面的价值：一是对客户企业经营方面带来的价值，二是在客户内部决策链条上核心人员个人价值的实现。

在与客户进行谈判时，项目经理首先要取得客户的信任，并时刻让客户处于一种"安全感"中——没有隐瞒，没有欺骗，没有引诱。对于融资租赁产品的特点、适用范围、利率、费用都要如实告知客户——永远不要试图欺骗客户，要去寻找真正适合融资租赁产品的客户，而不是通过"包装"去把"美化"后的融资租赁产品推销给一个并不适用的客户。在整个谈判过程中，项目经理还要时刻站在客户角度看问题，关注客户的价值判断取向，以客户感受为中心，实现由销售产品到销售价值的飞跃。另外，项目经理还应该时刻从为客户创造价值的角度出发，"不是向客户卖东西，而是帮助客户买东西"，帮助客户实现对自身资源的有效利用，以及通过双方优势资源的互补，为客户创造价值，达成双赢的局面。此外，项目经理还应该建立一种同客户在业务层面的"伙伴关系"和个人层面的"朋友关系"，这才是真正有效的客户关系管理。

除销售工作外，项目经理还需要在谈判过程中完成风险识别工作。风险识别的内容大致包括：了解关键信息、了解经营信息、判断融资动机、设计融资租赁方案、价格谈判等。

在与承租人的谈判人员进行交流时，首先应该了解企业性质、成立年限与实际经营年限、资产规模、收入规模、设备保有量等关键信息。随后，项目经理需要进一步对整体经营信息进行探询，主要包括：主营业务及其构成、近2~3年资产与收入增加趋势、利润率、应收账款规模、固定资产及其构成、无形资产、银行借款等刚性负债、注册资本与实收资本、未分配利润、资本公积等。此外，还应重点了解企业发展的沿革过程、股东及股东背景情况、关联公司情况、隐性负债等内容。

此时，项目经理应该可以根据已掌握的信息对项目操作可行性做出进一步的判断，如果认为具备操作可行性，则应在此时展开需求引导。在客户表达确凿的融资需求意向后，项目经理还需要让客户就融资动机与资金用途作详细说明，并结合已知的客户经营信息判断融资动机是否合理。如果存在不合理的情况，需要现场让客户做出说明或回答。

在确认融资动机合理后，项目经理应该试探性地就项目的有关担保条件——担保人、抵押或质押条件等，即就融资租赁方案的初步设计与客户进行交流，提出自己的融资租赁方案建议，并听取客户的意见，预先发现后续项目操作过程中可能出现的障碍环节或者客户的主要为难之处，以争取充足的准备时间考虑突破或解决方案。

进一步地，项目经理应该与客户就价格问题进行谈判，不可以在与客户交流的早期，在对客户情况尚无全面了解的情况下，过早地进入价格谈判。但是，一旦进入价格谈判，就要尽快落实价格方案。在融资租赁方案谈判阶段不及时敲定方案，会导致后期的项目中止、不良客户体验、项目进度拖延、风险控制手段松动等不良后果。

此外，项目经理还应该从价格谈判过程中发现潜在的风险点：融资租赁方案的综合资金成本是否与客户的盈利能力相匹配？如果客户轻易接受高价格方案，背后是否隐含较高的信用风险，或者有未披露投资事项、隐性负债存在？是否存在融资租赁方案的租金偿付频度（月付、季付）与客户现金流不匹配导致的租金逾期可能？融资租赁方案的年限是否过长而导致对未来风险判断的准确性下降？融资租赁方案的年限过短是否会造成客户短期的流动性紧张？融资租赁方案的规模是否会促成客户投资或扩大投资的冲动，进而是否存在因提供客户资金反而增加客户经营风险的可能？

在融资租赁方案确定后，项目经理还要完成一些有助于后续项目推进的辅助工作，如操作程序与操作周期说明。项目经理应该向客户详细说明后续的融资租赁项目操作程序，并要突出说明客户在这些程序推进过程中需要配合实施的工作，包括资料的及时准备、指定专人与项目经理对接、现场尽职调查所需配合的人员及场地要求、保证人的配合、完成抵押质押所需准备的资料与注意事项等。在说明这些程序时，应该同时告知客户大概的操作时间，征询客户对操作周期的看法，防止后期客户因项目操作时间过长而不满，甚至中止项目推进的情况发生。这些辅助性的工作非常重要，它们可以有效保证项目操作的质量，同时对客户的期望进行前期的有效管理，直接关系到客户的满意度。客户满意度直接关系到项目经理未来的业务来源和市场空间。

3. 项目立项准备工作

以上工作完成后，项目经理应向部门负责人申请成立项目小组。项目小组至少应包括项目A角、项目B角、项目秘书。项目A角和项目B角负责收集项目信息、开展项目尽职调查、撰写项目尽职调查报告、进行项目报审、主导项目签约和放款、进行租后管理等工作；项目秘书负责项目日常的联络工作、文件初步处理工作、行程安排工作等。有条件的融资租赁公司，还应将职能部门的专业人员——如政策研究人员、法务人员、财务人员，也加入项目小组。这样做的好处：一是可以明确分工与职责，使项目推进效率更高；二是便于以项目为单位进行绩效考核，使绩效管理制度更加公正和高效。

项目小组应就已收集到的信息和资料，进行梳理和分析，撰写《融资租赁项目立项申请书》和《融资租赁项目建议书》，连同承租人申请资料一并提交给风控经理进行立项审查。

4. 立项审查

风控经理收到项目小组呈报的项目立项审查资料后，首先应认真阅读承租人申请资料，并结合《融资租赁项目立项申请书》和《融资租赁项目建议书》，做出初步的风险识别和可行性判断。

风控经理在审查融资租赁项目时,对风险的识别应该从项目、企业、人三个层面依次考量。看项目,主要通过目标企业的财务数据分析,并结合风险缓释措施的设定来判断风险。看企业,一是把目标企业放置在纵向的时间维度,去分析其历史沿革所体现的经营特点、方向和模式变化,去分析其管理风格和管理水平的演进与提升速度,由此来判断目标企业的经营质量和发展趋势;二是在横向的空间维度,去关注目标企业所处的经济环境、外部环境施加给目标企业的各种有利或不利因素,以及这些因素对目标企业未来经营状况所产生影响的深度与广度。看人,一方面要看目标企业实际控制人的气度胸襟、经营智慧、禀赋、价值观取向、人生目标及爱好等,另一方面要看目标企业的员工团队与管理层团队的综合素质、意志与凝聚力等。

看项目通常被称为从"财务因素"角度看风险,看企业和看人通常被称为从"非财务因素"角度看风险。风控经理经验越丰富,经营管理素养越深厚,就越有能力依靠对"非财务因素"的把握而进行精准的风险识别和判断,就越容易做到既尊重"财务因素"所表达的事实,又超越"财务因素"的局限,把目光投向目标企业的未来发展轨迹,从而将真正有价值却被低估的企业识别出来。风控经理的真正价值所在是,不错杀貌似"坏人"的"好人",这也是融资租赁公司真正核心竞争力的体现。否则,仅仅停留在看项目的层面,依靠足值抵押品或充分的担保条件让项目看起来"有抓手"的风控经理,会成为项目经理的包袱,增加其工作难度,降低融资租赁项目的运作效率。

风控经理经过立项审查,判断项目可行的,撰写《融资租赁项目立项审查意见表》和《融资租赁项目立项审查报告》,连同项目立项审查资料一起,提交评审委员会秘书,提请发起项目立项评审。

风控经理经过立项审查,认为项目存在不可控风险的,应与项目小组进行沟通,排除误会和澄清疑问之后,再次审查项目做出判断。判断项目可行的,参照以上立项评审流程操作。仍然判断项目不可行的,也要填《融资租赁项目立项审查意见表》和撰写《融资租赁项目立项审查报告》,明确否定意见和依据,与《融资租赁项目立项申请书》和《融资租赁项目建议书》共同组成项目审查档案,交由档案保管员归档保管。同时,风控经理应将《融资租赁项目立项审查意见表》的复印件与承租人申请资料一并交与项目小组,告知不予立项的原因,并明确项目至此中止。项目小组收到《融资租赁项目立项审查意见表》的复印件与承租人申请资料后,项目经理应依据立项审查意见给予承租人答复,向承租人做出解释说明,以期今后在合适的时机再次合作;项目秘书应将承租人申请资料复印,交由档案保管员归档保管,并将承租人申请资料原件退还承租人。

5. 立项评审

评审委员会秘书接到风控经理的项目立项评审申请后,应整理立项评审资料,发与所有评审委员进行审阅,留出合理的审阅时间,择机召开项目立项评审会。

项目立项评审会上,先由项目小组陈述项目情况和建议操作的理由,在此过程中评审委员可就项目本身的问题以及后续操作问题展开提问;项目小组退场后,由风控经理陈述审查情况和审查意见以及风险提示;风控经理退场后,评审委员可以进行集体讨论,但不能表达自己对项目的意见,每位评审委员需要独自在《融资租赁项目立项评审意见表》中明确表达评审意见:是否同意项目立项,是否对融资租赁方案有调整意见以及相应的依据和理由。

评审委员会秘书收集所有《融资租赁项目立项评审意见表》后,汇总整理《融资租赁项目立项评审意见汇总表》,经主任委员确认后,依据《融资租赁项目立项评审意见汇总表》出具《融资租赁项目立项批复意见单》。

评审委员会秘书应将《融资租赁项目立项批复意见单》复印件与承租人申请资料一起交与项目小组,由项目小组进行下一步工作;将《融资租赁项目立项审查意见表》《融资租赁项目立项审查报告》《融资租赁项目立项申请书》《融资租赁项目建议书》一起交与风控经理,由风控经理整理形成项目审查档案,交由档案保管员归档保管;将《融资租赁项目立项评审意见表》《融资租赁项目立项评审意见汇总表》和《融资租赁项目立项批复意见单》的原件整理形成项目评审档案,交由档案保管员归档保管。

项目小组在接到《融资租赁项目立项批复意见单》和承租人申请资料后,如果同意项目立项,项目经理即可联系承租人安排进行尽职调查;如果不同意项目立项,项目经理应依据批复意见给予承租人答复,向承租人做出解释说明,以期今后在合适的时机再次合作;项目秘书应将承租人申请资料复印,交由档案保管员归档保管,并将承租人申请资料原件退还承租人。

6. 确认融资租赁方案

项目经理依据《融资租赁项目立项批复意见单》中批复的融资租赁方案与承租人进行深入细致的沟通,确保承租人完整无误地了解融资租赁方案。

如果承租人认可方案,项目经理应通知项目秘书制作《融资租赁方案确认书》,申请加盖融资租赁公司业务合同专用章后,交与承租人确认,并取得承租人的确认回执,安排进行尽职调查工作。

如果承租人不认可方案,项目经理应与承租人再次进行谈判,达成一致后,就方案中的变更要素填写《融资租赁方案变更申请书》,提请变更融资租赁方案。经风控经理审查和评审委员会审批通过后,可以按照变更后的融资租赁方案执行,由项目秘书按照变更后的融资租赁方案制作《融资租赁方案确认书》,申请加盖融资租赁公司印章后,交与承租人确认,并取得承租人的确认回执,安排进行尽职调查工作;如果未能通过风控经理审查或者评审委员会审批,则视为不同意项目立项,项目秘书应将承租人申请资料复印,交由档案保管员归档保管,并将承租人申请资料原件退还承租人。《融资租赁方案变更申请书》原件,由评审委员会秘书交由档案保管员纳入评审档案归档保管。

第二节　尽职调查

尽职调查是指业务部门调查人员遵循勤勉尽责、诚实守信的原则，按照一定的标准和要求，对租赁项目所涉及的主要信息和资料进行调查核实，以确保其真实性和完整性，并进而对租赁项目的可行性做出客观评价的一种手段。尽职调查对于融资租赁业务的开展至关重要，也是项目开启的重要阶段。

尽职调查的本质是信息搜集和信息印证的过程。从信息搜集的渠道看，可以分为：现场尽职调查、公共信息搜集和第三方征信信息搜集。公共信息搜集（主要是网络上的公开信息搜集）针对行业、市场方面的分析会有所助益，但对于项目风险的评估来讲，信息的指向性、时效性都比较差。第三方征信信息中，最常用的是来自中国人民银行的企业法人征信报告和自然人个人征信报告，以及涉诉、执行等信息。对信息最全面、最有效搜集确认的方法，就是现场尽职调查，这是最具效率、准确性和时效性的信息搜集方法。

一、尽职调查的基本原则

1. 客观性原则

尽职调查要以调查取得的基础资料和信息的真实性为前提，如实反映被调查对象的客观实际情况。调查人员的个人判断应有充分理由或事实依据，并从正反两方面客观分析，必要时还可通过与项目无利害关系的第三方取得证明和确认。

2. 谨慎性原则

对企业提供的信息资料，包括审计报告，要持有合理怀疑的态度。不能过高估计或过于乐观地判断企业的未来前景，对异常情况要进行甄别，对没有确切依据的数据预测要保守估算。

3. 重要性原则

尽职调查应以真实性和完整性为重点，对可能影响项目判断的事项也要进行重点调查，并取得一定程度上可信赖的证据。

为提高工作效率，对于一般性的问题可采取抽检推断的方式；对二次合作项目、主要股东为大中型国有或上市公司的项目，建议可以适当简化调查内容。

二、尽职调查方式

可采取项目组调查和聘请外部专家或委托专业机构开展特定尽职调查工作，调查可采取现场或现场与非现场相结合的方式进行。对企业调查和企业资料的验证应以现场调查为主,间接调查为辅。

聘请外部专家或委托专业机构,由租赁公司相关主管部门牵头组织,可分别建立法律事务所、资产评估事务所、会计师事务所、行业专家等专业库,为业务人员开展尽职调查提供技术援助。

三、尽职调查前期准备

项目组开展尽职调查前首先应认真研究、分析企业提供的基础资料,查询公共媒介,了解行业及同类企业状况。在此基础上,确定工作计划,列出调查提纲。

四、尽职调查资料保管

项目组应根据租赁项目档案目录的内容规定收集企业基本资料,并建立项目档案。对尽职调查工作中的各种底稿和其他非档案资料应由相关职能部门集中保管。

五、尽职调查要点

(一) 承租人基本情况调查

1. 企业主体资格、控股股东及实际控制人情况

(1) 查阅企业设立、变更等相关环节的政府批准文件(如有)、营业执照、工商登记表、工商注册登记查询资料、工商变更登记查询资料(如有)、法人代码证、验资证明、法人代表及企业高管介绍等法律性文件和资料。调查人员应到工商行政管理部门核实资料是否一致。面谈企业法定代表人,重点关注企业法定代表人变动频繁的情形。

(2) 取得工商行政管理部门备案的《公司章程》及主要股东、董事和法定代表人的签字样本。了解企业名义股东与实际控制人是否一致;关注实际控制人为自然人的对外出具的个人无限连带责任担保情况,关注与实际控制人有关联的负债情况。实际控制人为自然人的,应通过个人征信系统查询相关信息。

2. 征信调查

通过查询中国人民银行征信系统、工商行政管理部门的企业信用信息系统等公共诚信查询系统了解企业的信用记录;尽可能通过社会公共媒介、相关政府机构、主要贷款机构、行业协会、企业商会等机构,进一步了解企业资质、信用评级状况。

3. 关联关系

(1) 调查人员应了解与企业和其实际控制人有股权、资金、直系亲属、控制管理和

上下游产业链关系等的关联法人或自然人关系情况,确认公司的关联方及与关联方关系。

(2) 调查企业的关联交易状况,包括相互借贷、互保、投资、大宗交易和其他服务事项,了解是否存在影响正常经营或效益实现的不公允交易行为,是否存在虚增或抽逃注册资本、大股东占压资金、不合理的利益输送或资金转移情况。

(3) 对于正常的上下游产业链中的购销商品、提供劳务等经常性关联交易,要关注其异常增减变化的原因及是否仍将持续进行。

4. 企业重大事项调查

(1) 企业新建或改造项目总投资超过原有总资产的30%以上或股权投资超过净资产的20%以上,其投资成败可能对企业产生重大影响,因此对于这类重大投资应重点关注,了解项目建设进度、资金来源及其落实情况,了解进行股权投资的背景、收益等情况。

(2) 了解企业或主要股东或关联企业是否涉及重大诉讼和纠纷事件;了解企业是否存在工商、环保、税务等国家执法机构的行政或经济处罚,是否存在有损企业社会形象或其他负面消息和新闻。分析相关诉讼、仲裁及行政处罚事项对企业经营、财务状况、声誉、未来前景等可能产生的影响。

(二) 承租人财务状况调查

(1) 对下列重要或异常的财务事项应进行重点调查(表4-3)。

表4-3 重点调查的事项

1	主营业务收入变动异常
2	应收账款数额变动异常,一年期以上账龄增长较快
3	商品市场价格波动异常,库存产成品增加较快
4	主营产品销售毛利、净利水平或变化与行业水平差异较大
5	资产负债率水平与同行业比较差异较大,近两年变化过快
6	短期负债比例变动异常
7	所有者权益变动异常
8	大股东占压资金
9	会计政策和会计估计发生改变
10	报表合并范围发生异常变化
11	年报审计机构更换频繁
12	审计报告为非标准无保留意见
13	对外担保及资产抵押事项
14	其他与企业经济利益关系较大的事项

(2) 现金流量分析:综合考虑企业的行业特点、规模特征、销售模式等,结合资产负债表和损益表相关数据钩稽关系[①],对企业经营活动、投资活动和筹资活动产生的现金流量进行全面分析。结合企业前三年的现金流量状况和新建、改扩建租赁项目投入生产后的预计,测算未来租赁期内现金流量情况。

(3) 通过企业盈利能力、偿债能力、运营能力比率分析,与同行业指标比较,综合分析企业的财务风险和经营风险,判断企业财务状况是否良好,是否具备偿债能力。

(三) 行业调查

根据企业的主营业务及其主要产品情况,确认企业所属行业及细分行业。通过收集并查阅行业统计资料和研究报告,调查企业所处行业现状与发展前景、竞争态势,了解企业在所属行业中的地位和排名情况。

1. 租赁资金需求及用途调查

企业租赁资金应明确用途及方向,可用于补充流动资料,亦可用于项目建设的,结合企业申请租赁资金的有关材料,分析租赁资金的真实需求量及用途。

2. 租赁物件调查(表 4-4)

表 4-4 租赁物件调查

1	租赁物件类别,租赁物件名称及数量,是否为生产核心设备;租赁物件形成方式(购建、自建、投资等)、形成时间、投产时间、经济使用年限、折旧年限、原值、净值、存放地点等
2	租赁物件产权是否清晰,是否已被抵(质)押,是否存在瑕疵,是否存在被查封、海关监管等受限情形,查阅相关发票,取得产权证明复印件;承租企业向出租方转让产权和未来出租人向承租人或者第三方转让产权中是否存在问题和需要注意的事项
3	租赁物件价值的认定标准、依据,如评估基准日、评估价格、评估机构;租赁物件技术先进性、通用性及在未来租赁期内的保值状况等
4	租赁物件是否已投保,保险险种、期限、金额、保险公司,未投保的原因,拟投保的险种、期限、金额、保险公司
5	收集照片、影像资料,照片须有企业全景、大门、租赁物件所在厂区,以及所属生产线、租赁物件等

---

① 钩稽关系,是财务会计中的一个重要概念,它涉及会计报表和报表项目之间的内在逻辑对应关系。

3. 担保措施调查(表 4-5)

表 4-5　担保措施调查

法人担保	企业法人主体资格、注册资本、经营范围、行业属性及其(细分)行业地位等企业基本情况,是否为《中华人民共和国担保法》明令禁止担保的主体。企业资信评级、重大事项、与承租人的关联关系、对外担保情况。结合资产负债率、流动比率、速动比率、营业利润率等财务比率指标,分析资产负债、损益及现金流状况,判断其担保能力
自然人担保	担保人应具有完全民事行为能力。查询个人和配偶的身份证,查询个人征信系统,并与担保人出具的个人财产清单进行核对。取得个人房产证、行驶证、土地证及购买合同复印件,查阅相关发票,调查其购买时间及总价,已付金额;取得个人持有的股权、股票及其他有价证券的相关资产证明以及对外出具的担保函证,合理估算持有股权资产价值,对外担保风险程度,分析个人担保能力及上述资产可变现性、可变现价值
抵(质)押担保	抵(质)押物是否可以办理抵(质)押登记手续;取得抵(质)押物的权属证明材料,判断抵(质)押人是否对抵(质)押物享有处分权;属于非第一抵(质)押权人时,是否超出抵(质)押物合理价值;通过实地考察、咨询专家,取得评估报告(如有)等方法,调查抵(质)押物所处地点、形成或持有时间、使用和尚可使用年限及现状;结合市场或交易平台交易状况,合理判断其价值,综合分析实现抵押权、质押权的可行性

第三节　项目评审、"两合同"的签订与履行

在租赁实施阶段,主要包括项目评审、"两合同"的洽谈与签订、买卖合同的履行等环节。

一、项目评审

融资租赁项目需要按照融资租赁公司的规定走完相关流程,尽职调查之后即可进入项目评审。项目评审包括送审、审议等相关环节。一个良好的融资租赁公司需要强有力的内部风控和内审制度支撑,因此内控制度和流程显得十分必要。

(一) 送审

1. 项目评审资料报送

项目主办业务员应报送评审资料发送项目主审员。材料包括:
(1) 项目立项报告;
(2) 项目尽职调查报告;

(3) 项目基础审查材料。

2. 项目评审资料补充

项目资料经风险或评审部门审查后,可能存在补充提供的情况,这种补充情况可能在项目审查过程中也会出现,因此需要风险评审部门及时审查资料,并对业务主管部门及时反馈,让其更快与承租人客户沟通,按照公司要求提供合格的资料,以便完成风险评审工作。

(二) 外部独立专家委员

租赁项目由于涉及很多专业行业,需要聘请外部独立专家委员(以下简称"外专委")就专业问题发表意见,因此融资租赁公司有必要建立外部独立委员专家库。

1. 外专委构成

外专委以国内外会计师、评估师、税务师、律师及行业专家为主,可以建立定期更新机制,如果涉及跨境租赁,建议增加境外专家数量。外专委委员们应具有过硬的专业能力,良好的声誉,无不良执业记录;对所在行业的经济发展、规划布局等有深入研究,具有较高的综合分析判断和决策能力;对所属行业技术、市场、项目可行性等方面有深入研究。

2. 外专委意见

会计师、评估师、税务师、律师和行业专家分别负责对租赁项目评审报告相关的财务风险、评估问题、税务风险、法律问题及行业风险进行独立审议,提出风险判断意见及对租赁项目的决策建议,以及相关的风险防范建议。

(三) 审议

1. 风险控制委员会

一般融资租赁公司会设立风险控制委员会(以下简称"风控会"),它是独立的内部审议决策业务事项的专门机构,负责对公司业务事项进行审议决策。风控会通过召开会议和会签审批的方式行使职权,风控会应坚持集体审议、明确发表意见、多数同意通过和关联委员回避的工作原则。风控会可设立常任委员和非常任委员,根据业务审查的需要,亦可聘请专家出任委员。

2. 审议项目

(1) 风控会召开。

风控会由风险审查部负责召集,会议可以分为固定会议和临时会议。固定会议应固定在每周或每两周日期召开,如遇特殊情况,亦可临时组织召开。

风控会审议同意事项可设定一定委员通过比例,如须经出席会议委员的二分之一或三分之二(含)以上同意方可获得通过。

(2) 审议结果。

① 风险审查部在收到业务部门提交的资料后,应尽快安排上会,并在召开会议前

将会议审议材料发送给所有审议委员。相关部门（如法律部、合规部、财务部、资金部）应在收到业务部门项目评审材料后尽快出具审查意见并提交风险审查部。

② 会议重要议程就是对项目表决，一般情况表决意见可分为："同意""有条件同意""复议"和"谢绝"。表决意见为"有条件同意""复议"或"谢绝"的，必须清晰明确地写明所附条件、复议或谢绝的理由。风险管理部根据会议记录和委员表决意见，形成审批通知书，由主持当次会议的主任委员签字，报公司领导核准。

a. 风控会议定"同意"的事项，承办部门可在审批通知书下发后，正式操作执行。

b. 风控会议定"复议"的事项，由承办部门完成复议报告后申请复议，如复议审议结果仍无法达到"同意"或"有条件同意"，建议作谢绝处理。

c. 风控会议定"谢绝"的事项，在审批通知书签发之日起12个月内，原则上不得重新提交审议。

二、"两合同"的洽谈与签订、买卖合同的履行

（一）"两合同"的关系

所谓"两合同"，指的是融资租赁交易中的买卖合同和租赁合同。在融资租赁中，买卖合同与租赁合同是密切相关且不可分割的。二者的关系主要体现在以下3个方面。

1. 租赁合同与买卖合同的标的是同一设备

如上所述，在融资租赁业务中，租赁设备的购买有两种方式，一种是由承租人委托出租人购买；另一种是由承租人购买后转让给出租人。不论以何种方式，租赁合同中的租赁设备就是买卖合同中的同一设备，买卖合同中所规定的条件，除支付货款的责任由出租人承担外，其他条件，如设备的交货、验收、索赔等都由承租人负责或由出租人将上述各项权利委托承租人办理，并在买卖合同中注明。

2. 两合同签订的顺序

如果买卖合同由承租人签订，则买卖合同签订在先，因此，在随后签订的融资租赁合同中，就应说明"本合同是根据转让的或回租的买卖合同第××号将该合同的设备出租给承租人使用"。如果租赁设备是由承租人委托出租人订购的，则租赁合同签订在先。由于此时设备的货价尚未确定，在签订融资租赁合同时，实际业务中通常是采用概算租赁成本的方法来确定租金，待实际成本确定后再进行租金调整。

3. 两个合同的制约关系

融资租赁合同一经成立，出租人与供货人之间订立的买卖合同，非经承租人同意，出租人不能变更买卖合同的任何条款以保障承租人的利益。同样，买卖合同一经成立，承租人对租赁设备的规格、质量、数量和金额等要求，非经出租人同意不得变更，以保障出租人的利益。

(二) 买卖合同的洽谈、签订与履行

1. 确定买卖合同谈判的主体

按照买卖合同谈判的一般原理,买卖合同谈判的主体肯定是货物的买方和卖方。买卖双方就货物的规格、品质、价格、交货及售后服务等方面进行洽谈,在双方就相关内容达成一致之后签订买卖合同。融资租赁交易项下的买卖合同,货物的卖方肯定是租赁设备的供货方,具体来说可以是设备的制造商或经销商。而货物的买方,从付款人的角度来看,肯定是出租人。因为出租人若不支付货款,也就不可能取得租赁设备的所有权,也就无从谈起设备的出租。但是,若从合同谈判的角度看,在租赁市场的实践中,却存在着两种选择,在不同选择的背后,实际上隐含着贸易交易中风险与利益的分配问题。

第一种选择是,由承租人作为拟租赁设备的买方与供货商进行买卖合同的谈判,在合同签订之后,承租人再与出租人签订买卖合同的转让合同。在买卖合同的转让合同中,承租人只转让一项关于设备的权利,即租赁设备的所有权;一项关于租赁设备的义务,即买卖合同的付款义务。大多数国家的租赁市场都普遍采用这种方法。原因是:首先,出租人的主营业务是租赁融资,因此对于贸易谈判这种不属于租赁融资范畴的业务,出租人出于自身不专业的原因而不愿参与。其次,出租人想规避设备瑕疵的风险。由于融资租赁设备是由供货商直接提供给承租人的,而供货商在提供设备的过程中很可能出现与合同不符的现象,这会给承租人对租赁设备的正常使用带来不利影响。于是,当这种问题出现时,尤其是当一国关于融资租赁的法律尚不健全时,承租人常常以设备为出租人购买为由而要求延付或拒付租金。为了保障其租赁债权的安全性,出租人常以这种方式来规避这种风险。但是,对于出租人而言,这种处理方式也会产生两种不利的后果:一是由于出租人不参与同供货商的贸易谈判,这样会使得出租人缺乏对供货商的了解,从而可能造成承租人与供货商的联手欺诈,这是主要的问题;二是出租人失去了代理承租人进行贸易谈判的佣金收入和供货商提供的回扣收入。

第二种选择是,由出租人与承租人共同作为买方与供货商进行买卖合同的谈判。在这种方式下,考虑到融资租赁交易权利和义务划分的基础,为了避免涉嫌干预承租人对租赁设备和供货商的选择,出租人与承租人通常有较为明确的分工,即由出租人负责买卖合同的商务谈判,而由承租人负责买卖合同的技术谈判。由于设备的选择主要涉及技术问题,因此,出租人通过不参与技术谈判来避免对承租人权利干预的嫌疑。在买卖合同的签字环节,通常的做法应该是承租人与出租人共同作为买方在合同上签字。这种方式最主要的好处是,出租人可以通过商务谈判来比较有效地判断供货商的资质状况,从而可以尽量避免出现承租人与供货商联手欺诈出租人的行为。可以说,这是出租人参与买卖合同谈判的最主要的原因。除此之外,出租人参与买卖合同的谈判,还可帮助承租人解决商务资格和商务能力上的困难,通过向承租人收取

佣金和获得供货商的回扣而增加收益。而这种方式对出租人最大的风险就是,出租人有承担设备责任的风险。在承租人违约时,出租人应有的权利有可能得不到法律的充分保护。为避免出现这种现象,进行买卖合同谈判之前,出租人通常都要求承租人出具一项委托书。

2. 买卖合同谈判时应注意的事项

无论是由出租人还是由承租人,作为融资租赁交易项下买卖合同的谈判主体,在进行买卖合同谈判时应注意的事项包括商务和技术两个方面。

(1) 商务谈判的重点和注意事项。由于融资租赁交易项下的买卖合同与一般买卖合同没有本质上的区别,所以,这里只对谈判中与租赁交易直接相关的一些内容予以分析。具体包括以下内容:

首先是签约对象的选择。尽管租赁设备及其相应的供货商是由承租人自主选择的,而且根据融资租赁交易的法律属性,出租人也绝对不能干预承租人对供货商的选择,但是从租赁市场的实践来看,出租人的不干预并不等于对承租人的放任自流。为了降低供货商违约的概率,防止出现承租人与供货商联手欺诈等风险,在正式签约前,出租人还是可通过请求供货商提供开户银行出具的资格证明等途径来充分调查并掌握签约对象的资信程度。最好通过与设备制造商直接签约来防止中间商将来迟延交货、对质量保证进行推诿等风险。这些风险的积极管理,不仅对承租人有利,对保障出租人的债权安全也是很重要的。

其次是谈判方法。价格高低永远是商务谈判的重心。在平等互利的原则下,无论是出租人还是承租人都应把以合理价格成交作为商务谈判的主要努力目标。为此,必须要广泛收集价格资料、研究对方报价、比较各家厂商的报价,以及经过竞争和讨价还价进而压价成交。

最后,付款方式的选择。买卖合同下的付款方式是指出租人与供货商之间通过怎样的结算方式来完成货款的支付。从常用的银行结算方式看,出租人常用的方式主要有 L/C、现金或现汇一次性汇款支付、分期付款和承兑汇票等。尽管每一种方式都能达到实现付款的目的,但不同方式下支付金额和支付早晚的不同,对出租人的影响也是不同的。如果出租人能够争取到最小比例的预付定金、较大比例的预留贷款和拖延付款时间,则出租人可占用供货商资金的时间就越长。这样做相当于增加了出租人的一条资金来源渠道,从而扩大了出租人的资金来源。并且,如果出租人可以不计利息地占用这一资金,则有利于降低出租人的综合融资成本。如果发生交货拖延、质量不好、规格不符等问题,还可使出租人处于有利地位,从而降低供货商违约的风险。

(2) 技术洽谈的重点和需要注意的内容。首先,技术交流与租赁设备的选择。技术交流是承租企业选定设备的基础。通过与预选的几家供货商进行多次详细的技术交流,拟定适合承租企业实际需要的设备清单。一般来讲,租赁物件的选择包括两个方面:一是生产厂家的选择,要选择那些能生产符合我国国情的、合乎承租企业使用的生产线或单机设备的厂家;二是在一条生产线中,承租企业需要哪些单机、不需要哪些单机的选择。一般来讲,对于一些技术改造项目,常常不是整条生产线投资,许多时候只需要购买一部分关键设备,将其与用户现有的设备配套即可。从租赁设备的技术水平与租赁交易的关系角度讲,在许多情况下,承租企业租赁项目的现金流是其支付租金的保障。因此,好的项目、合适的技术,既是承租企业投资与发展的基础保障,又是出租人安全收回租赁债权的基础。

其次,技术服务的范围及受益人的确定。由于融资租赁交易的主要对象是机械设备等,而机械设备的制造商为其用户提供技术服务,早已是机械设备贸易的惯例之一。制造商或供货商应该提供的技术服务通常包括设备安装、试车指导、对用户技术人员和操作人员的技术指导和培训,以及提供必要的技术资料等方面。因此,在融资租赁交易下的买卖合同谈判,无论是由出租人还是承租企业作为谈判主体,有关租赁设备技术服务的内容都是不可忽视的。此外,由于只有承租企业才是租赁设备的用户,因此,在交易谈判时,特别是由出租人作为谈判主体时,应明确承租企业是租赁设备技术服务的受益人。

3. 买卖合同的履行

(1) 融资租赁交易项下买卖合同履行的特殊性。融资租赁交易项下买卖合同的履行,是租赁设备的供货商交付货物、出租人支付货款和承租人接收并验收货物的过程。由此看出,融资租赁项下买卖合同的履行与一般买卖合同的履行的主要区别在于,买卖合同中买方权利与义务在出租人与承租人之间的分割。其中一个最关键的分割是付款人与收货人相分割。由此而可能产生的风险是,因出租人是付款人而成为租赁设备的所有权人,而作为出租人在拥有租赁物的所有权的同时,还将有关租赁物所有权的一些义务转移给了承租人去办理。而当承租人不履行这些义务时,直接受害的却常常是出租人,而非承租人自身,从而诱导了承租人履行这些义务的惰性。或者,作为买方本应拥有的权利,却由于出租人与承租人的衔接不当而丧失。于是,管理租赁物交付过程中所有权人的风险,就成为融资租赁交易项下履行买卖合同主要的特殊之处。

(2) 主要的风险管理措施。

第一,关于租赁物交付过程中税收风险的管理。无论是从发达国家租赁市场,还是从我国租赁市场的实践来看,融资租赁项下货物交付过程中作为所有权人所应承担的义务,主要是对国家的流转税的纳税义务。以我国税收制度为例,在租赁物交付过程中所涉及的流转税税种,主要有进口环节的关税和进口与国内贸易都涉及的增值税、消费税。通常,出租人采用的方法是在合同中列明,由承租人在收货的过程中负责办理相关纳税事宜,这种方法是恰当的。不过,出租人还应注意的是,除了在合同中约定由承租人办理外,还要加强对承租人是否在相关税法所规定的期限内实际办理纳税的监督,否则,任何承租人的疏忽与故意逃避责任,都会给出租人关于租赁物的所有权的安全带来风险。

第二,关于租赁物索赔风险的管理。承租人在收到物件并进行验收时,应该仔细核对供货方所交物件是否为所定物件,并进行认真的运转试验以检验该租赁物品的性能是否符合要求。当承租人在复验、清点后在租赁设备保修期内发现租赁设备的问题时,应立即书面通知出租人,并附上商检及其他索赔需要的文件或证明。出租人则同时准备好租赁物的原始发票,由出租人亲自或交由承租人办理向供货商索赔或请求保险公司理赔的事宜。

第四节　租赁履约及期满时租赁资产的处置

一、租赁履约

(一) 起租日

起租日是指租赁合同的生效日。在租赁物的供货商交付租赁物后,作为最终用户的承租人要对收到的租赁物进行验收。一旦验收完毕并无异议时,承租人要对出租人签发有关验收合格的证明。发达国家的租赁市场上通常以此作为起租的依据与标志。在我国过去的租赁实践中,由于进口租赁所占比重较大,可作为起租的标志较多。而就国内融资租赁而言,起租的标志会简单一些。出租人在收到承租人提交的验收合格证明后,根据其为取得并向承租人交付的租赁物件所发生的全部实际支出,对融资租赁合同中原估算的设备购置成本进行调整;并对在此基础上计算出的租金做相应变更。出租人将上述租金变更连同成本计算通知承租人,租赁交易正式起租。

(二) 租后管理

租后管理工作对融资租赁公司来说至关重要,租赁项目一般都是中长期项目,因此对项目和客户的及时把握显得十分重要,良好的租后管理可以有效预警风险,保证租赁资产质量,保障租赁资产安全。租赁项目投产后,在整个租赁期内,出租人的管理部门和财务部门,都要积极、主动、及时加强对承租人经营状况、资信状况以及租赁物的监督与管理。要及早发现承租人在生产过程中出现的、任何不利于租赁债权安全的、经营状况的变化或财务状况的恶化等情况,并及时采取恰当的措施来保证租赁债权的安全。同时,出租人还应定期去承租企业检查出租设备是否完好无损,使用是否正常,承租人是否有越权处置租赁物的现象等,以维护自己的所有权利益。

项目经理进行租后检查,对项目运行情况,包括交易对手、担保方的经营管理状况、财务状况、项目进展情况等进行适时跟踪管理,并将所获取的资料提交风险管理部,分析对项目正常履约的影响程度。

资产管理部负责对租赁物的使用情况进行跟踪监管,定期对租赁物开展资产检查,根据市场情况及时评估资产价值,并对可能发生的风险事件及时预警。

资金计划部对涉及资金的监管项目进行跟踪监管,负责根据相关合同约定按时偿还项目贷款,及时催收租金,并按照账户监管协议监管客户资金使用情况。

财务部负责项目财务和税收处理,及时监督和反馈财务处理、税收缴纳及税收返还等方面存在的风险。

风险管理部负责对项目执行过程期间的各关键环节、履约事项以及风险控制措施落实情况进行监督管理,包括以下工作内容:

第一,根据拟订的项目过程管理方案,在项目运行过程中采取包括现场检查、询证、分析性复核等多种方式对项目进行监控,并根据项目具体的执行内容、风险点及风险防范措施,确定项目过程管理的要点及监管方式,建立项目执行过程动态监督台账。

第二,督促各部门按时提交项目风险管理报告,并对报告的完善性与准确性进行检查,对不符合要求的提出补充、调整意见;汇总各部门报送的项目执行过程风险管理报告及本部门项目过程管理情况,每季度末编制完成季度《项目执行与监督报告》,报公司有关领导,并抄报相关部门。

第三,对于项目执行过程中发现与《项目执行计划书》中监控的事项发生偏离或变更,但不至于形成履约风险的事项,风险管理部应研究确定解决方案,上报公司领导决策。

第四,对项目执行过程中发现的风险事项,风险管理部应及时组织风险事件处理小组,制订风险处置方案,并报公司决策层审批。报告一般采取书面形式,说明问题产生的原因,并提出相应的处理措施与风险控制方案。紧急事项可先以口头沟通的方式汇报,并于规定工作日内补充提交书面报告。

(三) 收取租金

出租人应于每期租金支付日前两周书面通知承租人及担保人(如果存在时)到期应付的租金金额,以便承租人做好付款准备。承租人应在租金支付日前五天以电汇方式汇出相应的金额。如果是每期先付,第一次租金应按概算支付,待出租人决算后,再多退少补。租赁机构的管理人员或财务人员应确认已经收到的承租人汇来的每期租金,并向承租人提交相关的收据或发票。租赁机构的财务人员还要在本公司的会计核算中确认每期的收入与费用。如果还涉及交易或租赁资产的财产税的缴纳问题,根据相应税法的规定,由租赁机构的财务人员直接缴纳,或敦促承租人及时、足额地将应纳税款汇给相应的税收征管机构。如果出现承租人迟付租金现象,租赁公司的管理人员或财务人员就要主动向承租人了解情况,催缴租金或与承租人商定租金偿还方案。如果出现违约或拒付租金的情况,租赁公司的法律人员就要与财务部门一起,采取适当或必要的措施,以保障租赁债权的安全。

二、租赁期届满时租赁资产所有权的处置

租赁期届满,租赁交易正常到期后,租赁交易当事人还应进行的一个步骤是,根据承租人在签订租赁合同时的选择,对期末租赁资产所有权做出相应的处置。当合同约定自动转移租赁物的所有权时,只要承租人付清全部应交租金和其他款项,出租人就应主动向承租人签发租赁资产物权转移证书;当合同约定承租人拥有廉价购买选择权时,那么,只要承租人付清全部应交租金和其他款项,并再向出租人以象征性价格支付一笔极小金额的款项后,出租人就应向承租人出具一份租赁资产物权转移证书,自该证书签字之日起,原租赁设备的所有权就转移至承租人。在我国过去的融资租赁实践中,由于我国融资租赁以全额清偿的简单融资租赁形式为主,所以期末租赁资产所有权的处置多采用这一形式。

但是,从发达国家租赁市场的实践看,由于经营性租赁交易或者税务租赁交易所占比重较大,根据租赁会计准则的规定或税法的规定,租期结束时,承租人不能拥有廉价购买选择权,则承租人只能选择续租或以公平市价来留购租赁资产。在这种租赁安排下,承租人应该在租期届满前的一定时间,如提前两个月,通知出租人承租人的决定是什么。如果承租人选择以公平市价购买,则出租人需要到该设备的二手货市场寻找必要的价格信息;如果承租人选择退租,则出租人的资产管理部门就需要为租赁资产的再处置早做准备,包括出售或寻找新的承租人等。一旦合同到期后承租人选择留购,则应按出租人所提供的公平市价的金额向出租人支付相应的款项,出租人随后向承租人出具一份租赁资产物权转移证书。如果承租人选择退租,则出租人取回租赁资产后,本次交易自然结束。出租人再处置租赁资产的行为,就与该承租人无关了。

除了留购和退租两种方法外,承租人还可有续租的选择权。在承租人选择续租时,承租人应至少于租期结束前一个月将其续租要求书面通知出租人。此时,问题的关键是计算续租期租金的价格基数,究竟是以象征性的价格还是以公平市价为准。其决定的思路与上述如何留购的思路是完全相同的。续租期可长可短,续租期满,承租人可退回租赁物件,出租人也可声明放弃续租期满的租赁物的残值及所有权。

案例 4-1

信托式融资租赁运作的基本流程[①]

承租方(电力企业)结合供货商产品持有情况,选出、确认拟编采购的电力设备及配套技术,在意向明确后向信托公司(银行、银行系融资租赁公司)提出融资、融物需求,当彼此实现统一后便进入到三方《购买合同》流程。信托公司结合国家相关部门做出的指示要求,加大科技进步及创新的推进力度,建立健全以企业为主体、经济市场为导向、产学研相整合的电力资源开发技术革新体系,主动扶持与引导电力企业研发、引进与运用

---

① 房括城.信托与融资租赁在电力行业融资中的综合应用[J],上海商业,2022(2):82-83.

高端技术设备,全面增强处理资金紧缺问题的技术支撑能力。对于遥感、高科技探测、卫星定位技术等,因为其配套设施进价很高,所以适合采用融资租赁的形式引进,也是因该类科技成本因素的制约,信托公司在和电力企业签署《租赁合同》时,应主动提供融资租赁、还款担保服务。

以电力行业融资中信托与融资租赁模式的应用为例。电力系统是一个地区发展的关键基础设施,其有规模庞大、运行复杂等特征,影响着本区域的环境、资源、用水及运输等方面的发展,故而任何一个项目建设时需要进行严格、系统的论证分析。一个电源项目需要经历初期筹划、基础建设、生产运营等诸多时段,历时可能达到十多年,投入资金额度也是巨大的。以两台 60 万千瓦的火电机组作为实例,统计其静态投资 43.30 亿元左右。

甲公司规划建造一个两台 60 万千瓦的火电机组,已历经了初期论证阶段,可研性及环评报告已获得政府主管部门的批准,项目前期投入费用 3 000 万元,甲公司的股东资本全投入是主要的融资来源。当下正在实施开工决策过程,项目将要整体开工建造。已知本项目自身具备良好的融资条件,在筹集项目建设资金方面,甲公司规划应用信托与融资租赁的方式,预测所需建造资金达到 43 亿元,建筑工程费、安装费分别为 9.01 亿元、7.99 亿元,设备购置费 19.97 亿元,其他费用 6.03 亿元。

甲公司针对拟建的火电机组项目融资探寻意向合作方,乙信托公司结合项目实际融资需求及甲公司实况展开了协商谈判,且提议和对火电设备了解较全面的丙融资租赁公司加强合作,洽谈后以上三方达成统一,乙公司把火电项目建造设定为标的,持续对外发放数个信托计划筹集资金,甲、丙公司投标选择出设备供应商丁公司,并签署了《设备购买合同》,约定甲公司监管、制造设备,丁公司把设备交付给甲公司。乙公司筹集一笔金额达 10 亿元的资金,6 亿元支付给丙公司,丙公司再支付给丁公司,将其用作设备预付款与备料款,其他 4 亿元则支付给甲公司,主要利用其支付建筑工程费、其他使用费。结合电力项目现场施工进度及甲公司在资金方面提出的需求,乙公司筹集的第二批资金 18 亿元如期到位,支付给丙公司的有 10 亿元,用在支付设备制造款方面,丁公司如期交付设备,严格依照设计图纸安装;其他 8 亿元均用于支付工程建设费、设备安装费及其他费用。

乙公司所筹的第三批资金到位后,支付给丙公司的资金达到了 3.99 亿元,丙公司结合甲公司做出的提议,把以上资金支付给丁公司,丁公司设备款整体交付结束后,为丙公司开具了增值税专用发票,丙公司随后再为甲公司开具发票。为甲公司支付项目建设资金,甲公司统筹使用。项目竣工,经 170 小时试运行转进商业运转模式后,项目进到了经营期。甲公司按照合同约定,以分期的形式将除电力设备部分资金之外的本金和利益支付给乙公司,按季度把租赁费支付给丙公司。丙公司再采用所得公司开具增值税专用发票;其中资金支付给乙公司,由乙公司统筹使用于项目建设方面。项目建设完毕,通过 168 小时试运行转入商业运行后,项目步入经营期,甲公司按照约定分租赁费支付乙公司的本金与利息。

【案例分析】

本案例以电力行业为例,介绍了信托式融资租赁运作的基本业务流程。案例采用信托与融资租赁相结合的融资办法,协助承租方甲公司顺利得到了项目融资,也争取到前期选定的电力设备,采用分期支付本金及利息的方法获得了两台火电机组的使用权,创造了理想的企业经营收益;乙公司借用合法合规项目发起了信托计划,帮助委托人获取合理收益,自己也得到一定薪酬,并且选择了丙公司,应用其在熟悉电力设备方面占据的优势分解了部分风险,并且还明文要求甲公司提供电费权质押方式,以进一步减少项目风险。总体上,本例中的融资租赁运作取得了良好的效果。

思考题

1. 融资租赁业务的基本流程有哪几个阶段?
2. 融资租赁项目的立项包括哪些流程?
3. 尽职调查的基本原则是什么?调查要点有哪些?
4. 融资租赁的"两合同"指什么?两合同之间是什么关系?
5. 买卖合同谈判时应注意的事项有哪些?
6. 租后管理的主要内容有哪些方面?
7. 租赁期届满时,租赁资产所有权的处置方式有哪几种?

第五章 融资租赁合同

在当前的经济格局中,融资租赁合同发挥着日益重要的作用,成为企业资产管理和财务策略的关键工具之一。它不仅为企业获取高价值资产提供了灵活的金融解决方案,还通过分散风险、优化税收等多种途径,助力企业实现财务和战略目标。本章将深入分析融资租赁合同,揭示其在现代商业中的法律基础及实务应用,以帮助读者充分理解和把握融资租赁这一复杂但极为有效的金融工具。

第一节 融资租赁合同概述

一、融资租赁合同的概念及特征

(一) 融资租赁合同的概念

融资租赁合同是指出租人以购买财产、设备或资产的方式向承租人提供使用权,承租人则按约定向出租人支付租金的协议。我国《民法典》对融资租赁合同的定义也有明确规定:"融资租赁合同是出租人根据承租人对出卖人、租赁物的选择,向出卖人购买租赁物,提供给承租人使用,承租人支付租金的合同。"融资租赁集借贷、租赁、买卖于一体,是将融资与融物结合在一起的交易方式。融资租赁合同是由出卖人与买受人(租赁合同的出租人)之间的买卖合同和出租人与承租人之间的租赁合同构成的,但其法律效力又不是买卖和租赁两个合同效力的简单叠加。

(二) 融资租赁合同的特征

1. 融资租赁合同的主体范围广泛

传统的租赁涉及出租方和承租方之间的交易,而融资租赁涉及出租方、承租方和供货方三方之间的交易。出租方根据承租方的需求和选择,与供货方签订买卖合同并支付货款,再与承租方签订租赁合同,由供货方直接向承租方提供所租赁的物品。在租赁期间,承租方按照租赁合同的规定分期向出租方支付租金。

2. 融资租赁合同由买卖合同和租赁合同构成

买卖合同和租赁合同在标的物上和签订目的上保持一致,二者紧密相连。买卖合同的签订是租赁合同订立的前提和条件,因为买卖合同首先对作为标的物的设备的规格、型号及交付日期等都做出了明确的规定。同时,买卖合同必须在承租方表示租赁意向后方可签订,并需要经过承租方的确认。在实践中,人们通常将买卖合同作为租赁合同的附件,从而买卖合同成为租赁合同的组成部分。

3. 融资租赁合同是以融资为目的,以融物为手段的合同

融资租赁合同的核心是融资,融物只是手段。这是融资租赁合同区别于其他财产使用类合同的实质性特征。对于承租人来讲,融资租赁的目的并不在于取得标的物的所有权,而在于获得标的物的使用权。通过融资租赁由出租人根据承租人的选择购买租赁物提供给承租人使用,而由承租人支付相应的租金,这样,承租人可以用分期支付租金的方式取得租赁物的使用权,从而解除资金短缺的困难。对于出租人而言,其购买租赁物的目的不在于取得租赁物,而在于获得承租人所交付的租金,以获得丰厚的利润,由于租赁物的所有权握在自己手中,债权也可得到一定的保障。

4. 融资租赁合同是财产使用权转移的合同

融资租赁是在使用价值和价值同时让渡的基础上出现的所有权和使用权的分离,是融资和融物相结合的信用。财产所有人对财产享有占有、使用、收益和处分四项权利。租赁就是财产所有人将财产占有、使用和收益的权利有偿转让。如果这种转让是出租方以融资方式进行的,就是融资租赁。无论融资租赁合同的期限多长,承租方只能取得有关租赁物的占有权、使用权和收益权,处分权仍被出租方所享有。

5. 融资租赁合同的租金具有特殊性

融资租赁合同的租金,是承租人分期对出租人购买租赁物的价金的本息和应获取的合理利润等费用的偿还。为了确保出租人能通过融资租赁交易获取利润,其租金通常包括以下四项要素:设备购置成本、融资成本、手续费及合理利润。融资租赁合同的租金,除当事人另有约定的以外,应当根据购买租赁物的大部分或者全部成本,以及出租人的合理利润确定。因此,融资租赁合同中的租金往往高于传统一般租赁中的租金,具有自身的特殊性。

6. 融资租赁合同的标的物具有广泛性限定性

现代融资租赁所经营的设备无所不及。从人造卫星、航空设备、石油钻井平台等大型

成套设备,到包括汽车、火车、轮船、飞机等在内的各种运输工具;从各种精密仪器、信息处理系统、电话系统、纺织机械等专用设备到机床、办公用品等一般通用生产设备,都已成为融资租赁公司的经营对象。所以说,融资租赁合同的标的物具有广泛性。但是,融资租赁合同的标的物必须是有形的物质财产,商标、专利、商誉等无形财产不能作为融资租赁合同的标的物;融资租赁合同的标的物必须是特定的、不能被其他物件代替的。同时,金融租赁合同的标的物必须是能够反复使用的各种耐耗物件,不能是只可以使用一次的消费品。

7.融资租赁合同租期较长且具有不可撤销性

融资租赁合同是中途不能要求解约的合同。在融资租赁中,租赁标的物是由承租方根据自身的需要选定的,不仅租赁物具有特定性,其使用者也是特定的。出租方以出租为目的购买租赁物,若允许承租方随意解约,很难再找到另一个客户租用该物件,出租方必定要蒙受损失。所以,融资租赁的租期一般按照租赁设备的经济寿命、使用年限以及利用设备所产生的效益,由租赁双方商定,略短于或相当于设备的正常折旧年限,一般为3~5年,有的长达10年以上。另外,出租方在租期内还需保证承租方对该租赁物的使用权,不得另行出租给他人,也不得以该租赁物作为抵押。因此,融资租赁合同与一般经济合同相比,其解除条件更加严格。

8.融资租赁合同是一种要式合同

由于融资租赁交易涉及的法律关系非常复杂、履行期间较长,为了预防纠纷和顺利解决纠纷,《民法典》规定,融资租赁合同应当采用书面形式,该形式可以有形地表现所载内容。

二、融资租赁合同的分类

融资租赁公司可以采取直接融资租赁、售后回租、转租赁、联合租赁等不同形式开展融资租赁业务。下面具体介绍一下上述业务种类。

(1)直接融资租赁是指租赁公司向供应商购进设备,然后再租给承租人使用的一种主要融资租赁方式。在整个租赁期间,承租人没有所有权但享有使用权,并负责维修和保养租赁物件。融资租赁公司对物件的好坏不负任何责任,设备折旧在承租人一方。直接融资租赁适用于固定资产、大型设备的购置,企业技术改造和设备升级等情况。直接融资租赁业务流程如图5-1所示。

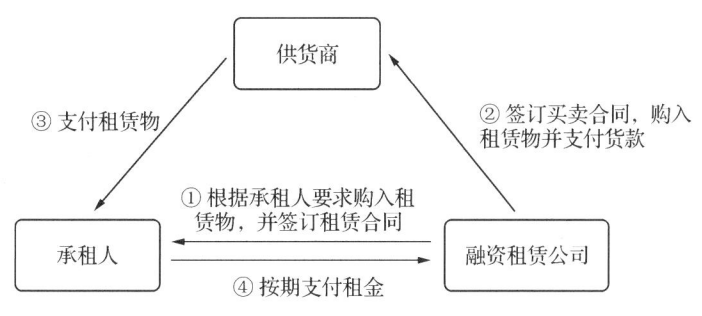

图5-1 直接融资租赁业务流程简图

（2）售后回租是承租人将自制或外购的资产出售给融资租赁公司，然后向融资租赁公司租回并使用的租赁模式。租赁期间，租赁资产的所有权发生转移，承租人只拥有使用权。融资租赁公司和承租人可以约定在租赁期满时，由承租人继续租赁或者以约定价格由承租人回购租赁资产。售后回租体现了租赁融资功能，类似于银行的抵押贷款，有利于承租人盘活资产，快速筹集企业发展所需资金。售后回租适用于流动资金不足、具有新投资项目而自有资金不足或持有快速升值资产的企业。售后回租业务流程如图5-2所示。

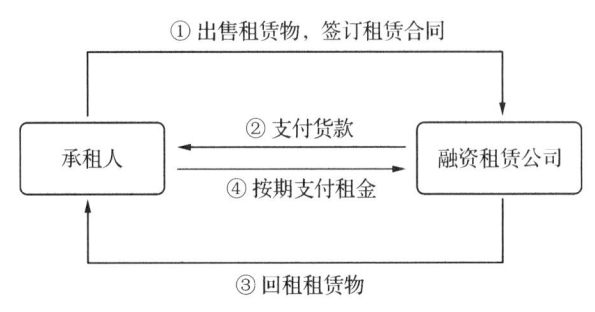

图5-2 售后回租业务流程简图

（3）转租赁是指转租人在租赁期内将租入资产出租给第三方的行为（图5-3）。转租赁业务中，上一租赁合同的承租人同时也是下一租赁合同的出租人，即转租人。转租人从第一出租人处租入租赁物再转租给第三方（企业），转租人以收取租金差为目的，租赁物的所有权归第一出租人。转租赁业务实际是租赁公司融通资金的一种方式，由于第一承租人不是设备的最终用户，因此也不能提取租赁物件的折旧。

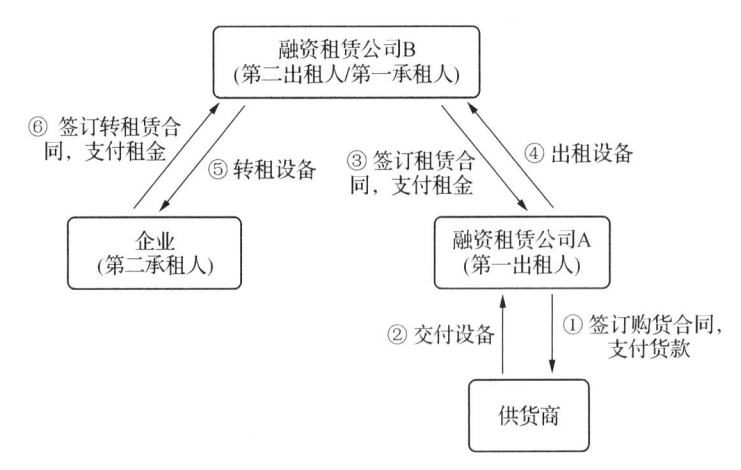

图5-3 转租赁业务流程简图

（4）联合租赁指的是两家或两家以上融资租赁公司对同一个融资租赁项目提供融资租赁服务，作为共同出租人共同与一个承租人签订融资租赁合同提供服务，各家租赁公司按照各自所提供的租赁融资额的比例承担该融资租赁项目的风险，享有该融资租赁项目的收益。

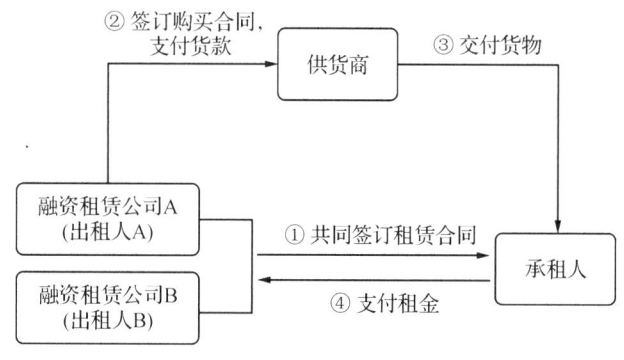

图 5-4　联合租赁业务流程简图

三、融资租赁合同的主体及形式

(一) 融资租赁合同的主体资格

在融资租赁合同中,主体资格是指参与合同的各方应具备的法律能力和资格。融资租赁合同的当事人包括出租人和承租人。根据《民法典》规定,凡具有完全民事行为能力的自然人、法人及其他组织均可作为出租人和承租人。出租人以经济利益为目的,根据承租人的要求,将自己所拥有的资产或设备出租给承租人使用。同时,承租人需要具备签署合同和履行义务的能力。如果融资租赁合同需要第三方提供担保,一般要求担保方也应具备法定的资格和信用能力。担保方可以是个人、企业或其他组织。此外,还需要担保方明确了解并同意承担相应的担保责任。

《民法典》未对融资租赁合同的主体资格作限制,但是融资租赁合同是集融资、租赁、贸易于一体的合同,具有金融业务的性质,我国对经营金融业务的主体资格是有严格限制的。目前,我国从事融资租赁业务的都是由国家专门批准的租赁公司和其他金融机构,因此作为融资租赁合格的出租人,必须具有从事融资租赁的经营范围,即既能从事租赁业务,又能经营金融业务,否则合同应认定无效。

(二) 融资租赁合同的订立形式

《民法典》规定:"融资租赁合同应当采用书面形式。"因此,融资租赁合同采用书面形式为该合同的成立要件。另外,有一种实际履行合同义务行为的特殊情况,如《民法典》规定:合同在当事人达成一致意见并表示同意后成立。在签字或盖章之前,当事人一方已经履行主要义务,并且对方接受的,该合同即视为成立。因此,就融资租赁合同而言,当事人未采用书面形式,但是出租人已经提供了租赁物,而且承租人接受的,融资租赁合同应当成立。但是,为了日后便于解决合同纠纷,还是应该避免实际履行合同义务的行为。

第二节 融资租赁合同的内容

一、融资租赁合同的主要内容

(一) 融资租赁合同的主要内容

融资租赁合同是指出租人以自身所有的设备、资产或其他物品出租给承租人,承租人支付一定的租金并享有使用权的合同。融资租赁合同的内容包括以下条款。

1. 出租和承租条款

出租与承租条款是租赁合同的第一项条款,是出租方同意按承租方的要求购进承租方选定的设备,将设备出租给承租方使用的简要说明。该款项包括:

(1) 合同当事人。合同应明确双方当事人,即出租方和承租方,详细写明双方当事人的名称、法定地址及各自的法人代表。

(2) 租赁物件。合同应明确列出租赁物件的名称、规格、型号、数量、技术性能、交货地点等。

(3) 租期和起租日。租期是承租方使用租赁设备的期限。起租日是租金的开始计算日,通常以租赁物件交付之日为起租日,也可以开证日(出租方开出信用证的日期)或提单日(承租方开出提单的日期)为起租日。

2. 租金支付条款

租金支付条款是融资租赁合同中用于约定承租人支付租金的具体条件和方式的条款。该款项包括:

(1) 租金的计算。合同明确规定承租人应支付的租金金额,主要包括出租方为承租方购进租赁设备所支付的货款、融资利息、银行费用,出租方的经营费用和利润通常以货币单位表示。同时,合同还应明确租金是否包括相关税费和保险费用,或由承租人承担。

(2) 租金的支付方式。双方当事人根据实际因素共同商定租金的支付方式,具体包括:一是租金支付周期,如每月、每季度或每年支付;二是租金的支付日期,即支付周期结束后的具体日期;三是支付的方式,如银行转账、支票、现金等。

(3) 租金的提前支付。合同可以规定承租人是否有权提前支付租金,以获得一定的优惠或折扣。

(4) 迟付租金的处理。合同可以约定如租金未按时支付而产生的滞纳金,即逾期支付租金时需要额外支付的费用。

3. 所有权保护条款

租赁物件的所有权属于出租方,承租方在租赁期间无权对租赁物件做出销售、转让、转租、抵押或其他任何侵犯出租方所有权的行为。未经出租方同意,承租方不得将租赁物件迁移使用地点,或加拆零部件,或进行技术改造等,要保证租赁物件完好。

4. 租赁物的保养与维护条款

(1) 保养责任:规定承租人应对租赁物进行定期保养,包括清洁、润滑、调试等工作,以保持租赁物的正常运行状态。

(2) 维修责任:规定承租人负责处理日常维修事务,例如更换磨损的零部件、修理损坏的组件等,以确保租赁物的正常使用。

(3) 使用说明:要求承租人按照出租人提供的使用说明书和指导进行正确的操作与维护,以减少可能发生的损坏和故障。

(4) 报告与通知:要求承租人及时向出租人报告租赁物的任何损坏、故障或需要维修的情况,并提供详细的维修需求和计划。

(5) 维修人员和费用:规定维修工作由承租人负责安排和承担相应的维修费用,包括人工费、零部件费用等。

5. 租赁物件的毁损、丢失风险和保险条款

(1) 毁损责任:约定租赁期间,如果租赁物因承租人的过失或疏忽导致损坏,承租人要承担修复或赔偿的责任。

(2) 丢失风险责任:约定租赁期间,如果租赁物丢失或被盗,明确承租人应当负责赔偿或采取适当措施进行追回。

(3) 保险责任:规定承租人是否有义务购买相应的保险来覆盖租赁物的损失、丢失和盗窃风险,并明确出租人和承租人在保险索赔方面的权利和义务。租赁物件在租赁期限内的投保责任要明确,对投保人和保险金额、险种、保险人均应具体要求。

6. 租赁权转让和合同变更条款

(1) 租赁权转让:规定承租人是否有权将租赁物转让给第三方,以及转让的条件和程序。

(2) 合同变更:约定在租赁期间,如需要对合同条款进行修改或补充,双方应如何协商和达成一致。

7. 保证金和担保条款

(1) 保证金支付和归还:约定承租人在签订合同时需要支付一定数额的保证金,作为对租赁交易履约的一种保证。此保证金通常在租赁结束时退还给承租人或用于支付最后的租金。保证金的返还可能需要满足一定条件,例如租赁期满并履行了所有合同义务。

(2) 担保责任和担保文件:约定承租人需要承担担保责任,以确保对租赁交易的履约。担保可以是个人担保、保证人担保、抵押物担保等形式。合同还必须明确需要提供

的担保文件,并指定其合法性和有效性。

8.合同的解除和违约责任条款

(1)解除权和违约责任:合同中应明确,若承租方不支付租金或违反合同条款,出租方有权以最低保证金抵扣,要求承租方即时付清租金和其他费用;同时出租方有权中止合同,收回或要求归还租赁物件,并要求承租方赔偿由此造成的一切损失和履行合同规定应由承租方承担的其他义务。

(2)强制执行:约定在一方未履行合同解除后的义务时,对方是否有权采取强制执行措施,如扣押抵押物、委托第三方处置租赁物等。

9.租赁期满对租赁物的处理条款

租赁期满后,出租方根据承租方在签订租赁合同时的选择处置租赁物件,处置方法有三种:留购、续租和退租。

(1)留购:就是在租赁期满日,若承租方已全部付清应交租金,再向出租方支付合同规定的名义货款,该租赁物件的所有权就转移给承租方。

(2)续租:就是承租方按照合同规定的续租租金和预定损失金继续承租,通常续租租金比较便宜,续租期可长可短。

(3)退租:就是租赁期满后,承租方自动将租赁物件退还给出租方,并保证租赁物件除正常损耗之外,继续保持良好的工作状态。承租方负责将租赁物件按出租方要求的运输方式运送至出租方指定地点。

在我国的金融租赁业务中,租赁物件多为国外引进的生产线或大型设备,可移动性差,同时国内也缺乏发达的二手设备市场,因此租赁期满后,租赁物件通常采用留购的方式处置。

经典案例

京城股份子公司的售后回租

2021年1月,甲公司与乙公司签订融资租赁合同,甲公司根据乙公司的选择,向丙公司购买了一台大型设备,出租给乙公司使用。设备保修期过后,该设备不能正常运行,且在某次事故中造成员工李某受伤。乙公司要求甲公司履行维修义务,承担设备不符合约定的违约责任,并对李某所受损害承担赔偿责任。甲公司表示拒绝,乙公司遂以此为由拒绝支付租金。

已知:对于租赁物维修义务,以及租赁物不符合约定及其造成第三人损害的责任承担,融资租赁合同并未做特别约定。

回答下列问题:

(1)甲公司是否应履行维修义务?简要说明理由。

(2)甲公司是否应承担设备不符合约定的违约责任?简要说明理由。

(3)甲公司是否应对李某所受损害承担赔偿责任?简要说明理由。

【案例分析】

（1）甲公司不应承担维修义务。根据规定，在融资租赁合同中，承租人应当妥善保管、使用租赁物，履行占有租赁物期间的维修义务。

（2）甲公司不应承担违约责任。根据规定，租赁物不符合约定或者不符合使用目的的，出租人不承担责任，但承租人依赖出租人的技能确定租赁物或者出租人干预选择租赁物的除外。本题中，甲公司并未干预选择，因此不承担违约责任。

（3）甲公司不应承担赔偿责任。根据规定，承租人占有租赁物期间，租赁物造成第三人的人身伤害或者财产损害的，出租人不承担责任。

（二）融资租赁合同的示范文本

融资租赁合同

出租方（甲方）：
地址：_____ 电话：_____ 传真：_____ 银行账户号：_____
承租方（乙方）：
地址：_____ 电话：_____ 传真：_____ 银行账户号：_____

甲、乙双方同意按照下列条款签订本租赁合同（以下简称"合同"）以资共同遵守：

第一条 合同依据和租赁物件

甲方根据乙方租赁委托书的要求，买进_____（以下简称租赁物件）出租给乙方使用。租赁物件的名称、规格、型号、数量和使用地点详见本合同附表第____项，该附表为本合同不可分割的组成部分。

第二条 租赁物件的所有权

1. 在租赁期内，附表所列租赁物件的所有权属于甲方。乙方对租赁物件只有使用权，没有所有权。乙方不得在租期内对租赁物件进行销售、转让、转租、抵押或采取其他任何侵犯租赁物件所有权的行为。

2. 在租赁期满后，甲方可同意乙方续租或按附表第____项所列名义货价将租赁物件售与乙方。名义货价同最后一期租金一并支付。名义货价交清后，该租赁物件的所有权随时转归乙方。

第三条 租金的计算和支付

1. 租金以租赁物件的总成本为基础计算。租赁物件的总成本包括租赁物件的价款、国内运费、保险费和融资利息（融资利息从甲方支付或甲方实际负担之日起计算）及银行费用等。总成本是甲方用人民币分别支付上述全部金额、费用的合计额。

第四条 租金的变更和罚款利息

1. 在租赁期内，由于国内价格变动因素必须变更租金时，甲方用书面形式通知乙方这种变更并提出新的实际租金，乙方承认这种变更。

2. 租赁物件的总成本与其概算租金不符时，甲方在租赁物件全部交货后，用书面形式通知乙方实际租金的金额，并以此金额为准对概算租金做出相应的变更，乙方承认这种变更。

3. 乙方延迟支付租金时，甲方将按照延付时间计算，每日加收延付金额的万分之五的利息。

第五条　租赁物件的交货和验收

1. 乙方指定租赁物件交货地点,由甲方向乙方交货。因政府法律、不可抗力和延迟运输、卸货、报关等不属于甲方责任而造成租赁物件延迟交货时,甲方不承担责任。

2. 租赁物件运达安装或使用地点后,乙方应在30天内检查租赁物件,同时将签收盖章后的租赁物件的验收收据交给甲方。

3. 如果乙方未按前项规定的时间办理验收,甲方则视为租赁物件已在完整状态下由乙方验收完毕,并视同乙方已经将租赁物件的验收收据交付给甲方。

4. 如果乙方在验收时发现租赁物件的型号、规格、数量和技术性能等有不符、不良或瑕疵等情况属于卖方的责任时,乙方应在接货后90天内将上述情况用书面形式通知甲方。甲方将根据与卖方签订的购货协议规定的有关条款协助乙方对外进行交涉,办理索赔等事宜。

第六条　质量保证及事故处理

1. 租赁物件的质量保证条件应与甲方与卖方签订的购货协议中的质量保证条件一致。如果在质量保证期内发生质量问题属于卖方责任时,甲方同意将购货协议规定的索赔权转让给乙方,并协助乙方办理索赔事宜。

2. 在租赁期内,因乙方责任事故致使租赁物件遭受损失时,乙方应对此承担全部赔偿责任。

3. 如发生以上任何情况,都不影响本合同的继续执行和效力。

第七条　租赁物件的使用、维修、保养和费用

1. 租赁物件在租赁期内由乙方使用。乙方应负责日常维修、保养,使设备保持良好状态,并承担由此产生的全部费用。

2. 租赁物件在安装、保管、使用等过程中致使第三者遭受损失时,由乙方对此承担全部责任。

3. 租赁物件在安装、保管、使用等过程中发生的一切费用、税款,均由乙方负担。

第八条　租赁物件的损坏和毁灭

1. 乙方承担在租赁期内发生的租赁物件的毁损(正常损耗不在此限)和灭失的风险。

2. 在租赁物件发生毁损或灭失时,乙方应立即通知甲方,甲方可选择下列方式之一由乙方负责处理并承担其一切费用:

(1) 将租赁物件复原或修理至完全能正常使用的状态;

(2) 更换与租赁物件同等型号、性能的部件或配件,使其能正常使用;

(3) 当租赁物件灭失或毁损至无法修理的程度时,乙方应按附表规定的预定损失金额,赔偿甲方。

第九条　租赁物件的保险

1. 租赁物件自运抵乙方安装或使用地点之日起由甲方向中国人民保险总公司投保财产险(保险期至本合同终结时为止),以应付自然灾害所引起的租赁物件的毁损风险。

2. 在租赁期间,如发生保险事故,乙方应立即通知甲方和中国人民保险总公司在当地的分公司,并向甲方提供检验报告和有关资料,会同甲方向中国人民保险总公司索赔。

本条各项保险费均计入总租金内用人民币支付,由乙方负担。

根据第八条应由乙方支付给甲方的款项,可在保险赔偿金内减免抵偿。

第十条　租赁保证金

1. 本合同一经签订乙方即向甲方支付附表第__项规定的租赁保证金,作为履行本合同的保证。

2. 租赁保证金不计利息,在租赁期满时归还乙方或抵最后一期租金的全部或一部分。

3. 乙方违反本合同任何条款时,甲方将从租赁保证金中抵扣乙方应支付给甲方的款项。

第十一条　违反合同时的处理

1. 除本合同第四条所规定的条款外,未经对方书面同意,任何一方不得中途变更或解除合同。任何一方违反本合同将按我国《民法典》的有关条款处理。

2. 乙方如不支付租金或违反本合同的任何条款时,甲方有权采取下列措施:

(1) 要求乙方及时付清租金或其他费用的全部或一部分。

(2) 终止本合同,收回或要求归还租赁物件,并要求乙方赔偿甲方的损失。

3. 租赁物件交货前,由于乙方违反本合同而给甲方造成的一切损失,乙方应负责赔偿。

第十二条　经济担保

乙方委托_____为本合同乙方的经济担保人,不论发生何种情况乙方未按照本合同附表的要求支付租金时,乙方经济担保人将按《民法典》及《担保法》的规定承付乙方所欠租金。

第十三条　争议的解决

有关本合同的一切争议,甲乙双方及乙方的经济担保人应根据我国《民法典》等法规的有关条款来解决。如不能解决时,提请_____人民法院裁决。

第十四条　本合同的附件

本合同附件是本合同不可分割的组成部分,与本合同正文具有同等法律效力。本合同附件:

1. 租赁合同附表;

2. 租赁委托书及附表;

3. 租赁设备确认书;

4. 乙方租金偿还担保与还款计划书。

第十五条　其他

1. 本合同正本一式两份,自甲、乙双方签章后生效,双方各执一份正本为凭。合同副本除乙方经济担保人必须持一份外,其他需要份数由双方商定。

2. 对本合同内容的任何修改、补充或变更(除第四条外)须采用书面形式,经双方加盖公章后正式生效。本合同修改、变更部分应视为本合同不可分割的组成部分。经双方确认的往来信函、传真、电子邮件等,将作为本合同的组成部分,具有合同的效力。

甲方:_____(章)　　　　　　　　　乙方:_____(章)

代表:_____　　　　　　　　　　　代表:_____

　　　　　月　　　日　　　　　　　　　　　　　　　月　　　日

二、融资租赁合同的特殊性条款

融资租赁合同是一种特殊的租赁协议,还包括以下几项特殊性条款。

1. 租赁合同与供货合同的关系条款

出租人根据承租人的要求购买租赁设备是融资租赁交易的基本特点,因此这一交易最少要涉及出租人、承租人和供货商三方当事人。相应地,也就存在供货商与出租人之间订立的供货合同和出租人及承租人之间订立的租赁合同。供货合同的意义在于保证租赁合同的履行,融资租赁合同是在供货合同的基础上订立的;租赁意向的存在又是供货合同订立的前提,没有租赁意向的存在,供货合同的订立就失去意义。其中,融资租赁合同是主合同,而买卖合同是辅助性合同,是为融资租赁而服务的。另外,供货合同须经承租人的确认方能成立。实践中常常要求承租人附签供货合同。因此,供货合同与融资租赁合同互相依存、紧密相连。在具体业务操作过程中,一般将供货合同作为融资租赁合同的附件,供货合同成为租赁合同的组成部分。供货合同与租赁合同的紧密结合构成了完整意义上的融资租赁合同。

2. 保留租赁设备所有权的条款

虽然出租人在买卖合同中称作买方并依据买卖合同支付了价款,取得了租赁设备的所有权,但实际工作当中租赁设备通常直接交付给了承租人,承租人直接占有租赁设备,对租赁设备实际控制,行使占有和使用的权利。在此情况下,如何保障出租人的所有权便成为租赁合同中对出租人至关重要且必须加以规定的内容,通常在租赁合同中加入如下条款:"租赁设备的所有权在本合同租期内始终归出租人所有。出租人有权在租赁设立时表明其所有权的标记。未经出租人书面同意,承租人不得将所租设备处置、转租、转让、出售或抵押给任何第三方,或做出其他任何侵犯或足以侵犯出租人租赁标的所有权的行为。若承租人破产,租赁设备不得列入破产财产范围,破产债权人无权处分租赁设备"。

3. 保障承租人使用权的条款

保护了出租人对租赁设备的所有权的同时,也要兼顾到承租人对租赁设备的使用权的保护问题。在租赁期内承租人应享有充分的独占使用权,该使用权不应受到出租人所有权的非正常干扰,通常在租赁合同中做出这样的规定:"出租人将租赁设备转让或抵押给任何第三方,不影响承租人对租赁设备的使用权,在此情况下出租人应及时通知承租人,并且出租人有义务向第三方说明承租人对租赁设备的使用权不得改变或受到妨碍。为承租人与新的标的物所有者之间建立租赁关系,出租人应提供必要的协助"。

4. 合约不得中途解约

融资租赁合同中,租赁物是由承租人根据自己的需要选定的,不仅租赁物是特定物,其使用者(承租人)也是特定的。出租人以出租为目的而购进租赁设备,这个设备又是按照承租人的要求购买的,一般通用性差,若允许承租人中途解约,出租人势必遭受损失,出租人很难另觅客户出租该设备;即使另外找到承租的客户,客户也将以种种理由压低租金。所以,在租期内,即使承租人使用租赁设备未取得预定的经济效益,仍须按约定交付租金,不得中途解除合同。在租期内发生的设备灭失、毁损的风险也由承租人负担,而不能以此为借口中途解除合同。另外,出租人在租期内亦需保证承租人对租赁设备享有充分的占有和使用权,不得另行出租,也不得以租赁设备设定抵押。如果抵押,可遵循抵押不破租赁的原则,故融资租赁合同一般设定严格的解除条件、违约责任来保证合同的履行。合同不得中途解除,即是其根本体现。在特殊情况下,亦有租赁双方合约解除的现象,但一般均以承租人支付一笔足以使出租人处于合同完全履行地位的违约金或赔偿金为要件。

5. 出租人将设备索赔权利转让给承租人的条款

由于供货方及租赁设备均由承租人指定,所以出租人与供货方签订买卖合同时最好也让承租人在该合同上签字或盖章确认。三方签字确认不仅表明了三方对租赁设备的共同认可,也表明三方对租赁设备索赔权利转让的一种认可,该认可通常体现为如下的规定:"出租人即购买人将对租赁设备的所有索赔权转让给承租人,所有向供货方索赔而支出的费用均由承租人负担,取得的赔偿金也归承租人所有。但无论承租人取得赔偿与否,承租人均应无条件按租赁合同的规定交纳租金。"由于融资租赁业务的特殊性,出租人通常不懂技术问题,不直接接触租赁设备,关于租赁设备的质量、性能、指标等问题,只有供货方和承租人最了解,所以出租人将有关租赁设备的全部索赔权利转让给承租人,是符合实际情况和该业务通常操作流程的。

6. 对第三方的责任条款

为防止在履行合同过程中涉及出租方和承租方以外第三方的权益,合同中应规定,在租赁期间,出租方应排除第三方对租赁物件权益的异议,确保承租方对租赁物件的使用权不受干扰。在使用租赁物件过程中,由于承租方自身过错导致第三方的权益受到损失,则应由承租方负责赔偿。

7. 转租赁条款

承租方有权提出要求将租赁物件转租赁给他人使用,但由于承租方在租赁期间承担绝对和无条件支付租金的义务,同时租赁物件有可能转租给无信用的第三方使用,使出租方遭受损失,因此承租方必须先取得出租方的书面同意,方可进行转租赁业务。

8. 预提所得税条款

只存在于国际融资租赁业务中,而不存在于国内的融资租赁业务中。国际融资租赁业务的国际租赁合同中由于出租方通常位于国外,在中国境内没有设立机构而有来源于中国承租人支付的租金收入。对这笔收入,除少数免税国家和地区外,世界各国一般都要对这笔收入征收预提所得税,由于是在承租人向出租人支付租金时按一定比例预先扣留下来缴付给有关税务机关的,因此称作预提所得税。在此情况下承租人为扣缴义务人,如承租人没代为扣缴,要承担税收征管法中规定的有关责任。

第三节 融资租赁合同的订立、履行、变更与解除

一、融资租赁合同的签订

(一)融资租赁合同签订的一般步骤

签订融资租赁合同通常包括5个步骤。

1. 确定租赁需求

由承租人根据租赁需求选择租赁物和出卖人。承租人一般应注意从出卖人的信誉、产品质量、售后服务、设备的规格、型号、性能、质量、价格等进行考察。

2. 委托租赁

承租人可以通过市场调研、参考他人推荐或与众多出租人进行比较来做出决策,综合考虑其资金实力、筹资能力、租金高低、支付方式、信誉、提供的服务等,择优选择,然后向选中的租赁公司提出租赁的要求。

3. 项目受理

在融资租赁交易中,出租人购入租赁物提供给承租人使用,相当于向承租人提供了一笔长期贷款。为了确保其投入的本金、利息的回收,并获取相应的利润,出租人必须对租赁项目本身和承租人的资信情况进行全面的审查和评估。之后,出租人正式与承租人签订租赁合同书,租赁项目开始启动运行。

4. 签订买卖合同

与融资租赁合同相关的买卖合同由出租人和出卖人签订,其订立的过程与一般买卖合同并无大的差异。但由于买卖合同不仅涉及买卖双方及用户的直接权益,而且直接影响融资租赁合同的订立,因此,在签订相关的买卖合同时,必须预先考虑到与租赁合同条款的一致。

5. 签订融资租赁合同

承租人与出租人商讨租赁条款,包括租赁期限、租金支付方式、租金金额、承租人责任和义务、出租人责任和义务,以及租赁物在租赁期满后的归属等,确保双方就重要条款达成一致。

(二) 买卖合同的签订

买卖合同在融资租赁中不作为一个独立的主体合同,而起到租赁合同的一个不可分割的辅助合同的作用。签订买卖合同时,主要内容应包括以下方面。

(1) 双方信息:合同应包含买方和卖方的详细信息,包括名称、地址、联系方式等。

(2) 商品描述:合同应准确描述要购买的商品,包括名称、规格、数量等,以确保买方和卖方对商品的认知一致。

(3) 价格和付款条件:合同应规定买方需要支付的购买价格,以及付款方式和条件。这可能包括全款支付、分期支付、定金等。

(4) 交付和接收:合同应明确规定商品的交付方式和时间,以及买方对商品是否满意的接收标准。

(5) 商品质量与保修:合同应规定商品的质量标准以及卖方承担的保修责任。这可能包括质量检验、退货、维修等。

(6) 违约责任:合同应规定双方的违约责任和违约处理方式,包括赔偿金、解除合同、追究法律责任等。

（7）法律适用和争议解决：合同应明确规定法律适用和争议解决的方式，如仲裁、诉讼的管辖法院等。

（三）租赁合同的签订

融资租赁谈判是融资租赁合同得以签订的关键。谈判过程中，当事人各方经过反复地要约、反要约，最后达成协议。谈判分为技术谈判、商务谈判和租赁谈判。

1. 技术谈判

在技术谈判中，由于租赁人为租赁物的使用者，因此主要由承租人与租赁物出卖人进行洽谈，因租赁公司是出资人，它要按照承租人的要求购买设备。技术谈判又是企业选定设备和商务谈判的基础，并关系到承租人按时投产、按时交付租金的问题，所以，出租人也应与承租人一起参与此阶段的谈判。技术谈判的主要内容是对租赁物出卖人的选择、租赁物的选择，以及与出卖人达成技术服务的协议等。

2. 商务谈判

商务谈判在出租人和供货商之间进行，出租人必须按照承租人的要求，为承租人的利益进行谈判。因为租赁物的价格直接关系到租金金额的确定，所以价格谈判是这一阶段的中心。出租人应仔细研究出卖人的报价，并在多家报价中进行选择，争取对自己最有利的价格；除了价格问题外，还应该考虑交货与装运条款、复验、索赔、保证、保险、仲裁等条款。在国际融资租赁中，由于汇率风险，货款的支付方式关系到购货合同能否顺利履行，因此它们也是商务谈判的关键。在国际融资租赁中，一般采用信用证支付结算方式和凭出租人出具的银行担保函交货的支付方式。最后再考虑购货合同格式的使用。

3. 租赁谈判

租赁谈判在承租人和出租人之间进行，谈判的主要内容是租金的确定和支付方式、手续费、利息率、租期等。租金是租赁谈判的中心，它直接关系到租赁双方的利益得失。租金总额应根据购买租赁物的大部分或全部成本、利息、出租人的合理利润确定。承租人可要求提出租金估价，并详细研究租金支付的次数、支付方法、租赁期限与自己目标的差距，以制定对策。合同中应明确租金总额为固定还是浮动，承租人应力争租赁成本低于投资成本，而出租人可以要求承租人提供支付租金的担保，力争使租赁合同顺利履行。

（四）目前我国认定融资租赁合同生效的条件

（1）主体必须具有进行融资租赁交易的资格。
（2）租赁物必须合法且满足融资租赁交易的需要。
（3）当事人意思表示真实。
（4）当事人之间的协议不得违反法律、行政法规和社会公共利益。

二、融资租赁合同的履行

(一) 融资租赁合同履行的概念及原则

融资租赁合同履行是指租赁交易双方根据合同约定,按照各自的责任和义务履行合同条款和条件的过程。融资租赁合同履行的原则有以下几项。

1. 全面履行原则

全面履行原则,又称适当履行原则或正确履行原则。它要求当事人按合同约定的标的及其质量、数量,合同约定的履行期限、履行地点、适当的履行方式,全面完成合同义务的履行原则。

2. 诚实信用原则

当事人应当遵循诚实信用原则,根据合同的性质、目的和交易习惯履行通知、协助、保密等义务。此规定可以理解为在合同履行问题上将诚实信用作为基本原则的确认。

3. 协作履行原则

协作履行原则,是指当事人在合同履行过程中,应互相协作,共同完成合同规定的各项义务。该原则具体要求一方当事人履行合同义务,另一方当事人应尽力为其义务的履行创造方便条件。

4. 情势变更原则

情势变更,是指在合同有效成立后,履行前,因不可归责于双方当事人的原因而使合同成立的基础发生变化,如继续履行合同将会造成显失公平的后果。在这种情况下,法律允许当事人变更合同的内容或者解除合同,以消除不公平的后果。

(二) 融资租赁合同履行的具体内容

1. 履行的主体

融资租赁合同履行的主体有三方,即出租人、承租人和设备出卖人。

(1) 出租人应履行的义务:① 支付标的物价款的义务;② 出租人应按照承租人要求,与出卖人订立买卖合同,购买租赁物以租给承租人;③ 出租人有义务保证在租赁期间,承租人享有对租赁物的独占使用权。

(2) 承租人应履行的义务:① 向出租人支付租金;② 享有与受领标的物有关的出租人的权利和义务,即承租人须按照合同约定的交货时间、地点和方式接收租赁物,对租赁物进行检验,并将验收结果及时通知出租人;③ 保管、使用、维修标的物的义务;④ 承担第三人的侵权责任。

(3) 设备出卖人履行的义务:① 必须按照买卖合同规定的种类、规格、数量、质量、期限、地点履行标的物交付义务;② 交付的费用一般由出卖人负担;③ 交付与标的物有关的单证,包括:产品合格证、使用说明书、保修单等;④ 供货商在交付主物的同时,还应交付合同规定的从物,如备件、特殊修理工具等;⑤ 若合同中订有技术服务条款的,供货商除交付标的物外,还应提供技术服务。

2. 履行的标的

用于融资租赁交易的租赁物有以下几个方面的限制条件:① 租赁物不得是用于个人及家庭生活的消费品;② 租赁物不得是一次性消耗物品,因合同期内要体现出租人的所有权,合同到期后,承租人有可能要将租赁物返还给出租人,故租赁物只能是非一次性消耗物品;③ 租赁物不得是禁止流通物;④ 由于融资租赁合同的租赁物往往是从国外进口或引进的,故项目还须符合国家的产业政策。

3. 价款和租金

价款和租金是租赁合同的重要条款,在价款和租金规定不明确时,如果是国内融资租赁,按照国家规定的价格履行;没有国家规定价,参照市场价或者同类物品的价格标准执行;如果是涉外租赁,应遵循国际条例,国际条例中未规定的,参照国际惯例。

4. 履行期限

履行期限是租赁合同的债务人向债权人履行义务和债权人接受这种履行的时间。履行期限明确的,当事人可以按照合同规定的时间履行。期限不明确的,按照我国法律和国际惯例的规定履行,即债务人可随时向债权人履行,债权人可以随时要求债务人履行义务,但必须给对方必要的准备时间。

5. 履行地点

履行地点直接决定着风险的负担、权利的分配、违约与否的判断,因此是租赁合同履行的重要内容。履行地点一般由合同规定,如果履行地点规定不明确,按惯例,一般在履行义务一方的地点履行,涉及租金的,一般以接受给付一方的所在地为履行地。

6. 履行方式

履行方式是指当事人履行义务的方式方法,一般包括货物的交付方法、运输方法、交货地点、质量检查方法、结算支付方法、保险及担保方法等。当事人必须按照合同规定的方式履行义务,否则对方当事人有权拒绝接受或支付货款,并可追究其违约责任。

三、融资租赁合同的变更、转让、解除和终止

(一) 融资租赁合同变更和解除的基本含义以及区别

融资租赁合同的变更是指双方当事人对原订合同的某些条款进行修改补充,并产生新的合同法律关系的行为。融资租赁合同的变更一般是发生在合同还未履行或尚未履行完毕之前,变更的内容涉及合同法律关系的三要素,既可以是签约主体、约定的权利义务、合同的标的等三要素同时发生变化,也可以是其中某一要素发生变化。

融资租赁合同的解除是指双方当事人经协商或单方面提前终止合同效力的行为。合同解除后,双方当事人约定的权利和义务关系即告终止。解除合同可能由双方协商一致达成,也可能是因为一方违约或发生严重的不可抗力事件导致。

表 5-1 融资租赁合同变更和解除的区别

	租赁合同的变更	租赁合同的解除
基本含义不同	租赁合同的变更是以原合同为基础的,是原有合同的延续和部分内容的变化,双方当事人的权利和义务并没有归于消灭,合同仍要执行	租赁合同的解除是提前终止合同的效力,双方当事人的权利和义务关系归于消灭,合同不再履行
法定程序不同	租赁合同的变更应由一方当事人提出变更合同的要约,另一方在法定期限内做出承诺,合同的变更才能成立	租赁合同的解除除了由双方协商同意的需经要约和承诺的程序,尚有单方通知另一方解除合同的不需要经过要约和承诺的程序

(二) 融资租赁合同变更和解除的原则与条件

1. 融资租赁合同变更和解除的原则

经济合同签订后即具有法律效力,当事人是不能擅自变更或解除的。为了严肃合同纪律,使合同的变更、解除合法和有效,当事人在变更和解除合同时,必须遵循一定的原则:

(1) 依法变更、解除合同的原则。合同的变更和解除必须符合法律的规定、符合法定的条件,如果随心所欲,损害了另一方的利益要承担违约责任。

(2) 意思表示一致的原则。合同的变更往往涉及双方当事人权利和义务的变化,关系当事人的经济利益,因此必须由双方协商同意,而不能以单方的意思表示做出变更,否则不具备法律效力。

(3) 单方有权解约的原则。经济合同的解除除了适用意思表示一致的原则,在更多的情况下适用单方有权解约的原则。这是当事人在遇见不可抗力或对方有严重违约的情况下所采取的补救措施,对违约方具有制裁性。

2. 融资租赁合同变更和解除的条件

根据《民法典》的规定,结合我国市场经济的实际情况,把以下几种情形作为变更和解除合同的必备条件。

(1) 当事人双方经协商同意,并且不因此损害国家利益和社会公共利益。

经济合同的成立是当事人双方协商一致的产物,如经双方协商同意,合同是可以变更、解除的。在合同履行的过程中,一方当事人因某种原因提出了变更或解除合同的请求,只要不损害国家利益和社会公共利益,经双方同意后,应允许变更或解除。在这里经双方协商同意是前提条件,不因此损害国家利益和社会公共利益是限制性条件。

(2) 不可抗力致使经济合同的全部义务不能履行。

所谓不可抗力,是指当事人在订立合同时不能预见,对其发生和后果不能避免并不能克服的事件。要判定某种客观情况是否属于不可抗力性质,必须符合以下三个要件:

① 主观要件,即事件的发生是当事人不能预见和无法预见的。如果在订立合同时,当事人能够预见该事件要在何时、何地发生,发生的情形如何,则不属于不可抗力。

② 客观要件,即当事人对事件的发生及其后果是不能避免和不可克服的。如果当事人能够采取有效措施避免事件的发生、克服其不利后果,也不认为是不可抗力。

③ 在后果方面必然导致合同的部分或全部不能履行,以及标的物部分或全部损失。

由于不可抗力的出现给当事人履行合同造成了困难,这就应视不可抗力对履行合同的影响程度,对经济合同做出相应的变更。如果当事人确实无法履行合同,有权通知另一方解除合同。

(3) 由于一方在合同约定期限内没有履行合同。

按期履约是契约关系的基本要求,到期不履行或延期履行是一种严重的违约行为,它将导致一系列法律后果,并直接造成当事人的经济损失。在现实经济生活中,常见的情况有以下几种:

① 不按期交付标的物,拖延了企业开业、投产的日期,或造成企业停工待料。

② 延迟交货,使时令性、季节性强的商品错过销售季节,造成商品积压。

③ 一方延迟交货,致使对方与他人签订的合同也无法按时履行,造成连锁反应。

④ 不能按时交货,导致商业企业的商业利润损失。

为了避免或减少损失、制裁违约方,当一方不能按时履行合同时,另一方当事人可以请求对方变更合同,也有权通知对方解除合同,以维护自己的合法权益。

(4) 由于另一方出现了严重的违约行为,也允许变更或解除合同,但必须要有法律的明文规定,否则不得单方面解除合同。

《民法典》规定:"承租人未按照约定的方法或者租赁物的性质使用租赁物,致使租赁物受到损失的,出租人可解除合同并要求赔偿损失。"一般的违约行为是不需要解除经济合同的,它是通过违约方偿付违约金、赔偿金、强制实践履行等承担违约责任的方式来解决的。如果随意采用单方解除合同的方式,这只能造成合同秩序的混乱,给擅自变更、解除合同的行为留下可乘之机。

为了严肃合同纪律、确保契约关系的法律约束力,人们在实际工作中还依据有关法律在下列情况下不允许变更或解除合同:

① 因企业关闭,停产、转产不能履行经济合同的,不允许变更、解除合同。企业的关闭、停产、转产是由于企业经营管理和产品结构调整等造成的,不应将此种情况与不可抗力相提并论,而作为变更或单方解约的依据,如果确实无法履行合同,必须承担违约责任。

② 因当事人一方发生合并、分立时，不允许变更或解除合同。企业的合并、分立是经营主体产权关系的转移，它并没有丧失履行合同的条件和能力，不得以此作为变更和解除合同的依据，而应由变更后的当事人承担或分别承担履行合同的义务和享受应有的权利。

③ 不得因承办人或法定代表人的变动而变更或解除合同。承办人或者法定代表人签订的经济合同，都是以法人的名义进行的，合同依法成立后，由法人承担义务和享受权利，并承担相应的责任，而不是由承办人或法定代表人享受权利、承担义务和承担相应的责任。所以，合同不能因承办人或法定代表人的变动而变更或解除，否则，应承担法律责任。

(5) 约定解除。

约定解除是租赁合同当事人可以约定解除合同的条件。一旦出现了所约定的条件时，一方或双方即有权解除合同，但必须对双方均做出限制性的规定。当事人采取约定解除的目的主要是考虑将来情况可能发生变化，也许有必要从合同的约束中解脱出来，给解除租赁合同留有余地。

(三) 融资租赁合同变更和解除的程序

融资租赁合同的变更是双方当事人意思表示一致的法律行为，在法律上仍分解为一方当事人提出变更融资租赁合同的要约和另一方当事人对要约的承诺。融资租赁合同变更的要约由遇见特定情况的一方向另一方提出，要约的内容应包括融资租赁合同变更的原因、变更的具体意见，以及要求对方答复的期限。

对由于不可抗力、情势变更和由于当事人没有按期履约的，则可以单方面解除合同。解除租赁合同的通知应以书面形式向对方发出，对方收到通知后，合同即解除。

在融资租赁合同变更或解除的程序中，还应注意解决好以下五个问题：

(1) 融资租赁合同生效以后，当事人一方无权改变由其双方达成一致的协议。变更或解除融资租赁合同必须由当事人双方协商一致才能成立，在协议未达成前，原定融资租赁合同仍然有效。如果当事人一方提出变更或解除融资租赁合同，双方未达成协议而发生争议，属于融资租赁合同纠纷，当事人一方可向融资租赁合同管理机关提出申请，由融资租赁合同管理机关或人民法院或仲裁机关，根据国家利益的要求和当事人双方的实际情况给予解决。

(2) 变更或解除融资租赁合同的建议和答复，应在融资租赁合同规定或有关法规规定的期限内做出。建议变更或解除融资租赁合同的一方，可以提出要求答复的期限，但应给对方必要的权益和考虑的时间。对方当事人在接到关于变更或解除融资租赁合同的提议通知后，应在建议一方要求的期限内给予答复。如果提议变更或解除融资租赁合同的一方没有要求答复的期限，则应按通常适用的期限答复。

(3) 变更或解除融资租赁合同的协议应采用书面形式。说明融资租赁合同履行成为不必要或者不可能的实际情况，并出示有关的证据。采用书面形式对于确认和证明合同变更或解除的法律事实有着重要的意义。

(4) 融资租赁合同已经公证的,变更或解除租赁合同的协议应送达原公证机关审查、备案,融资租赁合同有担保单位或担保人的,变更或解除融资租赁合同的协议应送担保单位或担保人,并应由其确定是否继续担保。

(5) 解除融资租赁合同使一方当事人遭受损失的,除依法可以免除责任外,应由责任方负责赔偿。在赔偿责任中,一般是因有过错而承担责任;也有无过错而承担赔偿责任的,如融资租赁合同双方当事人之外的原因致使融资租赁合同一方当事人必须要向融资租赁合同另一方当事人承担赔偿责任的。

在租赁合同变更或解除中,还必须注意解决好两个问题:

① 凡是融资租赁合同的签订经过了特殊程序,融资租赁合同的变更或解除也应按原融资租赁合同订立的程序进行。

② 融资租赁合同订立时经过鉴定的,在变更或解除融资租赁合同达成协议后,要报原签订机关备案。签订部门经审查发现变更或解除融资租赁合同协议过程中有问题,可以协助纠正,也可以撤销其变更或解除合同的协议。涉外融资租赁合同的解除,往往涉及款项的结算和财产的清理及善后问题,原合同约定的结算和清理条款仍然继续有效,并不因融资租赁合同的解除而终止其效力。

(四) 融资租赁合同变更和解除的法律后果

《民法典》虽然允许变更或解除合同,但这并不意味着有过错的一方当事人可以免除责任。合同变更或解除后,对责任的承担仍然采用过错责任原则,只要当事人有过错,并给对方造成了损失,即使合同已经变更或解除,过错方仍要承担赔偿责任。《中华人民共和国民法通则》规定:"合同的变更或解除,不影响当事人要求赔偿损失的权利。"

根据融资租赁合同变更、解除的不同原因,可对赔偿责任做如下划分:

(1) 由双方当事人自愿协商同意变更、解除合同的。如果是因合同的变更、解除给另一方造成了损失,由提出合同变更、解除的一方承担赔偿责任;因一方违约而引起协商变更、解除合同的,由违约方承担赔偿责任;如果因双方的责任造成了损失,则由双方分别承担应有的责任。

(2) 不可抗力的原因造成合同变更、解除的,遇见特定情况的一方可依法免除赔偿责任。但是不可抗力发生后,要求变更或解除合同的一方应及时通知对方,对由于未及时通知对方而导致的损失部分应承担赔偿责任。

(3) 另一方在合同约定的期限内没有履行合同而造成损失的,承担违约金。

(4) 违约金、赔偿金应在明确责任后10天内偿付,否则按逾期付款处理。

(五) 融资租赁合同终止

融资租赁合同终止,也就是融资租赁合同权利和义务终止,是指当事人双方终止融资租赁合同关系,融资租赁合同确立的当事人之间的权利、义务关系消失。融资租赁合同终止的原因有以下几点:

(1) 债务已经按照约定履行。融资租赁合同生效后,当事人应当按照约定履行自己的义务,如果当事人完全按照合同约定履行了自己的义务,也实现了自己全部的权利,订立融资租赁合同的目的已经实现,融资租赁合同确立的权利和义务关系结束,融资租赁合同自然也就结束了。

(2) 融资租赁合同解除。当事人协商解除或者依照法律规定解除融资租赁合同,该合同也自然终止。

(3) 债务相互抵销。在融资租赁合同中,通常情况下是出租人为债权人,承租人为债务人,但如果出租人与承租人之间存在其他债权债务关系,则也可能存在债务相互抵销的问题。如在回租中,出租人(买卖合同中的买货人)与承租人(买卖合同中的出卖人)就有可能就各自所负的债务进行相互抵销,并导致融资租赁合同终止。由于融资租赁合同中抵销产生的根据不同,抵销可分为法定抵销和协议抵销两种。

法定抵销就是由法律直接规定抵销的构成要件,当要件具备时,只要当事人一方做出抵销的意思表示,就发生抵销的效力。在融资租赁中,法定抵销必须具备以下条件:

① 当事人互负债务,即出租人与承租人互为债权人与债务人。

② 债务已经到期,未到期的债务不能抵销。

③ 债务的标的物种类、品质相同,即双方当事人用于清偿债务对象的种类与品质相同。一般来说,在融资租赁合同中,承租人应当履行的债务是金钱债务,因此若要发生抵销,必须是承租人对出租人同时享有金钱债权。

④ 债务不属于依照法律规定或者按照合同性质不得抵销的债务。依照法律规定不得抵销的债务和依合同性质不得抵销的债务,不能抵销。

协议抵销,是指由互负债务的当事人协商一致后发生的抵销。协议抵销是当事人意思自治原则的体现,是对法定抵销的补充,主要适用于标的物种类、品质不相同的债务的抵销。即只要当事人互负债务,不论该债务标的物的种类、品质是否相同,都可经当事人双方协商一致而抵销。

(4) 债务人依法将标的物提存。在融资租赁合同中,如果发生出租人突然下落不明,或者无正当理由拒绝受领承租人支付的租金,承租人可以将应当支付的租金提存。当租金全部提存时,融资租赁合同终止。

提存是指出于债权人的原因,债务人无法向债权人交付合同标的物时,债务人将标的物交给提存机关而使合同权利义务关系终止的一项法律制度。在融资租赁合同中,承租人在租赁合同期限届满时如进行提存,租金部分可以直接进行提存。但租赁物则有可能不适宜进行提存,如提存费用过高,承租人可以拍卖或者变卖租赁物,然后将所得价款进行提存。标的物提存后,除债权人下落不明的以外,债务人应及时通知债权人或者债权人的继承人、监护人。在提存期间,标的物的收益归债权人(即出租人)所有。在提存后标的物毁损、灭失的风险,债权人不担。提存期间发生的有关保管提存物的费用,由提存物的所有人(即债权人)负责。

(5) 债权人免除债务。一方当事人自愿免除另一方当事人的债务并导致合同终止,这在任何一种合同中都有可能发生,所以在融资租赁合同中也同样适用。

在融资租赁合同中,债权人(出租人)免除债务人(承租人)的债务,必须向债务人做出明确的意思表示,而且应当以书面通知的方式告知。同时,如果债权人做出免除债务人债务的意思表示,就不应当再撤回,债权人免除债务人全部债务的,合同的权利和义务全部终止。免除债务人部分债务的,合同的权利和义务部分终止,未免除部分仍然有效,债务人仍需履行。

(6) 债权债务归于一人。出租人与承租人合并组成一个新的公司,或者一个公司同时将出租人和承租人合并进来,就产生了融资租赁合同的债权债务归于一人的情形,自然会导致融资租赁合同的终止。

(7) 法律规定或者当事人约定终止的其他情形。融资租赁合同的情况千差万别,当事人可以约定各种终止融资租赁合同的条件,当事人约定终止的各种条件成熟时,融资租赁合同终止。

第四节 融资租赁合同的担保

一、融资租赁合同担保的概念、特点及其优势

(一) 融资租赁合同担保的概念及其特点

融资租赁合同担保是指在融资租赁交易中,为了保护出租人的权益,确保租金的支付和租赁合同的履行,承租人或第三方提供的担保措施。担保提供一种安全机制,以应对租赁交易中的风险和可能的违约情况。融资租赁合同担保具有以下几个特点。

1. 租金支付担保

担保方可以提供保证或抵押物作为担保,确保承租人按时支付租金。如果承租人未能按合同约定支付租金,出租人可以依法行使担保权利,并从担保方处追回欠款。担保的主要目的是为了减小出租人风险,确保在承租人未能按时支付租金或履行义务的情况下,仍能获取相应的赔偿或补偿。

2. 合同的约定和履行担保

担保方可以提供保证或抵押物作为担保,确保承租人履行合同中的其他义务。担保的相关事项通常需要在融资租赁合同中明确约定。担保方、担保物、担保责任、担保期限、违约责任等应在合同中明确规定。此类担保还可以涉及合同中约定的各项义务,如保养、维修、保险等。

3. 形式多样化

融资租赁合同担保可以采用多种形式,如抵押担保、保证担保、银行保函担保等。具体担保形式根据实际情况和当地法律规定进行协商和确定。

4. 法律约束

融资租赁合同担保受到当地法律法规的约束。担保的具体要求和范围应符合相关法律规定，并遵守担保合同的约定。不同国家或地区可能有不同的法律规定适用于融资租赁合同担保。这些法律规定具体包括《民法典》、与担保相关的法律规定等，它们规定了担保的性质、效力，担保人的责任和权利等方面的规范。

5. 风险共担

担保方在提供担保时，承担一定的风险。如果承租人履行合同义务，担保方的责任将减轻或终止。

6. 存在费用

一些担保形式可能需要支付一定的费用，如抵押物评估费用、担保费用等。

(二) 融资租赁合同担保的优势

1. 减轻风险

融资租赁合同担保可以有效地减轻出租人的风险。通过提供担保，担保方承担了一定的责任和义务，确保在租赁过程中，即使承租人无法按时支付租金或履行合同义务，出租人仍能获得相应的赔偿或补偿。

2. 提高出租人信心

担保的存在增加了出租人对租赁交易的信心和安全感。出租人知道，如果承租人未能履行合同义务，担保方将为其提供支持，减少了不确定性和风险。

3. 降低借款成本

由于融资租赁合同担保减轻了出租人的风险，出租人对租赁交易的风险会更加可控。这有助于降低借款成本，可能使得租金水平更具竞争力。

4. 增加承租人融资可能性

对于承租人而言，提供担保可以增加其获取融资的可能性。担保方的存在提高了承租人的信用评级和借款能力，使其更有机会获得融资支持。

5. 促进合作关系

融资租赁合同担保可以促进出租人与担保方之间的合作关系。担保方愿意为出租人提供担保，显示了其对出租人的支持和信任。这有助于加强双方的合作，为未来的租赁交易提供更多机会。

6. 提供补偿机制

在租赁交易中，如果承租人未能按时履行合同义务，担保方会提供补偿机制，确保出租人能够获得应得的赔偿。这有助于维护租赁交易的稳定性和可持续性。

二、融资租赁合同担保的方式

(一) 融资租赁合同的保证担保

在融资租赁合同中,保证担保是一种常见的担保方式。保证担保是指由第三方(保证人)为承租人的履约义务提供保证,并承担相应的违约责任。融资租赁合同中常见的保证担保方式有以下几种。

1. 个人保证

个人保证是指个人作为保证人为承租人提供担保。保证人承诺在承租人未能履行借款义务时,愿意承担相应的违约责任,包括支付租金或赔偿损失。个人保证通常需要保证人提供个人财产或担保函来证明其还款能力。

2. 企业保证

企业保证是指公司或其他商业实体作为保证人为承租人提供担保。保证人承诺在承租人未能履行借款义务时,愿意承担相应的违约责任,包括支付租金或赔偿损失。企业保证通常需要保证人提供相关的财务文件或担保函来证明其还款能力。

3. 第三方担保

第三方担保是指通过专门的担保机构或银行等第三方提供保证。这些机构通常具有更强的还款能力和信用评级,能够提供更可靠的担保。第三方担保可以增加出租人对租赁交易的信心,并提高承租人的借款能力。

(二) 融资租赁合同的抵押担保

融资租赁合同的抵押担保是指借款人将其财产(如房产、车辆、设备等)作为担保物抵押给出租人,以确保借款人履行合同义务的担保方式。如果借款人未能按时履行合同义务,出租人有权依法将担保物变现以偿还借款。融资租赁合同中常见的抵押担保方式有:

(1) 不动产抵押:借款人将房地产作为担保物抵押给出租人。出租人拥有对该不动产的抵押权,并在借款人未能履行借款义务时,有权通过司法程序变卖抵押物来回收借款。

(2) 动产抵押:借款人将动产(如车辆、设备等)作为担保物抵押给出租人。出租人在借款人未能履行借款义务时,有权依法取得该动产的担保权,并通过变卖等方式回收借款。

(三) 融资租赁合同的质押担保

融资租赁合同的质押担保是指借款人将其个人或企业拥有的财产或其他有价值的资产(如股权、存款、证券等)作为担保物质押给出租人,以确保借款人履行合同义务的

担保方式。如果借款人未能按时履行合同义务,出租人有权依法处置质押物以回收借款。融资租赁合同中常见的质押担保方式有:

(1)股权质押:借款人将所持有的股权(如公司股份、合伙权益等)作为担保物质押给出租人。出租人在借款人未能按时履行合同义务时,有权依法取得质押股权,并通过处置股权来回收借款。

(2)存款证券质押:借款人将自己的存款、定期存单、债券等金融证券作为担保物质押给出租人。出租人在借款人未能履行借款义务时,有权依法取得担保物,并通过变卖或抵销债务等方式回收借款。

(四)融资租赁合同的留置担保

留置担保是指出租人(也称为留置人)在借款人未能按时履行合同义务的情况下,通过留置借款人的财产或资产来确保其权益的一种担保方式。融资租赁合同中常见的留置担保包括:

(1)设备留置:在设备融资租赁合同中,出租人可以留置所出租的设备作为担保。如果借款人未能按照合同约定支付租金或履行其他义务,出租人有权留置设备并依法处置用以回收借款。

(2)货物留置:对于其他类型的融资租赁合同,出租人可以根据合同约定留置借款人所购买的货物作为担保。在借款人未能支付款项或履行其他义务的情况下,出租人有权留置货物并依法处置以回收借款。

出租人在留置担保时需确保以下几点:

(1)留置物必须确实属于借款人,且具有价值。

(2)出租人在遵守法定留置程序的前提下,有权合法留置担保物。

(3)出租人在留置期间承担相应的保管责任,保证担保物的完好和保值。

(五)融资租赁合同的定金担保

融资租赁合同中的定金担保是指借款人在签订融资租赁合同时,向出租人支付一定金额的定金作为担保,以确保借款人履行合同义务的一种方式。定金担保在融资租赁合同中的作用包括以下两种。

1.展示借款人的诚意

支付定金可以展示借款人对租赁交易的诚意和决心。借款人支付一定金额的定金,表明他们希望继续进行租赁交易,并在一定程度上减少了出租人的风险。

2.保证履约

定金作为一种担保手段,迫使借款人履行合同义务。如果借款人未能按照合同约定支付租金或履行其他义务,出租人有权依据合同条款保留定金,或采取其他合法手段来追索损失。

三、融资租赁担保合同范式

融资租赁担保合同

甲方：_____
乙方：_____

甲方需向_____（《融资租赁合同》出租方）融资，请求乙方为其融资提供担保，为明确双方的权利和义务，根据我国《民法典》及相关法律、法规，经双方协商一致，特订立本合同，以便双方共同遵守。

第一条 被担保的主债权种类、数额。
一、被担保的主债权为主合同项下债权人的租金和利息共计：_____元。
二、租赁物件的价值共计：_____元。

第二条 乙方的权利和义务。
一、有权检查、监督甲方所贷款项的使用情况和生产经营情况；
二、有权要求甲方提供反担保（包括不限于抵押、质押、保证）；
三、甲方如不能按期偿还贷款，从乙方代为偿还之日起，乙方即有权要求甲方和反担保人共同承担债务责任，并有权依法处置抵押物、质押物后优先受偿；
四、乙方按担保金额一次性向甲方收取担保手续费，收费标准为年息____%；（不足一个月的按照一个月计算）
五、在甲方符合担保贷款条件和提供反担保条件的情况下，及时为甲方办理贷款担保。

第三条 甲方的权利和义务。
一、按照申请贷款担保的条件提供乙方要求的各类资料；
二、甲方向乙方提供以下反担保措施并承诺在银行发放贷款前完成；
三、甲方整个贷款手续办理结束后，必须将借款合同、保证合同、放款凭证复印件等相关资料送交乙方一份留存；
四、甲方必须按申请用款事由使用贷款，接受乙方的检查和监督，并按期向乙方提供财务报表等资料；
五、甲方按借款合同所定期限归还贷款本息；
六、在乙方为甲方出具贷款担保书之前，甲方应一次性向乙方支付担保手续费，如甲方提前还款，乙方按实际担保日期（不足一个月的按照一个月计算）收取担保手续费；
七、乙方提供担保后，甲方与银行如需修改担保合同或变更主合同时，需征得乙方书面同意，否则乙方不承担担保责任。

第四条 甲方不能如期归还贷款必须提前30天通知乙方，并说明原因，由乙方征求银行意见后，确定是否同意展期担保。

第五条 甲方违反本合同的约定，应向乙方支付担保金额的每日千分之五的违约金。

第六条 如甲方贷款逾期，从乙方为甲方代为偿还之日起，即有权收取损失的利息。

第七条 协议管辖：甲、乙双方在执行本协议过程中产生争议，由双方协商，协商不成双方应向乙方所在地的人民法院进行诉讼解决。

第八条　本合同经双方法定代表人或委托代理人签字或盖章即生效。本合同一式二份,甲、乙双方各执一份,反担保保证合同、抵(质)押合同是本合同的从合同,与本合同具有同等效力。

甲方：_____（章）　　　　　　　　　乙方：_____（章）
代表：_____　　　　　　　　　　　　代表：_____
　　　　　　月　　日　　　　　　　　　　　　　　　　　月　　日

▶ 思考题

1. 叙述融资租赁合同与普通租赁合同的主要差异和联系。
2. 解释融资租赁合同的主体资格,以及为何要有特定的主体资格要求。
3. 阐述融资租赁合同中可能出现的特殊性条款,以及这些条款可能引发的问题和影响。
4. 描述融资租赁合同签订的一般步骤,并举例说明每一步在实务中如何操作。
5. 讨论融资租赁合同履行的概念及原则,并解释它们在合同执行过程中的重要性。
6. 概述融资租赁担保的概念及其在融资租赁中的功能和重要性。
7. 对比分析不同融资租赁合同担保方式的优缺点和适用场合。

第六章 租金的确定与计算

融资租赁市场与股票市场、债券市场、期货市场、外汇市场一样属于资本市场,其主要功能是实现长期资本融通。定价问题是资本市场的核心问题。由于融资租赁以租赁方式实现融资,所以定价问题表现为租金的确定问题。因此,租金的确定与计算在融资租赁的实务中就相当重要,它包含租金的构成要素、租金的计算、违约金的计算、损失赔偿费用计算四个方面的问题。在本章中,我们遵循先理论讲解、后实务举例的思路,逐一介绍。

第一节 租金的构成要素

融资租赁中的租金,本质上是对融资租赁中的债权债务关系的一种反映;是出租人凭借债权获得的收入;租金和费用可以理解为一定量债权乘以某个"系数"的结果。所以,本节是先界定债权,再介绍影响"系数"的因素。

一、货币债

本章重点关注融资租赁合同中的货币债。货币债,又称为"金钱债",是指以给付一定数额的金钱为标的的债务。由于此类债务给付的标的本身是充当一切商品的等价物的货币,不可能也没有必要转化为其他债务或者以其他违约责任形式取代继续履行。这种货币债包括:直接货币债、或有货币债,以及随机货币债等类别。直接货币债,包括租金和费用在本章的第二节加以介绍;或有货币债,包括违约金、延迟息罚息及损失赔偿金,在本章的第三、四两节介绍。

通常情况下，融资租赁合同的租金应根据购买租赁物的大部分或者全部成本，以及出租人的合理利润来确定，但目前国际和国内融资租赁领域，除保留传统的固定租金方式外，已越来越多地采用灵活的、多形式的、非固定的租金支付方式，以适应日趋复杂的融资租赁关系和当事人双方的需要。在融资租赁交易中，当事人经常根据承租人对租赁物的使用量，或者参照承租人销售额的百分比，通过使用租赁物所获得的收益来确定支付租金的多少和方式。这称为随机货币债。可以看出，这种方式类似于分成。

二、租金与费用的概念

通常情况下，出租人消耗在租赁物上的价值构成租金。主要包括三部分。

（1）租赁物的成本。它包含租赁物的买价、运输费、保险费、调试安装费等。

（2）利息。出租人为购买租赁物向银行贷款而支付的利息，该利息按银行贷款利率的复利计算。

（3）手续费用和利润。其中手续费用是指出租方在经营租赁过程中所开支的费用，包括业务人员工资、办公费、差旅费等，因手续费用通常较少，一般均不计入利息。

在理论和现实当中，租金与费用的界定并不一定十分清晰。一般而言，租金用于计息摊付租赁物件的全额购置成本或出租人所应承担的那一部分购置成本。费用用于偿付出租人的经营成本。需要注意，两者又同时包含了出租人在该合同项下的利润。另一方面，购置成本与经营成本之间也没有绝对的界限，但是从理论上要把费用和租金区分开来，仅仅是为了说明哪一类成本是一次收回，哪一类成本在整个租赁期间摊收，换句话说就是一个可以与某一时点对应，另外一个是在整个时间段当中去分摊，而不能和某一个时间点相对应。

三、影响租金的因素

约定租金时需要考虑的要素比较多，主要有五个方面：其一，币种选择；其二，支付间隔期；其三，成本摊收方式；其四，租赁利率或租赁费率；其五，成本核算。现简述如下。

1. 币种选择

租金所适用的币种不一定是租赁物购置时的币种。换言之，买卖合同中的币种，未必与购置合同中的货币相一致。租赁合同中的币种由融资租赁双方约定。在此种约定时，首要的考虑因素，是要使整个租赁期限内，由汇率而引致的风险最小化。

2. 支付间隔期的确定

显然，租金需在租赁期限内支付完毕，那么租赁期限的约定，需要考虑哪些因素呢？在约定的租赁期限内，需要进一步约定的是租金支付的间隔期，即多长时间支付一次，每期是期初支付还是期末支付。考虑到承租人在租赁期限内的现金流状况，往往可能约定某个宽限期。

3. 成本摊收方式

采用何种方法摊收成本,并没有一定的规则,完全可由双方灵活约定,常见方法有等额还本法、递增还本法和不规则还本法。在等额还本法当中,成本是等额的,同时收取未回收成本的利息,结果是各期租金并不等额;递增还本法,就是等额年金法,其效果是各期租金相等,所收取的利息随成本余额的递减而减少,相应地,其中所摊收的成本则随其次的推移而递增;不规则还本法,由双方约定,在特定时点偿还特定数额成本,而在各期的期初或期末收取成本余额的利息,采用这种方法时,租金也不是等额的。

4. 租赁利率或租赁费率

所谓租赁利率或租赁费率,是指承租人等效于占有出租人的资金而应付出的代价。这个利率可以有不同的确定方式,由双方协议确定,可以以固定利率的形式出现,亦可以约定由金融市场某个参照利率作为租赁利率。或由前两种情况中所确定的利率乘以某一"系数"来确定租赁利率。例如,伦敦金融市场同业拆借利率;再如,中国银行按6个月浮动的3年以上至5年美元贷款利率加1.5%来构成租赁利率。

5. 成本核算

列入购置成本的项目,通常不止一个,亦有不同的发生日。即使只有一个项目、一个发生日,这个发生日也不会同约定的起租日自然重合。因而这些项目的数额不能直接代入租金公式,而是要计算相应的时间价值。一般使用现值或者本金 PV 来表示起租日租赁物购置成本。但这只是一种泛指,具体的计算方式还要看有无宽限期。无宽限期,需计算至起租日的本利和,或折现值,然后求总和。若有宽限期,宽限期末日不付息,则代入租金公式的 PV,是指宽限末日的购置成本。

四、购置成本

在实务中,凡租赁物于境内购置时,货价即为购置成本。而如果租赁物为境外购置时,货价之外还需加上境外运输所产生的保险费与境外运输费之和。即以 CIF (Cost Insurance and Freight)总价列为购置成本。按此术语成交,货价的构成因素包括从装运港到约定目的地港的通常运费和约定的保险费(FOB+运费+保险费)。如前所述,用 PV 来表示起租日租赁物购置成本只是一种泛指,具体的计算方式还要分为会计成本 PV_0、合同成本 PV_1、起租日合同成本 PV_2、宽限期末日租赁合同成本 PV_3。

五、成本确定的方法

1. 会计成本 PV_0

会计成本 PV_0 包含两部分内容，CIF 总价和出租人在购买环节中为承租人垫付的其他费用，其确定方法前已述及。但是在实务中存在三种需要变通的情形：第一，购买合同项下发生多次支付，且各次支付额之总和不等于购买合同价时，用实际支付总额取代买卖合同价来代表 CIF 总价。第二，购买合同与融资租赁合同币种不同的时候，要考虑不同币种间的汇率问题。当出租人依据租赁合同的约定，受承租人的委托，以承租人所接受的汇率，用融资租赁合同租金的币种，买入购买合同所需币种，以便向出卖人支付时，会计成本以融资租赁合同币种按购汇时实际发生的即期汇率来确定。第三，即使购买合同与融资租赁合同币种相同，还是有可能会出现会计成本中含有用其他币种支付项目情形。该支付项目的数额，应按实际支付日外汇市场实付币种卖出价，折算成合同币种来记入会计成本。

2. 合同成本 PV_1

如上文所述，仅包含 CIF 总价及出租人在购买环节中为承租人垫付的其他费用之和的合同成本，称为会计成本。而合同成本中除含 CIF 总价、出租人在购买环节中为承租人垫付的其他费用，还包括前两者之外的收费项目。合同成本是一个未考虑时间价值的概念，因此在计算租金的公式中，合同成本需要加以修正。另一方面，有些融资租赁合同约定，计算租金时只考虑摊提部分购置成本，而不是全部，则结算合同成本时用的会计成本数额为会计成本 $PV_0 \times$ 摊提系数。

3. 起租日合同成本 PV_2

由于租赁合同中各种费用的支付日期不一样，有必要把不同时期的费用统一到一个时间点上。所以，起租日合同成本是合同成本中各个项目至起租日的本利和或折现值的总和。各类项目的发生日制约起息日和折现日。在一般情况下，合同约定开证金额可以以开证日为发生日，实付额可以以支付日为发生日。具体计算公式如下：

当计息期小于 6 个月时，

$$各项目至起租日本利和 = 该项目数额 \times \left(1 + \frac{r}{360} \times 计息期天数\right)$$

当计息期大于 6 个月时，

$$各项目至起租日本利和 = 该项目数额 \times \prod \left(1 + \frac{计息期天数_i}{360} \times r_i\right)\left(1 + \frac{r_剩}{360} \times 剩余计息期天数\right)$$

$$各项目至起租日折现值 = \left(1 + \frac{r}{360} 天数\right)^{-1} = 该项目数额 \times \prod \left(1 + \frac{计息期天数_i}{360} \times \right.$$

$$r_i)^{-1}\left(1+\frac{r_{剩}}{360}剩余天数\right)^{-1}$$

其中，r 是年化市场利率，r_i 是计息天数小于 6 个月时的利率，$r_{剩}$ 是计息天数大于 6 个月时超过天数的利率。

4. 宽限期末日合同成本 PV_3

合同附有宽限期，宽限期末日不付息。代入租金公式的现值为宽限期末日合同成本，用 PV_3 表示。

$$宽限期末日合同成本 = 起租日合同成本 \times \left(1+\frac{宽限期天数 \times 起租日\, r}{360}\right)$$

$$宽限期末日合同成本 = 起租日合同成本 \times \prod\left(1+\frac{宽限期天数_i}{360}\times r_i\right)$$

若租赁合同包含若干宽限期，且每个期末不付息，则需要使用第二个公式。其中，i 是指第 i 个宽限期，$\prod$ 是连乘符号。

5. 合同成本结算单

合同成本结算单是记载起租日或宽限期末日合同成本的工作单证。结算单的重要性是不言而喻的，它是计算租金的基础。结算单的内容包括：融资租赁合同条件，购置成本项目的名称、币种、数额、发生日期，计息利率，折现天数，至起租日的本利和或折现值。示例见表 6-1 和表 6-2。

表 6-1　合同成本结算表

合同号_____　　承租人_____　　租金币种_____
购买合同条件_____　　起租日_____　　利率_____
第一宽限期末日_____　　第一宽限期利率_____　　第一宽限期末日是否付息____（是/否）
第二宽限期末日_____　　第二宽限期利率_____　　第二宽限期末日是否付息____（是/否）
财产投保年限_____年

摘要	费率(%)	金额	起息/折现日	计息利率/折现率(%)	至起租日 天数	至起租日 金额
预定金						
信用证金额 1						
信用证金额 2						
……						
尾金						
境外运输费						
境外运输保险费						
打入成本的财产保险费						
直接汇付金额 1						

续 表

摘要	费率(%)	金额	起息/折现日	计息利率/折现率(%)	至起租日 天数	至起租日 金额
直接汇付金额 2						
……						
财务费(打入××成本)						
……						
考察费						
打入成本的其他金额						
合同成本合计						

会计成本 PV_0 ＿＿＿＿＿＿＿＿＿＿＿＿＿＿＿＿＿＿＿＿＿＿＿＿＿＿＿＿
合同成本 PV_1 ＿＿＿＿＿＿＿＿＿＿＿＿＿＿＿＿＿＿＿＿＿＿＿＿＿＿＿＿
起租日合同成本 PV_2 ＿＿＿＿＿＿＿＿＿＿＿＿＿＿＿＿＿＿＿＿＿＿＿＿
宽限期末日合同成本 PV_3 ＿＿＿＿＿＿＿＿＿＿＿＿＿＿＿＿＿＿＿＿＿

表 6-2 合同成本结算表(实例)

合同号＿＿＿＿＿＿＿＿＿＿＿＿ 承租人＿＿＿＿＿＿＿＿＿ 租金币种 __美元__
购买合同条件 __FOB法兰克福__ 起租日 __2016年7月15日__ 利率 __9.687 5%__
第一宽限期末日＿＿＿＿＿＿＿＿ 第一宽限期利率＿＿＿＿＿＿ 第一宽限期末日是否付息＿＿＿(是/否)
第二宽限期末日＿＿＿＿＿＿＿＿ 第二宽限期利率＿＿＿＿＿＿ 第二宽限期末日是否付息＿＿＿(是/否)
财产投保年限＿＿＿＿＿＿＿＿年

摘要	费率/%	金额/元	起息/折现日	计息利率/折现率(%)	至起租日 天数	至起租日 金额/元
预定金		14 000.00	2016年3月20日	9.687 5	117	14 440.78
信用证金额 1		200 000.00	2016年5月10日	9.687 5	66	203 552.08
信用证金额 2						
……						
尾金		15 327.28	2017年3月15日	9.687 5		14 372.12
境外运输费		3 126.56	2016年9月20日	9.687 5		3 071.19
境外运输保险费		1 374.68	2016年9月20日	9.687 5		1 350.33
境外运输保险费		528.39	2016年7月15日	9.687 5	0	528.39
打入成本的财产保险费						
直接汇付金额 1						

续　表

摘要	费率/%	金额/元	起息/折现日	计息利率/折现率(%)	至起租日 天数	至起租日 金额/元
直接汇付金额2						
……						
财务费(打入××成本)	0.300 0	932.45	2016年5月10日	9.687 5	66	963.36
……						
考察费		615.17	2016年3月25日	9.687 5	112	650.64
打入成本的其他金额						
合同成本合计		235 904.53				238 928.89

会计成本 PV_0 234 972.08 元
合同成本 PV_1 235 904.53 元
起租日合同成本 PV_2 238 928.89 元
宽限期末日合同成本 PV_3

第二节　租金的计算

在我国融资租赁实务中,租金的计算是一个相对复杂的问题。如上文所述,影响租金计算的因素包括:币种、支付方式、利率,以及哪些因素可计入成本、成本的核算方式等等。本节将首先介绍不同支付方式下的租金计算公式;然后结合实际案例分九种情况介绍租金的计算过程;最后,对费用处理的一些特殊问题加以介绍。

一、关于租金支付的一些概念

1. 租金的支付方式
(1) 按支付间隔期的长短,分为年付、半年付、季付和月付等方式。
(2) 按在期初和期末支付,分为先付租金和后付租金两种。
(3) 按每次支付额,分为等额支付和不等额支付两种。实务中,承租企业与租赁公司商定的租金支付方式,大多为后付等额年金。

2. 租金的计算方法
我国融资租赁实务中,租金的计算大多采用平均分摊法和等额年金法。平均分摊法就是先以商定的利息率和手续费率计算租赁期间的利息和手续费,然后连同设备成本按支付次数进行平均。每次支付租金＝[(租赁设备购置成本－租赁设备的预计净残值)＋租赁期间的利息＋租赁期间的手续费]/租期。

等额年金法就是利用年金现值的计算公式经变换后计算每期支付租金的方法。

3. 租金计算中的一些注意事项

租金是起租日或宽限期末日合同成本的分期计息摊付。并非只有合同成本,还包括分期计息。因此,各期租金是该期租金中应摊付的成本与该期期初日合同成本余额在该期内应计的利息之和。租金从起租日开始计算,即从起租日开始对起租日合同成本余额计息,计息时 6 个月复利一次。

二、基本公式

1. 等额租金先付法的计算公式

$$各期租金 = C \times \frac{\left(1 + \frac{r}{n} \times \frac{365}{360}\right)^{成本摊付次数-1} \times \frac{r}{n} \times \frac{365}{360}}{\left(1 + \frac{r}{n} \times \frac{365}{360}\right)^{成本摊付次数} - 1}$$

其中,C 为起租日或宽限期末日合同成本,r 为合同年利率,n 为年支付次数。

2. 不等额租金先付法的计算公式

$$第一期租金 = \frac{PV_2}{成本摊付次数}$$

3. 等额租金后付法的计算公式

$$各期租金 = C \times \frac{\left(1 + \frac{r}{n} \times \frac{365}{360}\right)^{成本摊付次数} \times r \times \frac{365}{360}}{\left(1 + \frac{r}{n} \times \frac{365}{360}\right)^{成本摊付次数} - 1}$$

4. 只付息不还本的租金计算公式

$$本期租金 = 本期期初合同成本余额 \times r \times 本期天数 / 360$$

三、常见计算案例

下列租金计算的案例按照利率是否固定,租金先付、后付,是否含宽限期,宽限期末日是否付息,是否等额还本进行分类。

1. 固定利率合同,租金先付

案例合同条件,起租日合同成本 600 000.00 元,起租日为 2020 年 1 月 20 日,租赁期限 42 个月,自起租日起每 6 个月付租金一次,共付 7 次。首次租金日为 2020 年 1 月 20 日,末次租金日为 2023 年 1 月 20 日,合同利率为固定利率 5.917 8%。

计算过程如下:

第一步:第一期租金 $=600\,000.00\times\dfrac{\left(1+\dfrac{0.059\,178}{2}\times\dfrac{365}{360}\right)^6\times\dfrac{0.059\,178}{2}\times\dfrac{365}{360}}{\left(1+\dfrac{0.059\,178}{2}\times\dfrac{365}{360}\right)^7-1}$

$=93\,575.61$(元)

可得到表 6-3 第三列应付金额的数字(因为是等额租金先付,所以第三列 7 个数字均相等)。

第二步:本期付租后成本余额 $=600\,000.00-93\,575.61=506\,424.39$(元)

第三步:第二期所含利息 $=506\,424.39\times\dfrac{0.059\,178}{2}\times\dfrac{365}{360}=506\,424.39\times 3\%=15\,192.73$(元)

第四步:第二期所含成本 $=93\,575.61-15\,192.73=78\,382.88$(元)

重复第二步至第四步步骤,直至表格填充完毕。

表 6-3　固定利率,租金先付法计算结果　　　　　　　　　　单位:元

期次	应付日	应付金额	其中含成本	其中含利息	本期付租后成本余额
1	2020 年 1 月 20 日	93 575.61	93 575.61	0	506 424.39
2	2020 年 7 月 20 日	93 575.61	78 382.88	15 192.73	428 041.51
3	2021 年 1 月 20 日	93 575.61	80 734.36	12 841.25	347 307.15
4	2021 年 7 月 20 日	93 575.61	83 156.40	10 419.21	264 150.75
5	2022 年 1 月 20 日	93 575.61	85 651.09	7 924.52	178 499.66
6	2022 年 7 月 20 日	93 575.61	88 220.62	5 354.99	90 279.04
7	2023 年 1 月 20 日	93 575.61	90 279.04	2 708.37	0
合计	—	655 029.27	600 000.00	—	—

2. 固定利率合同,租金后付

案例合同条件:起租日合同成本 5 248 007.86 元,起租日为 2019 年 7 月 20 日,租赁期限 42 个月,自起租日起,每 6 个月付租金一次,共付 7 次。首次租金日是 2020 年 1 月 20 日,末次租金日是 2023 年 1 月 20 日,合同利率为固定利率 6.187 5%,计算时用 365/360 加以调整。因此,各期租金如表 6-4 所示(计算方法类似于第一种情况,区别只在于后付)。

表 6-4　固定利率,租金后付法计算结果　　　　　　　　　　单位:元

期次	应付日	应付金额	其中含成本	其中含利息	本期付租后成本余额
1	2020 年 1 月 20 日	846 684.21	682 068.96	164 615.25	5 248 007.86
2	2020 年 7 月 20 日	846 684.21	703 463.55	143 220.66	4 565 938.90

续 表

期次	应付日	应付金额	其中含成本	其中含利息	本期付租后成本余额
3	2021年1月20日	846 684.21	725 529.22	121 154.99	3 862 475.35
4	2021年7月20日	846 684.21	748 287.03	98 397.18	3 136 946.13
5	2022年1月20日	846 684.21	771 758.69	74 925.52	2 388 659.10
6	2022年7月20日	846 684.21	795 966.59	50 717.62	1 616 900.41
7	2023年1月20日	846 684.21	820 933.82	25 750.39	820 933.82
合计	—	5 926 789.47	5 248 007.86	678 781.61	—

3. 固定利率合同，租金后付，含宽限期，但宽限期末日不付息

案例合同条件：起租日合同成本为 5 088 823.11 元。起租日是 2019 年 1 月 20 日。租赁期 48 个月，含 6 个月宽限期，宽限期末日为 2019 年 7 月 20 日，宽限期末日不付息。自宽限期末日起，每 6 个月付租金一次，共需支付 7 次。首次租金日为 2020 年 1 月 20 日，末次租金日为 2023 年 1 月 20 日。合同利率为固定利率 6.187 5%，计算时用 365/360 加以调整。代入含本息租金时，公式的利率是 6.273 437 5，宽限期末日合同成本是 5 248 007.86 元。各期租金如表 6-5 所示。

表 6-5 固定利率，租金后付，含宽限期，但宽限期末日不付息计算结果　　　单位：元

期次	应付日	应付金额	其中含成本	其中含利息	本期付租后成本余额
1	2020年1月20日	846 684.21	682 068.96	164 615.25	5 248 007.86
2	2020年7月20日	846 684.21	703 463.55	143 220.66	4 565 938.90
3	2021年1月20日	846 684.21	725 529.22	121 154.99	3 862 475.35
4	2021年7月20日	846 684.21	748 287.03	98 397.18	3 136 946.13
5	2022年1月20日	846 684.21	771 758.69	74 925.52	2 388 659.10
6	2022年7月20日	846 684.21	795 966.59	50 717.62	1 616 900.41
7	2023年1月20日	846 684.21	820 933.82	25 750.39	820 933.82
合计	—	5 926 789.47	5 248 007.86	678 781.61	—

4. 固定利率合同，租金后付，含宽限期，宽限期末日付息

案例合同条件：起租日合同成本为 5 248 007.86 元。起租日是 2019 年 1 月 20 日。租赁期 48 个月，含 6 个月宽限期，宽限期末日为 2019 年 7 月 20 日，宽限期末日付息。自宽限期末日起，每 6 个月付租金一次，共需支付 8 次。首次租金日为 2019 年 7 月 20 日，末次租金日为 2023 年 1 月 20 日。合同利率为固定利率 6.187 5%，计算时用 365/360 加以调整。代入含本息租金时，公式的利率是 6.273 437 5，宽限期末日合同成本与起租日合同成本相同，为 5 248 007.86 元。各期租金如表 6-6 所示。

表6-6　固定利率,租金后付,含宽限期,宽限期末日付息计算结果　　　单位:元

期次	应付日	应付金额	其中含成本	其中含利息	本期付租后成本余额
1	2019年7月20日	164 164.25	0	164 164.25	5 248 007.86
2	2020年1月20日	846 684.21	682 068.96	164 615.25	5 248 007.86
3	2020年7月20日	846 684.21	703 463.55	143 220.66	4 565 938.90
4	2021年1月20日	846 684.21	725 529.22	121 154.99	3 862 475.35
5	2021年7月20日	846 684.21	748 287.03	98 397.18	3 136 946.13
6	2022年1月20日	846 684.21	771 758.69	74 925.52	2 388 659.10
7	2022年7月20日	846 684.21	795 966.59	50 717.62	1 616 900.41
8	2023年1月20日	846 684.21	820 933.82	25 750.39	820 933.82
合计	—	6 090 953.72	5 248 007.86	842 945.86	

5. 浮动利率合同,等额还本,租金先付

案例合同条件:起租日合同成本8 000 000.00元,起租日2015年7月20日,租赁期限48个月,自起租日起,每6个月付租金一次,共付8次,各次等额还本成本余额计息,首次租金日为2015年7月20日,末次租金日为2019年1月20日,合同利率浮动,利率是各期期初日的伦敦同业拆借利率LIBOR+3%。各期租金如表6-7所示。

表6-7　浮动利率,等额还本,租金先付计算结果　　　单位:元

期次	本期利率/%	应付日	应付金额	其中含成本	其中含利息	本期期初日成本余额
1		2015年7月20日	1 000 000.00	1 000 000.00	0	8 000 000.00
2	8.812 5	2016年1月20日	1 315 291.67	1 000 000.00	315 291.67	7 000 000.00
3	8.562 5	2016年7月20日	1 259 729.17	1 000 000.00	259 729.17	6 000 000.00
4	9.000 0	2017年1月20日	1 230 000.00	1 000 000.00	230 000.00	5 000 000.00
5	8.687 5	2017年7月20日	1 174 715.28	1 000 000.00	174 715.28	4 000 000.00
6	8.937 5	2018年1月20日	1 137 041.67	1 000 000.00	137 041.67	3 000 000.00
7	9.187 5	2018年7月20日	1 092 385.42	1 000 000.00	92 385.42	2 000 000.00
8	8.820 0	2019年1月20日	1 045 080.00	1 000 000.00	45 080.00	1 000 000.00
合计	—	—	9 254 243.21	8 000 000.00	1 254 243.21	—

6. 浮动利率合同,等额还本,租金后付

案例合同条件:起租日合同成本7 000 000.00元,起租日2015年7月10日,租赁期限42个月,自起租日起,每6个月付租金一次,共付7次,各次等额还本,成本余额计息。首次租金日为2016年1月20日,末次租金日为2019年1月20日,合同利率浮动,利率是各期期初日的伦敦同业拆借利率LIBOR+3%。各期租金如表6-8所示。

表 6-8 浮动利率,等额还本,租金后付计算结果 单位:元

期次	本期利率/%	应付日	应付金额	其中含成本	其中含利息	本期期初日成本余额
1	8.812 5	2016 年 1 月 20 日	1 315 291.67	1 000 000.00	315 291.67	7 000 000.00
2	8.562 5	2016 年 7 月 20 日	1 259 729.17	1 000 000.00	259 729.17	6 000 000.00
3	9.000 0	2017 年 1 月 20 日	1 230 000.00	1 000 000.00	230 000.00	5 000 000.00
4	8.687 5	2017 年 7 月 20 日	1 174 715.28	1 000 000.00	174 715.28	4 000 000.00
5	8.937 5	2018 年 1 月 20 日	1 137 041.67	1 000 000.00	137 041.67	3 000 000.00
6	9.187 5	2018 年 7 月 20 日	1 092 385.42	1 000 000.00	92 385.42	2 000 000.00
7	8.820 0	2019 年 1 月 20 日	1 045 080.00	1 000 000.00	45 080.00	1 000 000.00
合计	—	—	8 254 243.21	7 000 000.00	1 254 243.21	—

7. 浮动利率合同,等额还本,租金后付,含宽限期,宽限期末日付息

案例合同条件:起租日合同成本 7 000 000.00 元,起租日 2015 年 1 月 20 日,租赁期限 48 个月,含 6 个月的宽限期,宽限期末日为 2015 年 7 月 20 日,宽限期末日付息,自宽限期末日起,每 6 个月付租金一次(包含本息),共付 7 次。首次租金日为 2016 年 1 月 20 日,末次租金日为 2019 年 1 月 20 日,合同利率浮动,利率是各期期初日的伦敦同业拆借利率 LIBOR+3%。宽限期末日成本为 7 000 000.00 元。各期租金如表 6-9 所示。自起租日起,每 6 个月付租金一次,共付 8 次,各次等额还本成本余额计息,首次租金日为 2015 年 7 月 20 日,末次租金日为 2019 年 1 月 20 日,合同利率浮动,利率是各期期初日的伦敦同业拆借利率 LIBOR+3%。各期租金如表 6-9 所示。

表 6-9 浮动利率,等额还本,租金后付,宽限期末日付息计算结果 单位:元

期次	本期利率/%	应付日	应付金额	其中含成本	其中含利息	本期期初日成本余额
1	9.875 0	2015 年 7 月 20 日	1 000 000.00	0	347 545.14	7 000 000.00
2	8.812 5	2016 年 1 月 20 日	1 315 291.67	1 000 000.00	315 291.67	7 000 000.00
3	8.562 5	2016 年 7 月 20 日	1 259 729.17	1 000 000.00	259 729.17	6 000 000.00
4	9.000 0	2017 年 1 月 20 日	1 230 000.00	1 000 000.00	230 000.00	5 000 000.00
5	8.687 5	2017 年 7 月 20 日	1 174 715.28	1 000 000.00	174 715.28	4 000 000.00
6	8.937 5	2018 年 1 月 20 日	1 137 041.67	1 000 000.00	137 041.67	3 000 000.00
7	9.187 5	2018 年 7 月 20 日	1 092 385.42	1 000 000.00	92 385.42	2 000 000.00
8	8.820 0	2019 年 1 月 20 日	1 045 080.00	1 000 000.00	45 080.00	1 000 000.00
合计	—	—	9 254 243.21	7 000 000.00	1 601 788.35	—

8. 浮动利率合同,等额还本,租金后付,宽限期末日不付息

案例合同条件:起租日合同成本7 000 000.00元,起租日2015年1月20日,租赁期限48个月,含6个月的宽限期,宽限期末日为2015年7月20日,宽限期末日不付息,自宽限期末日起,每6个月付租金一次(包含本息),共付7次。首次租金日为2016年1月20日,末次租金日为2019年1月20日,合同利率浮动,利率是各期期初日的伦敦同业拆借利率LIBOR+3%。宽限期末日成本为7 000 000.00元。各期租金如表6-10所示。

表6-10 浮动利率合同,等额还本,租金后付,宽限期末日不付息计算结果　　　单位:元

期次	本期利率/%	应付日	应付金额	其中含成本	其中含利息	本期期初日成本余额
1	8.812 5	2016年1月20日	1 315 291.67	1 000 000.00	315 291.67	7 000 000.00
2	8.562 5	2016年7月20日	1 259 729.17	1 000 000.00	259 729.17	6 000 000.00
3	9.000 0	2017年1月20日	1 230 000.00	1 000 000.00	230 000.00	5 000 000.00
4	8.687 5	2017年7月20日	1 174 715.28	1 000 000.00	174 715.28	4 000 000.00
5	8.937 5	2018年1月20日	1 137 041.67	1 000 000.00	137 041.67	3 000 000.00
6	9.187 5	2018年7月20日	1 092 385.42	1 000 000.00	92 385.42	2 000 000.00
7	8.820 0	2019年1月20日	1 045 080.00	1 000 000.00	45 080.00	1 000 000.00
合计	—	—	8 254 243.21	7 000 000.00	1 254 243.21	/

9. 浮动利率合同,租金后付,不规则还本,余额计息

案例合同条件:起租日合同成本1 000 000.00元,起租日2014年5月20日,租赁期限48个月,自起租日起每6个月付息一次,共付7次,其中第5次和第7次分别还本金500 000.00元。首次租金日是2014年11月20日,末次租金日是2017年11月20日,合同利率浮动,利率为各期期初日的伦敦同业拆借利率LIBOR+1.5%。各期租金如表6-11所示。

表6-11 浮动利率合同,租金后付,不规则还本,余额计息计算结果　　　单位:元

期次	本期利率/%	应付日	应付金额	其中含成本	其中含利息	本期期初日成本余额
1	7.375 0	2014年11月20日	37 694.44	0	37 694.44	1 000 000.00
2	7.437 5	2015年5月20日	37 694.10	0	37 694.10	1 000 000.00
3	7.437 5	2015年11月20日	38 013.89	0	38 013.89	1 000 000.00
4	7.500 0	2016年5月20日	37 916.67	0	37 916.67	1 000 000.00
5	7.375 0	2016年11月20日	537 694.44	500 000.00	37 694.44	1 000 000.00
6	7.312 5	2017年5月20日	18 382.81	0	18 382.81	500 000.00
7	7.250 0	2017年11月20日	518 527.78	500 000.00	18 527.78	500 000.00
合计	—	—	1 225 924.13	1 000 000.00	225 924.13	—

四、关于费用的处理

1. 费用的含义

费用是对经营成本的偿付。凡租赁合同中列为费用的项目,应符合两个条件:其一,金额已确定故而无须另行结算;其二,应在规定日期按确定金额不计息支付。

2. 费用确定

费用确定主要包括名目、金额、币种、应付日期四方面内容。费用金额的确定方式有如下几种:第一,直接记载双方商定的绝对数值;第二,以合同中已知其绝对数值的项目为基础和按双方商定的费率算出的数额记载;第三,凭将要发生支付的支付金额确定,如"未来各年度应付之保险费"。

3. 不应做费用处理的情况

租赁保证金和留购价款不是融资租赁合同的费用。在买卖合同履行中,往往会发生不可预见或金额不可预知的由出租人替承租人垫付项目,如出国考察费之类。此类项目的不确定性,使其不能按费用处理,在发生需垫款时,双方应另行订立协议,记明贷款用途、金额、币种计息、利率,及偿付期限。此类协议是独立于租赁融资合同之外的借款合同,应单独履行。

第三节 违约金的计算

随着融资租赁行业的快速发展,市场披露的融资租赁违约事件越来越多,涉及的违约金额也在加速增长。据企业预警通统计显示,2022 年已有 400 起融资租赁违约,违约金额累计已到 50 余亿元。可以预见,此类问题的严重性会日益增加,对融资租赁中违约问题的研究显得尤为重要。

一、基本概念界定

融资租赁合同中的违约是一个大概念,可以分为两大类:一类是租金迟付、未付所产生的延迟利息或罚息;另一类是因承租人根本违约或租赁物损坏灭失所引起的损失赔偿。所谓承租人的根本违约,除了承租人发生对租金的实质性拖欠外,还包括承租人发生了合同约定的应视为侵犯出租人对租赁物的处分权的行为。

承租人根本违约的损失赔偿,下一节介绍。本节重点讨论租金迟付及未付所产生的延迟利息或罚息问题。因此,本节中所讨论的违约,仅限于承租人在履行现金债务偿付责任中的违约,即对任何名目的应付金额的延迟支付、拒绝支付。

本章所讨论的违约金是对上述违约行为给出租人造成损失的经济赔偿。实践中赔偿分为两类,一类是弥补直接损失,另一类则附带有处罚性质。前者是按照合同规定的利率按迟付、结欠天数以 6 个月为一个复利期所计算的延迟利息;后者则是以每迟付一日,按某个百分率所计的罚息。

二、延迟利息的计算

理论上讲,延迟利息通常指的是在金融交易中,当债务人未能按照约定的时间偿还债务时,债权人可以要求债务人支付的额外利息。这种利息是为了补偿债权人因为债务人违约而遭受的损失。当债务人未按照约定履行到期债务时,应当支付逾期利息。实务当中,延迟利息的计算由融资租赁合同约定,表 6-12 所示的方法为读者提供了参考。但是,归根结底,延迟利息的计算并没有法律的统一约定。

表 6-12 延迟利息的计算方法[①]

		迟付且少付	迟付但多付	早付但少付	早付且多付
逾息 X	计息金额	实付额	应付额	实付额	
	计息天数	应付日至实付日天数(+)		应付日至实付日天数的绝对值(—) (可规定天数≤7 时不计息,但非必需)	
	计息年利率	合同利率(固定利率)		本期年利率(浮动利率)	
	计息公式	每 6 个月复利计算		单利计算	
逾息 X 息	计息金额	逾息 X			
	计息天数	实付日至统计、通知、结账、入账日天数		实付日至统计、通知、结账、入账日天数 (可规定天数≤7 时不计息,但非必需)	
	计息年利率	合同利率(固定利率)		本期年利率(浮动利率)	
	计息公式	每 6 个月复利计算本利和		单利本利和	
逾息 0	计息金额	应付额与实付额之差			
	计息天数	实付日至统计、通知、结账、入账日天数			
			(可规定天数≤7 时不计息,但非必需)		(可规定天数≤7 时不计息,但非必需)
	计息年利率	合同利率(固定利率)		本期年利率(浮动利率)	
	计息公式	每 6 个月复利计算	单利计算	每 6 个月复利计算	单利计算

---

① 裘企阳.融资租赁:理论探讨与实务操作[M].北京:中国财政经济出版社,2001:89.

续 表

摘要	迟付且少付	迟付但多付	早付但少付	早付且多付
说明	① 本表中的天数皆为日历天数,算尾不算头。 ② 关于早付的利息计算,出租人可能规定与迟付利率不同的利率。本表中采用相同的迟付早付利率。			

表 6-12 中所涉及的术语约定如下。

迟付是指实付日后于应付日。早付是指实付日先于应付日。少付是某次实付额小于截至该日的应付未付额。多付是某次实付额大于截至该日的应付未付额。欠付是指,截至统计、通知、结账、入账日的各次实付额之和小于截至该日的应付额。

迟付发生的逾息,按照发生的先后,以逾息 X 表示(X 的取值为 1,2,3,…)。特别地,欠付额的逾息以逾息 0 表示。所以,当迟付发生,而欠付未发生时,逾息 0 等于 0。另外,逾息本身还会产生利息,所以我们将逾息 X 截至统计、通知、结账、入账日产生之本利和记作逾息 X 息。所以,当少付发生,而迟付未发生时(可以理解为迟付日晚于统计日,当然,这个迟付日也可能永远不会到来),逾息 X 和逾息 X 息均等于 0,只需计算逾息 0。

另外,有两件事需要注意:其一,逾息 0 与逾息 X 之和称逾期息总额;其二,实收金额用于抵充欠付租金和逾息时,是有一定顺序的。首先是时间优先,早期未付金额抵充优先于后期未付金额抵充。其次,欠付租金抵充优先于逾期息抵充。

三、罚息

罚息是指在融资租赁合同履行过程中,承租人未按照约定时间支付租金或其他款项产生的滞纳金。罚息的目的在于督促承租人按时支付租金,以保障租赁人的权益。融资租赁合同可能会有罚息的规定。罚息本身的计算十分简单,只需以规定的比例乘以天数即可。但在实务中,有一个问题容易混淆,即罚息是取代延迟利息,还是要在延迟利息之外另收。因此,租赁合同应明确载明罚息的含义。

四、计算案例

此处的计算,涉及三类表格:实收情况表、统计日统计表、实收分配表。实收情况表为截止统计日的实收租金的情况表;是后两个表格的计算基础。统计日由出租人根据管理的需要确定,与租赁合同无关。

本案例基本时间节点如下:起租日为 2015 年 7 月 20 日,分 3 年 6 期。各期期末支付成本,余额计息,浮动利率。首次租金支付日为 2016 年 1 月 20 日。末次租金支付日为 2018 年 7 月 20 日。2018 年 8 月 25 日为统计日。

1. 租赁合同应付实收情况

租金应付实收情况如表 6-13(a)所示。

表 6-13(a)　租金应付实收情况表　　　　　　　　　　　　单位:元

期次	本期利率（%）	应付日	本期租金/应收租金	实收日	实收额
1	10.000	2016年1月20日	65 000.00	2016年1月15日	50 000.00
2	8.500 0	2016年7月20日	60 000.00	2016年1月25日	20 000.00
3	9.000 0	2017年1月20日	59 000.00	2016年8月20日	50 000.00
4	8.600 0	2017年7月20日	57 000.00	2017年2月25日	10 000.00
5	8.800 0	2018年1月20日	54 000.00	2017年10月20日	15 000.00
6	9.100 0	2018年7月20日	50 000.00	2018年5月20日	25 000.00
合计			345 000.00		

为方便理解,现将上表变化为下表 6-13(b)。

表 6-13(b)　租金应付实收情况表　　　　　　　　　　　　单位:元

期次	本期利率（%）	应付日	本期租金/应收租金	实收日	实收额
1	10.000	2016年1月20日	65 000.00	2016年1月15日	50 000.00
	10.000			2016年1月25日	20 000.00
2	8.500 0	2016年7月20日	60 000.00	2016年8月20日	50 000.00
3	9.000 0	2017年1月20日	59 000.00	2017年2月25日	10 000.00
	9.000 0			2017年10月20日	15 000.00
4	8.600 0	2017年7月20日	57 000.00		
5	8.800 0	2018年1月20日	54 000.00	2018年5月20日	25 000.00
6	9.100 0	2018年7月20日	50 000.00		
合计			345 000.00		

2. 统计日统计表(2018年8月25日)

表 6-14　统计表 1　　　　　　　　　　　　单位:元

期次	应收租金	实收日 1	实收额	实收日 2	实收额	实收日 3	实收额	合计
1	65 000.00	2016年1月20日	50 069.44	2016年1月25日	14 930.56			65 000.00
2	60 000.00	2016年1月25日	5 296.93(A)	2016年8月20日	50 000.00	2017年2月25日	4 703.07	60 000.00
3	59 000.00	2017年2月20日	4 666.09(B)	2017年10月20日	15 000.00	2018年5月20日	25 000.00	44 666.09

续　表

期次	应收租金	实收日1	实收额	实收日2	实收额	实收日3	实收额	合计
4	57 000.00							
5	54 000.00							
6	50 000.00							
合计	345 000.00							169 666.09

表6－15　统计表2　　　　　　　　　　　　　　　　　单位:元

期次	实收逾息1	实收逾息2	实收逾息3	实收逾息合计	欠收租金	欠收逾期息
1	－69.44（2016年1月15日C）	20.74（2016年1月15日D）		－48.70		
2	－248.23（2016年1月25日E）	382.35（2017年2月25日F）	248.49（2017年2月25日G）	382.61		
3					14 333.91（H）	6 452.19（J）
4					57 000.00	5 703.71（K）
5					54 000.00	2 902.34（L）
6					50 000.00	455.00（M）
合计				333.91	175 333.91	15 513.24
	实收租金加逾期息 170 009.00				欠收租金加逾期息 190 847.15	

3. 各次实收分配表

表6－16　各次实收分配表　　　　　　　　　　　　　　　单位:元

实收日	实收额	分配
2016年1月15日	50 000.00	一期租金50 069.44　逾息(C)－69.44
2016年1月25日	20 000.00	一期租金14 930.56,逾息(D)20.74;二期租金5 296.93,逾息(E)－248.23
2016年8月20日	50 000.00	二期租金50 000.00
2017年2月25日	10 000.00	二期租金4 703.07;三期逾息(F)382.35,逾息(G)248.49;三期租金4 666.09
2017年10月20日	15 000.00	三期租金15 000.00
2018年5月20日	25 000.00	三期租金25 000.00

4. 各项(C~J)计算的时间节点图

```
         实付日        应付日
         2016年1月15日  2016年1月20日
    C ───────●──────────●──────────────→
             ←──────────

                应付日        实收日
                2016年1月20日  2016年1月25日
    D ──────────●──────────●──────────────→
                ──────────→

                应付日      实收逾息日    应付日
                2016年1月20日 2016年1月25日 2016年7月20日
    E ──────────●──────────●──────────●──────→
                                 ←─────────

                       应付日        应付日       实收逾息日
                       2016年7月20日  2017年1月20日 2017年2月25日
    F ───────────────────●──────────●──────●────→
                         ──────────────────→

                              应付日      应付日    实收逾息日
                              2016年      2017年    2017年
                              7月20日     1月20日   2月25日
    G ────────────────────────●──────────●────●────→
                                         ─────→

        2017年     2017年    2018年              2018年
        1月20日    10月20日  05月20日   统计日    08月25日
    J ──●──────────●────────●──────────●────────●────→
        J₁  ──────────→          ────────────→
        ──── J₂ ──────→
        J₃           ──────────→
        J₄ ──────────────────────────────→
```

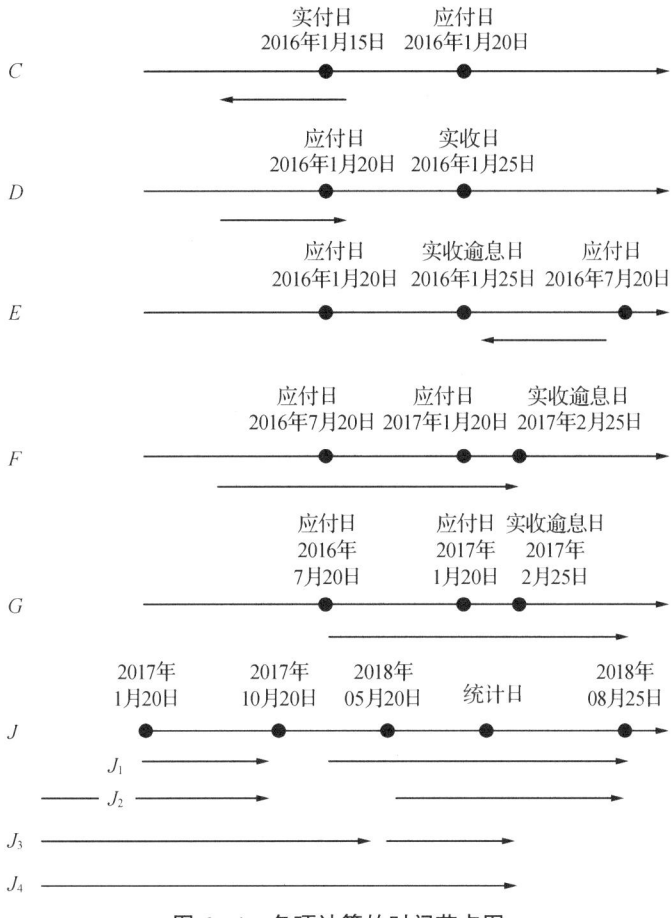

图 6-1　各项计算的时间节点图

5. 各项计算过程

$$A = (20\,000 - 14\,930.56 - 20.74) \times \left(1 + \frac{177}{360} \times 10\%\right) \approx 5\,296.93(元)$$

$$B = 10\,000 - 4\,703.07 - 382.35 - 248.49 = 4\,666.09(元)$$

$$C = 50\,000 \times \frac{-5}{360} \times 10\% \approx -69.44(元)$$

$$D = 14\,930.56 \times \frac{5}{360} \times 10\% \approx 20.74(元)$$

$$E = 5\,048.70 \times \frac{-177}{360} \times 10\% \approx -248.23(元)$$

表内计收租金 5 296.93 元，收逾期息 −248.23 元。

$$F = 50\,000 \times \frac{31}{360} \times 8.5\% \times \left(1 + \frac{184}{360} \times 8.5\%\right) \times \left(1 + \frac{5}{360} \times 9\%\right) \approx 382.35(元)$$

$$G = 4\,703.07 \times \left[\left(1 + \frac{184}{360} \times 8.5\%\right) \times \left(1 + \frac{36}{360} \times 9\%\right) - 1\right] \approx 248.49(元)$$

$$H = 59\,000.00 - 44\,666.09 = 14\,333.91(元)$$

$$J_1 = \left[4\,666.09 \times \left(1 + \frac{36}{360} \times 9\%\right) - 4\,666.09\right] \times \left(1 + \frac{181}{360} \times 8.9\%\right) \times$$

$$\left(1 + \frac{184}{360} \times 8.6\%\right) \times \left(1 + \frac{181}{360} \times 8.9\%\right) \approx 47.85(元)$$

$$J_2 = \left[15\,000 \times \left(1 + \frac{181}{360} \times 9\%\right) \times \left(1 + \frac{92}{360} \times 8.6\%\right) - 15\,000\right] \times$$

$$\left(1 + \frac{182}{360} \times 8.7\%\right) \times \left(1 + \frac{91}{360} \times 8.8\%\right) \times \left(1 + \frac{36}{360} \times 9.1\%\right) \approx 1\,102.05(元)$$

$$J_3 = \left[25\,000 \times \left(1 + \frac{181}{360} \times 9\%\right) \times \left(1 + \frac{184}{360} \times 8.6\%\right) \times \left(1 + \frac{120}{360} \times 8.8\%\right) - 25\,000\right] \times$$

$$\left(1 + \frac{61}{360} \times 8.8\%\right) \times \left(1 + \frac{36}{360} \times 9.1\%\right) \approx 3\,154.45(元)$$

$$J_4 = 14\,333.91 \times \left(1 + \frac{181}{360} \times 9\%\right) \times \left(1 + \frac{184}{360} \times 8.6\%\right) \times \left(1 + \frac{181}{360} \times 8.8\%\right) \times$$

$$\left(1 + \frac{36}{360} \times 9.1\%\right) - 14\,333.91 \approx 2\,147.84(元)$$

$$J = J_1 + J_2 + J_3 + J_4 = 6\,452.19(元)$$

在复利期内利率发生变化时,公式中所用利率为变化前后利率的加权平均数。

所以,在 J_1 的计算中,有三个加权平均利率。2017 年 2 月 25 日至 7 月 20 日为 145 天,7 月 20 日至 8 月 25 日为 36 天,故加权利率为 $\frac{145}{181} \times 9\% + \frac{36}{181} \times 8.6\% \approx 8.9\%$。2017 年 8 月 25 日至 2018 年 1 月 20 日为 148 天,2018 年 1 月 20 日至 2 月 25 日为 36 天,故加权利率为 $\frac{148}{184} \times 8.6\% + \frac{36}{184} \times 8.8\% \approx 8.6\%$。2018 年 2 月 25 日至 2018 年 7 月 20 日为 145 天,2018 年 7 月 20 日至 8 月 25 日为 36 天,故加权利率为 $\frac{145}{181} \times 8.8\% + \frac{36}{181} \times 9.1\% \approx 8.9\%$。

在 J_2 的计算中,有一个加权平均利率。2017 年 10 月 20 日至 2018 年 1 月 20 日为 92 天,2018 年 1 月 20 日至 4 月 20 日为 90 天,故加权利率为 $\frac{92}{182} \times 8.6\% + \frac{90}{182} \times 8.8\% \approx 8.7\%$。2018 年 4 月 20 日至 2018 年 7 月 20 日为 91 天,对应利率为 8.8%;2018 年 7 月 20 日至 8 月 25 日为 36 天,对应利率为 9.1%。

在 J_3 的计算中,2018 年 5 月 20 日至 2018 年 7 月 20 日为 61 天,对应利率为 8.8%;2018 年 7 月 20 至 8 月 25 日为 36 天,对应利率为 9.1%。

同理,可求 K、L、M。

$$K = 57\,000 \times \left(1 + \frac{184}{360} \times 8.6\%\right) \times \left(1 + \frac{181}{360} \times 8.8\%\right) \times \left(1 + \frac{36}{360} \times 9.1\%\right) - 57\,000 \approx 5\,703.71(元)$$

$$L = 54\,000 \times \left(1 + \frac{181}{360} \times 8.8\%\right) \times \left(1 + \frac{36}{360} \times 9.1\%\right) - 54\,000 \approx 2\,902.34$$

$$M = 50\,000 \times \left(1 + \frac{36}{360} \times 9.1\%\right) - 50\,000 = 455.00$$

第四节 损失赔偿费用计算

如上节所述,融资租赁合同中的违约是一个大概念,可以分为两大类:一类是租金迟付、未付所产生的延迟利息或罚息;另一类是因承租人根本违约或租赁物损坏灭失所引起的损失赔偿。前者已在第三节详细论述,本节重点介绍后者。

一、损失赔偿的属性

损失赔偿费用是指承租人严重违约或根本违约,以致合同不能继续履行,而不得不解除时的损失赔偿额。关于这一点,通常在融资租赁合同中只做一般原则性规定,如出租人有权要求之类。

需要注意的是,权利人的主张,不应违反公平原则。在融资租赁交易中,一方面,出租人拥有租赁物件的所有权;另一方面,出租人拥有对承租人的租赁债权,但这两种权利相伴相生,并不独立。当出租人并未向承租人转让占有权时,他的所有权是完整的,因此也就没有对承租人的债权,当然就不存在赔偿费用问题。当出租人向承租人转让占有权后,出租人就拥有了债权。相应的,出租人的所有权便不再完整。换言之,出租人只剩下对租赁物的处分权,且此处分权不得侵犯承租人的占有权。因而,当租金计算设定为摊提全部购置成本时,在出租人完全实现其现金债权的情况下,出租人的上述法定所有权,从经济意义上就没有存在基础了。因此,融资租赁合同往往会约定,承租人将占有权以象征性的名义价格留购租赁物件。之所以如此,是因为融资租赁交易中的租约租金的经济学属性,并非占有物件的对价;而是占有租赁物件购置成本中,出租人所提供的资金的对价。

二、损失的界定

出租人在承租人严重违约或根本违约情况下可能受到的损失,是指损失未到期租金。理论上讲,这种损失存在可定量的部分,也存在不可定量的部分;前者称为直接损失,后者称为间接损失。

直接损失是该时点的未收回的成本余额。成本余额是相对容易量化的部分,因此直接损失的计算相对容易,下文我们将会介绍直接损失的成本余额计算公式。

间接损失涉及融资租赁合同的机会成本问题,主要包括出租人的资金运行计划的打乱、机会利益的丧失、额外的风险暴露,等等。当违约事件发生时,出租人原有的资金运行计划显然不再是最优计划,出租人或提前预留准备金,或从借贷市场借入应急资金,无论何种情况都会打乱原有资金运行计划。由此而产生的准备金利息或借入资金利息就是机会成本,也就是间接损失。任何一次融资租赁业务所占用的资金,理论上一定存在可能的其他用途,因此也就必然存在机会利益的丧失。融资租赁业务中的出租人所面临的风险,除违约风险外,还包括利率风险和纳税变动风险。国际融资租赁还包括汇率变动风险、出口租赁风险、政治风险和信用风险,等等。当承租人违约时,出租人原有的避险措施已非最优,会产生额外的风险暴露,需要资源的重新配置,由此,也构成了间接损失。

不难看出,间接损失在融资租赁实务当中极难量化,但又不可避免。因此,间接损失是损失界定的争议点和难点。一个可行的办法是,在融资租赁合同中写明加速条款。所谓加速条款,是指允许债权人在特定情况下,如债务人无力偿债、破产或违约时,要求偿还全部余额的条款。这里的全部余额是指尚未支付的利息和本金。如果合同中不包含加速条款,前面关于直接损失与间接损失的定义,实际上所包含的含义是:损失界定的下限是直接损失。

三、直接损失的成本余额计算公式

如果该融资租赁合同有关于承租人严重违约的定义,并且有相应状况下承租人的加速支付条款,则损失赔偿应该按约定进行,否则损失赔偿额至少应是出租人未收回的成本余额。关于成本余额的计算,分为两种情形,即利率固定,租金后付情形和利率浮动情形。

1. 利率固定,租金后付情形

$$某时间节点成本余额 = 各期等额租金 \times \frac{\left(1+\frac{r}{2}\times\frac{365}{360}\right)^{未到期期数}-1}{\left(1+\frac{r}{2}\times\frac{365}{360}\right)^{未到期期数}\times\frac{r}{2}\times\frac{365}{360}}$$

其中,r 为租赁合同年利率。由于是利率固定,所以当市场利率低于该利率时,可以主张该利率。

2. 利率浮动情形

$$某时间节点成本余额 = 起租日或宽限期末日合同成本 \times \frac{未到期还本期数}{合同规定还本期数}$$

实践当中,可以以上述余额加收若干天利息的方法来弥补间接损失。

四、收回租赁物

当承租人发生违约时,出租人可按照租赁合同依法收回租赁物,但是在司法实践中,有些问题需要注意。

《中华人民共和国民法典》对于收回租赁物有明确规定:承租人应当按照约定支付租金。承租人经催告后在合理期限内仍不支付租金的,出租人可以请求支付全部租金,也可以解除合同,收回租赁物。当事人约定租赁期限届满租赁物归承租人所有,承租人已经支付大部分租金,但是无力支付剩余租金,出租人因此解除合同收回租赁物,收回的租赁物的价值超过承租人欠付的租金以及其他费用的,承租人可以请求相应返还。当事人约定租赁期限届满租赁物归出租人所有,因租赁物毁损、灭失或者附合、混合于他物,致使承租人不能返还的,出租人有权请求承租人给予合理补偿。

另外,融资租赁合同有别于一般租赁合同,兼具"融资"与"融物"的双重属性。融资租赁合同规定,出租人根据承租人对出卖人、租赁物的选择订立买卖合同,并向承租人交付租赁物。融资租赁租金也明显超过承租人占有、使用租赁物的对价,超额部分包括出租人购买租赁物的成本及相关费用和出租人的合理利润构成。这一点在前文已详加论述,不再赘述。这里需要着重指出的是,在融资租赁法律关系中,出租人承担了较大的交易风险,而且明显超过一般租赁合同。融资租赁实务中,为平衡融资租赁双方的利益与风险,通常会在融资租赁合同中设置相应的风险防范条款或救济措施,如合同加速到期、高额违约金、收回租赁物、解除合同等。需要注意的是,合同加速到期与收回租赁物的主张不可并存,出租人不能既诉请合同加速履行,同时又诉请解除合同、收回租赁物。

实务中,如果违约处理包括收回租赁物件,则其评估拍卖价应等于公平市值,也就是应该等于冲抵上述计息余额。不足部分理应由承租人补足,多余部分归承租人所有。还有一种极端的情况——承租人破产,在此情况下,上述冲抵后的不足部分,是出租人作为破产债权人之一可以申请的破产债权,多余部分应退还破产清算人,进入后续的清算程序。

延伸阅读材料 1

《国际融资租赁公约》

《国际融资租赁公约》形成于 1988 年。在当年的国际统一租法协会渥太华会议上,形成了《公约》最后文本。制定《公约》的目的,主要是为了消除各国经营融资租赁业务方面的法律障碍,鼓励更多人利用国际融资租赁方式,促进国际贸易的发展,维护各方正当权益。制订《公约》的宗旨,是坚持公正均衡原则,照顾到国际融资租赁中的民事和商事法律方面的统一规则。《公约》的适用范围,主要包括:出租人和承租人之营业地位于不同国家;供货协议和租赁协议要同受一缔约国的调整;《公约》适用于一次或多次转租交易;《公约》不适用于个人或以家庭为目的的交易;供货协议或租赁协议中任何一方当事人,同意排除对该《公约》的适用,则《公约》不适用。

延伸阅读材料 2

《中华人民共和国合同法》与《中华人民共和国民法典》

《中华人民共和国合同法》由中华人民共和国第九届全国人民代表大会第二次会议于 1999 年 3 月 15 日通过,并于 1999 年 10 月 1 日起施行。2020 年 5 月 28 日,第十三届全国人民代表大会第三次会议表决通过了《中华人民共和国民法典》,自 2021 年 1 月 1 日起施行。《中华人民共和国合同法》同时废止。关于租赁和融资租赁的法律条文体现在《中华人民共和国民法典》第三编的第十四、十五两章中。

▶ 思考题

1. 已知合同条件如下。起租日合同成本 5 248 007.86 元,起租日为 2009 年 7 月 21 日,租赁期限 42 个月,自起租日起每 6 个月付租金一次,共付 7 次。首次租金日为 2009 年 7 月 21 日,末次租金日为 2012 年 7 月 21 日。合同利率采用固定利率 6.187 5%。请填充表格的空白部分(单位:元)。

期次	应付日	应付金额	其中含成本	其中含利息	本期付租后成本余额
1	2009 年 7 月 21 日			0	
2	2010 年 1 月 21 日				
3	2010 年 7 月 21 日				
4	2011 年 1 月 21 日				
5	2011 年 7 月 21 日				
6	2012 年 1 月 21 日				
7	2012 年 7 月 21 日				0
合计			5 248 007.86		

2. 租赁合同条件:起租日合同成本 5 250 259.92 元,起租日为 2015 年 7 月 20 日,租赁期限 48 个月,自起租日起,每 6 个月付租金一次,共付 8 次,各次等额还本,成本余额计息。首次租金日为 2015 年 7 月 20 日,末次租金日为 2019 年 1 月 20 日。合同利率浮动,利率为各期期初日的伦敦同业拆借利率 LIBOR+3%。请填充表格的空白部分。浮动利率,合同等额还本,租金先付计算结果(单位:元)。

期次	本期利率/%	应付日	应付金额	其中含成本	其中含利息	本期期初日成本余额
1		2015 年 7 月 20 日			0	
2	8.812 5	2016 年 1 月 20 日				
3	8.562 5	2016 年 7 月 20 日				
4	9.000 0	2017 年 1 月 20 日				
5	8.687 5	2017 年 7 月 20 日				
6	8.937 5	2018 年 1 月 20 日				
7	9.187 5	2018 年 7 月 20 日				
8	8.820 0	2019 年 1 月 20 日				
合计				5 250 259.92		

3. 约定租金时,需要考虑哪些因素?

4. 租金迟付未付所产生的违约与承租人的根本性违约有什么区别?

5. 如何确定损失赔偿额?

第七章 融资租赁会计处理

融资租赁会计随着租赁业务的产生而产生,并随着租赁业务的发展和经济管理的深入而逐步得到完善。融资租赁业务打破了传统租赁业务的经营模式,使承租方以"融物"的方式达到了融资的目的。相应地,融资租赁会计也不同于传统租赁会计,而是更符合现代租赁业务的需要。

第一节 融资租赁会计概述

一、定义及核算对象

(一) 融资租赁会计的定义

融资租赁会计是应用于租赁业的一种专业会计,是运用会计学的基本理论和方法,以货币作为主要计量单位,全面、连续、系统、规范地反映、监督和管理因租赁业务而产生的企业资产、负债、权益、收入和费用变化的核算体系。它运用设置账户、复式记账等会计核算方法,对租赁过程中的资金运动进行记录、归类、计算、检查和管理,以获取有价值的会计信息,从而进行比较、分析、预测和监督。

(二) 融资租赁会计的核算对象

融资租赁会计的核算主要针对租赁业务的资产管理和负债管理进行。同时,因为租赁业务的双方当事人由承租人和出租人组成,所以融资租赁会计的核算对象还应注意对承租人和出租人做出不同的会计处理。

（1）承租人的会计核算对象。租赁资产的所有权实质上已经转移至承租人，承租人不仅要对按期的租金进行核算，还要对租赁资产的风险、报酬、费用和折旧进行核算。

（2）出租人的会计核算对象。出租人要对其定期所应取得的租金收入及租赁期届满后租赁资产的处理进行核算。

二、融资租赁会计处理的相关范畴

1. 租赁期

租赁期，是指承租人有权使用租赁资产且不可撤销的期间。衡量不可撤销期间的关键为是否在合同条款中约定强制执行合同的期间，具体分为以下几种情况。

（1）出租人与承租人双方均有权在未经另一方许可的情况下终止租赁，且罚款金额、预计对交易双方带来的经济损失不重大的，该租赁不再可强制执行。

（2）承租人有终止租赁选择权的，在确定租赁期时，企业应将该项权利视为承租人可行使的终止租赁选择权予以考虑，如果合理确定将不会行使该选择权的，租赁期应当包含终止租赁选择权涵盖的期间；若仅出租人有权终止租赁，则不可撤销的租赁期包括终止租赁选择权所涵盖的期间。

（3）承租人有续租选择权，且合理确定将行使该选择权的，租赁期还应当包含续租选择权涵盖的期间。若因实际情况与评估时相比发生变化等原因，导致不可撤销的租赁期间发生变化，企业应当修改租赁期。若发生承租人可控范围内的重大事件或变化，且影响承租人是否合理确定将行使相应选择权的，承租人应当对其是否合理确定将行使续租选择权、购买选择权或不行使终止租赁选择权进行重新评估，并根据重新评估结果修改租赁期。

这些重大事件或变化包括但不限于下列情形：

（1）在租赁期开始日未预计到的重大租赁资产改良，在可行使续租选择权、终止租赁选择权或购买选择权时，预期将为承租人带来重大经济利益。

（2）在租赁期开始日未预计到的租赁资产的重大改动或定制化调整。

（3）承租人做出的与行使或不行使选择权直接相关的经营决策。例如，决定续租互补性资产、处置可替代的资产或处置包含相关使用权资产的业务。

2. 租赁开始日

租赁开始日，是指租赁合同签署日与租赁各方就主要租赁条款做出承诺日中的较早者。租赁开始日是一个很重要的时间概念。在租赁开始日，出租人需对租赁类型做出判断，即租赁业务是融资业务，还是经营租赁，并在租赁开始日确定租赁收款额及其现值、租赁资产的公允价值、资产余值、担保余值等款项的金额。

在租赁开始日后，出租人无须对租赁的分类进行重新评估，除非发生租赁变更。租赁资产预计使用寿命、预计余值等会计估计变更或发生承租人违约等情况变化的，出租人不对租赁的分类进行重新评估。

3. 租赁期开始日

租赁期开始日,是指出租人提供租赁资产使其可供承租人使用的起始日期,即承租人有权行使其使用租赁资产权利的日期,表明租赁行为的开始。如果承租人在租赁协议约定的起租日或租金起付日之前,已获得对租赁资产使用权的控制,则表明租赁期已经开始,租赁协议中对起租日或租金支付时间的约定并不影响租赁期开始日的判断。在租赁期开始日,除进行简化处理的短期租赁和低价值资产租赁外,承租人应当对使用权资产和租赁负债进行初始确认;出租人应当确认应收融资租赁款,并终止确认融资租赁资产。

严格来说,在租赁期开始日,才真正进行租赁业务的会计处理。因此,这一时间概念与前述的租赁开始日是有区别的,在租赁开始日出租方只是对租赁业务进行分类,并确定相关款项的金额,而在租赁期开始日,租赁双方在会计上才开始对租赁业务进行初始确认。

4. 担保余值

担保余值,是指与出租人无关的一方向出租人提供担保,保证在租赁结束时租赁资产的价值至少为某指定的金额。如果承租人提供了对余值的担保,则租赁付款额应包含该担保下预计应支付的款项,它反映了承租人预计将支付的金额,而不是承租人担保余值下的最大敞口。担保余值是租赁期满租赁资产剩余价值的最低保障。

担保余值既可能是承租人或与承租人有关的一方提供担保,也可能是由有经济能力履行担保义务的第三方提供担保。

5. 未担保余值

未担保余值,是指租赁资产余值中,出租人无法保证能够实现或仅由与出租人有关的一方予以担保的部分。未担保余值的金额为租赁资产余值中扣除承租人担保余值以后的资产余值。例如,某些租赁资产的资产余值为30万元,承租人担保余值为20万元,则未担保余值为10万元。很显然对出租人而言,如果租赁资产余值中包含未担保余值,表明这部分余值的风险和报酬并没有转移,其风险应由出租人承担。因此,对出租人而言,未担保余值的现值应计入应收融资租赁款中。

6. 资产余值

资产余值,是指在租赁期开始日估计的租赁期届满时租赁资产的公允价值。

$$资产余值 = 担保余值 + 未担保余值$$

租赁期满时,一般需要对资产的实际余值进行评估,如果实际余值低于担保余值,担保人应对这部分差额进行全额补偿;而当租赁资产实际余值高于担保余值时,按照融资租赁的实质,这部分差额收益应归承租人享有。对于未担保余值,承租人并不负补偿责任。融资租赁资产余值的担保情况不同,核算方法也存在差异。

旧租赁准则中,出租人应将资产担保余值计入其最低租赁收款额内核算;未担保余值则应算入租赁投资总额,单独设置"未担保余值"科目核算,租赁期内需对未担保余值进行经常性检查,如有减值,应确认为当期损失。对承租人而言,会计处理只需将担保余值计入最低租赁付款额中,无须单独反映未担保余值。

新租赁准则中,出租人应将担保余值计入租赁收款额中核算;未担保余值则应按内含利率折现算入租赁投资净额。承租人需根据自身提供的担保余值预计应支付的款项,将其计入租赁付款额,这与担保余值不同,反映的是担保余值与租赁期满租赁资产实际公允价值的差额。

案例 7-1

资产余值的构成——担保余值与未担保余值

租赁公司将一台大型设备以融资租赁方式租赁给某企业。假定融资租出的设备的租赁到期后余值是1 000万元,分为担保余值和未担保余值。假定担保余值是800万元,其中与承租人及其有关的第三方的担保余值是500万元,与承租人无关的第三方的担保余值(担保公司担保的余值)是300万元;未担保余值是200万元。其资产余值结构见图7-1:

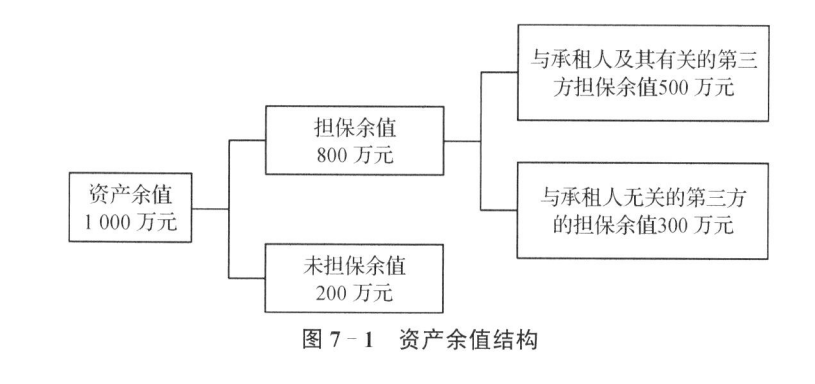

图 7-1 资产余值结构

7. 初始直接费用

初始直接费用是指为达成租赁所发生的增量成本。增量成本是指若企业不取得该租赁,则不会发生的成本,如签订租赁合同后发生的佣金等与租赁项目直接相关的费用。

8. 租赁付款额

租赁付款额,是指承租人向出租人支付的,与在租赁期内使用租赁资产的权利相关的款项,旧租赁准则中对应"最低租赁付款额"。租赁付款额与最低租赁付款额的对比见表7-1。

表7-1 租赁付款额与最低租赁付款额对比

	租赁付款额(新)	最低租赁付款额
付款额构成	① 固定付款额及实质固定付款额,出租人存在租赁激励的,扣除租赁激励相关金额; ② 取决于指数或比率的可变租赁付款额,该款项在初始计量时根据租赁期开始日指数或比率确定; ③ 购买选择权的行权价格,前提是承租人合理确定将行使该选择权; ④ 行使终止租赁选择权需支付的款项,前提是租赁反映出承租人将行使终止租赁选择权; ⑤ 根据承租人提供的担保余值预计应支付的款项	在租赁期内,承租人应支付或可能被要求支付的款项(不包括或有资金和履约成本),加上由承租人或与其有关的第三方担保的资产余值。 ① 租赁合同没有规定优惠购买选择权时: 最低租赁付款额=各期租金之和+承租人或与其有关的第三方担保的资产余值 ② 租赁合同规定有优惠购买选择权时: 最低租赁付款额=各期租金之和+承租人行使优惠购买选择权而支付的款项

租赁付款额包括的内容可以简记为:固定付款额(扣除租赁激励金额)+可变租赁付款项(仅取决于指数或比率)+合理确定行权的购买选择权价格+合理确定行使终止租赁选择权支付的款项+根据担保余值预计支付的款项。

实质固定付款额,是指在形式上可能包含变量但实质上无法避免的付款额。

(1) 付款额设定为可变租赁付款额,但该可变条款几乎不可能发生,没有真正的经济实质。例如,付款额仅需在租赁资产经证实能够在租赁期间正常运行时支付,或者仅需在不可能发生的事件发生时支付。又如,付款额初始设定为与租赁资产使用情况相关的可变付款额,但其潜在可变性将于租赁期开始日之后的某个时点消除,在可变性消除时,该类付款额成为实质固定付款额。

(2) 承租人有多套付款额方案,但其中仅有一套是可行的。在此情况下,承租人应采用该可行的付款额方案作为租赁付款额。

(3) 承租人有多套可行的付款额方案,但必须选择其中一套。在此情况下,承租人应采用总折现金额最低的一套作为租赁付款额。比如,在租赁期开始日无法合理确定承租方行使购买选择权还是续租选择权,但已知承租方必须二选其一,则应选择购买价款现值和续租现值较低的方案对应的付款额作为实质固定付款额。

案例 7-2

租赁付款额的确定

甲公司采用融资租赁方式从乙公司租入设备一台。租赁合同的主要内容有:该设备租赁期为5年,租赁期开始日乙公司承担甲公司设备改良费用10万元;每年年末支付固定租金100万元;如果当年物价指数在105%～115%之间,每年额外支付20万元租金;物价指数在115%～120%之间,每年额外支付30万元租金,租赁期开始日物价指数为110;甲公司即承租人担保的资产余值为30万元,甲公司的母公司担保的资产余值为20万元,预计租赁期结束时该设备公允价值为40万元;担保公司担保金额为10万元。

求:租赁期开始日确定的租赁付款额。

【案例分析】

根据上述资料,可知租赁期开始日确定的租赁付款额包括:

① 固定付款额=100×5-10=490(万元)

② 可变付款额=20×5=100(万元)

③ 承租人提供的担保余值预计应支付的款项=30+20-40=10(万元)

因此,租赁期开始日确定的租赁付款额总额=490+100+10=600(万元)

9. 可变租赁付款额

可变租赁付款额,类似于旧租赁准则中的"或有租金",是指承租人为取得在租赁期内使用租赁资产的权利,而向出租人支付的因租赁期开始日后的事实或情况发生变化(而非时间推移)而变动的款项。其主要特征是金额不固定且不随时间长短而变化。可变租赁付款额可能与下列各项指标或情况挂钩:

(1) 基准利率或消费者价格指数等市场比率或指数数值变动导致的价格变动。例如,如果当年物价指数在110%~115%之间,每年额外支付20万元租金;物价指数在115%~120%之间,每年额外支付30万元租金等。

(2) 承租人源自租赁资产的绩效。例如,某零售业在签订不动产融资租赁合同时,合同条款规定,从次年起,每年按照使用该不动产取得的营业收入的2%收取额外租金。

(3) 租赁资产的使用。例如,车辆租赁要求承租人在月行驶里程不超过1万公里时,月租金为2万元;月行驶里程超过1万公里不超过2万公里时,月租金为3万元。

需要注意的是,在租赁期开始日,可变租赁付款额是不确定的,所以除取决于指数或比率的可变租赁付款额外,其他可变租赁付款额均不纳入租赁负债的初始计量中,而应当在实际发生时计入当期损益。例如,与营业收入相关的可变租赁付款额,应在实际发生时借记"销售费用"科目,贷记"银行存款"科目。取决于指数或比率的可变租赁付款额,需要根据租赁期开始日的指数或比率确定纳入租赁负债的初始计量金额,租赁期开始日后,因用于确定租赁付款额的指数或比率(浮动利率除外)的变动而导致未来租赁付款额发生变动的,承租人应当按照变动后租赁付款额的现值重新计量租赁负债。

案例 7-3

取决于指数或比率的可变租赁付款额的入账价值的确定

A公司融资租入某设备,租赁期为5年,租赁期开始日物价指数为100,初始年租金为100万元,于每年年末支付,以后每年末租金根据上年物价指数的上涨而调整,折现率为5%。求:

(1) 租赁期开始日的可变租赁付款额的入账价值。

(2) 假设第1年内物价指数从100上升至105,可变租赁付款额的入账价值是多少。

【案例分析】

根据上述资料,可知:

(1) 租赁期开始日,应以当前物价指数计算可变租赁付款额的入账价值,不需要考虑后续租金的变化。

因此,计入租赁负债的金额为 $100×(P/A,5\%,5)=492.95$(万元)。

(2) 假设第 1 年内物价指数从 100 上升至 105,第一年末,应根据物价指数的变化重新计算租赁负债的入账价值:

$100×105/100×(P/A,5\%,4)=372.33$(万元)。

10. 租赁激励

租赁激励,是指出租人为达成租赁向承租人提供的优惠,包括出租人向承租人支付的与租赁有关的款项、出租人为承租人偿付或承担的成本等。比如,由于租赁物与承租人要求不完全相符,约定由出租人承担承租人的租赁物改良费用。

11. 租赁收款额

租赁收款额,是指出租人因让渡在租赁期内使用租赁资产的权利而应向承租人收取的款项,旧租赁准则中对应"最低租赁收款额"。租赁收款额与最低租赁收款额的对比见表 7-2:

表 7-2 租赁收款额与最低租赁收款额对比

	租赁收款额(新)	最低租赁收款额
收款额构成	① 承租人需支付的固定付款额及实质固定付款额,存在租赁激励的,扣除租赁激励相关金额; ② 取决于指数或比率的可变租赁付款额,该款项在初始计量时根据租赁期开始日的指数或比率确定; ③ 购买选择权的行权价格,前提是合理确定承租人将行使选择权; ④ 承租人行使终止租赁选择权需支付的款项,前提是租赁期反映出承租人将行使终止租赁选择权; ⑤ 由承租人、与承租人有关的一方以及有经济能力履行担保义务的独立第三方向出租人提供的担保余值	最低租赁收款额=各期租金之和+就出租人而言担保余值=最低租赁付款额+独立于承租人和出租人的第三方担保的资产余值

案例 7-4

租赁收款额的确定

(沿用案例 7-2)求租赁期开始日确定的租金收款额。

【案例分析】

根据上述资料,可知租赁期开始日确定的租赁收款额包括:

① 固定付款额 $=100×5-10=490$(万元)

② 可变付款额＝20×5＝100(万元)
③ 就出租人而言的担保余值＝30+20+10＝60(万元)
因此，租赁期开始日确定的租赁收款额总额＝490+100+60＝650(万元)

12. 租赁投资总额

租赁投资总额，是指融资租赁下，出租人的未担保余值和租赁期开始日尚未收到的租赁收款额两者之和。

13. 租赁投资净额

租赁投资净额，是指未担保余值和租赁期开始日尚未收到的租赁收款额，按照租赁内含利率折现的现值之和。

14. 未实现融资收益

未实现融资收益，是指融资租赁业务中出租人的租赁投资总额与租赁投资净额之差。

15. 租赁内含利率

租赁内含利率是指使出租人的租赁收款额的现值与未担保余值的现值之和，等于租赁资产公允价值与出租人的初始直接费用之和的利率。若承租人无法确定租赁内含利率，应当以承租人增量借款利率作为折现率，即承租人在类似经济环境下为获得与使用权资产价值接近的资产，在类似期间以类似抵押条件借入资金须支付的利率。租赁内含利率既反映了出租人在融资租赁中获取的融资收益率，也反映了承租人在融资租赁中实际承担的融资费用率。

案例 7-5

租赁内含利率的确定

承租人甲公司与出租人乙公司签订了一份车辆租赁合同，租赁期为 5 年。在租赁开始日，该车辆的公允价值为 100 000 元，乙公司预计在租赁结束时其公允价值(即未担保余值)将为 10 000 元。租赁付款额为每年 23 000 元，于年末支付。乙公司发生的初始直接费用为 5 000 元。

求：租赁内含利率的值。

【案例分析】

根据上述资料，可得

$23\,000 \times (P/A, r, 5) + 10\,000 \times (P/F, r, 5) = 100\,000 + 5\,000$

计算得出的租赁内含利率 r 为 5.79%。

第二节　承租人的会计处理

一、租赁期开始日的会计处理

在租赁期开始日,承租人应当对租赁确认使用权资产和租赁负债。于是,对于短期租赁和低价值资产租赁,承租人可以选择不确认使用权资产和租赁负债。

1. 使用权资产

使用权资产,是指承租人可在租赁期内使用租赁资产的权利,在租赁期开始日,承租人取得了使用资产的权利,应当按照成本对使用权资产进行初始计量。该成本包括:

(1) 租赁负债的初始计量金额;

(2) 在租赁期开始日或之前支付的租赁付款额,存在租赁激励的,扣除已享受的租赁激励相关金额;

(3) 承租人发生的初始直接费用;

(4) 承租人人为拆卸及移除租赁资产、复原租赁资产所在场地或将租赁资产恢复至租赁条款约定状态,预计将发生的成本。

2. 租赁负债

租赁负债应当按照租赁期开始日尚未支付的租赁付款额的现值进行初始计量。

在计算租赁付款额的现值时,承租人应当采用租赁内含利率作为折现率;无法确定租赁内含利率的,应当采用承租人增量借款利率作为折现率。

租赁内含利率,是指使出租人的租赁付款额的现值与未担保余值的现值之和等于租赁资产公允价值与出租人的初始直接费用之和的利率。

承租人增量借款利率,是指承租人在类似经济环境下为获得与使用权资产价值接近的资产,在类似期间以类似抵押条件借入资金须支付的利率。

3. 会计分录

在租赁期开始日,承租人应当将租赁资产确认为"使用权资产",尚未支付的租赁付款额的现值确认为"租赁负债"。此外,在租赁过程中发生的佣金等初始直接费用,租赁开始日或之前支付的租赁付款额,以及租赁资产的拆除、移除或复原成本,也应计入使用权资产的入账价值,其账务处理为

借:使用权资产
　　贷:租赁负债　　　　（租赁付款额的现值）
　　　　银行存款　　　　（初始直接费用＋已支付的租赁付款额）
　　　　预计负债　　　　（预计拆除、复原成本的现值）

需要注意的是，承租人在计算租赁付款额的现值时，应当采用出租人租赁内含利率作为折现率；无法确定租赁内含利率的，应当采用承租人增量借款利率作为折现率。

案例 7-6

租赁期开始日的会计处理

2019年12月28日，甲公司与乙公司签订了一份租赁合同。合同主要条款如下。
(1) 租赁标的：冰箱生产线。
(2) 租赁期开始日：租赁物运抵甲公司生产车间之日（即2020年1月1日）。
(3) 租赁期：从租赁期开始日算起36个月（即2020年1月1日至2022年12月31日）。
(4) 租金支付方式：自租赁期开始日起每年年末支付租金1 000 000元。
(5) 该生产线在2020年1月1日的公允价值为2 600 000元。
(6) 乙公司租赁内含利率为8%（年利率）。
(7) 该生产线为全新设备，估计使用年限为5年。
(8) 2020年和2021年，甲公司每年按该生产线所生产的产品——冰箱的年销售收入的1%向乙公司支付经营分享收入。

甲公司的相关资料有：
(1) 采用年限平均法计提固定资产折旧。
(2) 2020年、2021年甲公司分别实现冰箱销售收入10 000 000元和15 000 000元。
(3) 2022年12月31日，将该生产线退还乙公司。
(4) 甲公司向促成租赁交易的中介支付佣金10 000元。

【案例分析】

根据上述资料，对承租人（甲公司）分析、计算及会计处理如下：

第一步，识别租赁合同。

甲公司有权在3年内使用冰箱生产线。已识别的资产为冰箱生产线，甲公司实质上有权获得3年内使用冰箱生产线而产生的全部经济利益。因此，此合同为租赁。

第二步，计算租赁付款额及其现值，确定租赁负债的入账价值。

本例中，甲公司租赁付款额为3 000 000元，根据乙公司租赁内含利率8%作为租赁付款额的折现率，计算租赁付款额的现值。需要注意的是，基于营业收入的可变租赁付款额不构成租赁付款额，应于实际发生时计入当期损益。

租赁付款额＝各期固定租金之和－租赁激励＋取决于指数或比率的可变租赁付款额＋购买选择权的行权价格/行使终止租赁选择权需支付的款项＋承租人提供的担保余值预计应支付的款项＝1 000 000×3＋0＝3 000 000(元)

计算现值的过程如下：

租赁付款额的现值＝1 000 000×$(P/A,8\%,3)$

查年金现值表得知$(P/A,8\%,3)$＝2.577 1

故租赁付款额的现值＝1 000 000×(P/A,8%,3)＝1 000 000×2.577 1＝2 577 100(元)

第三步,将初始直接费用计入资产价值。

承租人发生的初始直接费用10 000元,应当直接计入租入资产价值。

2020年1月1日,甲公司租入冰箱生产线的账务处理为

借:使用权资产　　　　　　　　　　　　　　2 587 100
　　贷:租赁负债　　　　　　　　　　　　　　　2 577 100
　　　　银行存款　　　　　　　　　　　　　　　　10 000

二、租赁期间相关业务的会计处理

租赁期间的具体经济业务有支付租赁付款额及确认租赁利息费用、计提租赁资产的折旧、支付基于其他任何变量的可变租赁付款额等。

1. 租赁付款额的支付及其利息费用的确认

租赁期内,租赁付款额的支付将减少承租人的债务和出租人的债权。每期支付的租赁付款额包含归还债务本金和利息,即租赁负债本金和租赁利息费用两部分。承租人应当采用实际利率法确认利息费用。在采用实际利率法的情况下,根据租赁开始日租赁负债的折现率不同,计算租赁利息费用实际利率也不同。实际利率的确定具体分如下两种情况:

(1) 采用租赁内含利率计算租赁付款额现值的,应当采用租赁内含利率作为租赁利息的实际利率。

(2) 采用承租人增量借款利率计算租赁付款额现值的,应当采用承租人增量借款利率作为租赁利息的实际利率。

确认租赁付款额利息的会计处理为

借:财务费用/在建工程
　　贷:租赁负债

支付租赁付款额的会计处理为

借:租赁负债
　　贷:银行存款

案例 7-7

租赁期间相关业务的会计处理

(沿用案例 7-6)试分析甲公司按实际利率法计算租赁利息费用的会计处理。

【案例分析】

第一步,确定实际利率。

由于采用租赁内含利率计算租赁付款额现值,因此应当采用租赁内含利率作为租赁利息的实际利率,即8%。

第二步,在租赁期内采用实际利率法计算利息费用(表7-3)。

表7-3 租赁利息费用计算表(实际利率法) 单位:元

日期①	租赁付款额②	利息费用③=期初⑤×8%	应付本金的减少额④=②-③	应付本金余额期末⑤=期初⑤-④
(1) 2020年1月1日				2 577 100
(2) 2020年12月31日	1 000 000	206 168	793 832	1 783 268
(3) 2021年12月31日	1 000 000	142 661.44	857 338.56	925 929.44**
(4) 2022年12月31日	1 000 000	74 070.56*	925 929.44**	0
合计	3 000 000	422 900	2 577 100	

注:74 070.56* = 1 000 000 - 925 929.44;
925 929.44** = 925 929.44 - 0。

第三步,假设按年确认利息费用的会计处理为

2020年12月31日,确认利息费用

借:财务费用　　　　　　　　　　　　　　206 168
　　贷:租赁负债　　　　　　　　　　　　　　　206 168

2020年12月31日,支付租金1 000 000元的会计处理为

借:租赁负债　　　　　　　　　　　　　　1 000 000
　　贷:银行存款　　　　　　　　　　　　　　　1 000 000

2021年12月31日,确认利息费用、支付租金的会计处理为

借:财务费用　　　　　　　　　　　　　　142 661.44
　　贷:租赁负债　　　　　　　　　　　　　　　142 661.44
借:租赁负债　　　　　　　　　　　　　　1 000 000
　　贷:银行存款　　　　　　　　　　　　　　　1 000 000

2. 租赁资产折旧的计提

承租人应对使用权资产的入账价值计提折旧。使用权资产计提折旧主要涉及两个问题:一是折旧政策;二是折旧期间。

(1) 折旧政策。对于使用权资产,计提折旧时,承租人应根据与使用权资产有关的经济利益的预期实现方式确定折旧方法。同自有应折旧资产一样,租赁资产的折旧方法一般有年限平均法、工作量法、双倍余额递减法、年数总和法等。通常,承租人按照直线法对使用权资产计提折旧,其他折旧方法更能反映使用权资产有关经济利益预期实现方式的,应当采用其他折旧方法。

(2) 折旧期间。确定使用权资产的折旧期间时,应视租赁协议的规定而论。承租

人能够合理确定租赁期届满时取得租赁资产所有权的,应当在租赁资产剩余使用寿命内计提折旧。无法合理确定租赁期届满时能够取得租赁资产所有权的,应当在租赁期与租赁资产剩余使用寿命两者孰短的期间内计提折旧。

案例 7-8

租赁资产折旧的会计处理

(沿用案例 7-6)试分析甲公司计算租赁资产折旧的会计处理。

【案例分析】

第一步,租赁资产折旧的计算(表 7-4)。

根据合同规定,由于甲公司无法合理确定在租赁期届满时能够取得租赁资产的所有权,因此,应当在租赁期与租赁资产尚可使用年限两者中的较短的期间内计提折旧。本例中,租赁期为 3 年,短于租赁资产尚可使用年限 5 年,因此应按 3 年计提折旧。同时,根据《企业会计准则第 21 号——租赁》,承租人应自租赁期开始日对使用权资产计提折旧。使用权资产通常应自租赁期开始的当月计提折旧,当月计提确有困难的,可以自租赁期开始日的下月计提折旧,但应对同类使用权资产采用相同的折旧政策。计提的折旧,根据使用权资产的用途,计入相关资产的成本或者当期损益。本例中,假设甲公司从租赁期开始日的下月开始对使用权资产以直线法计提折旧,应按 35 个月计提折旧,即 2020 年应按 11 个月计提折旧,2021 年、2022 年分别按 12 个月计提折旧。

表 7-4 租赁资产折旧计算表(平均年限法)　　　　　　　单位:元

日期	固定资产原价	当年折旧费	累计折旧费
2020 年 1 月 1 日	2 587 100		
2020 年 12 月 31 日		813 088.58	813 088.58
2021 年 12 月 31 日		887 005.71	1 700 094.29
2022 年 12 月 31 日		887 005.71	2 587 100.00
合计	2 587 100	2 587 100.00	

月折旧额=折旧总额/折旧月数=(2 587 100-0)/(3×12-1)≈73 917.14(元)

第二步,会计处理。

2020 年 2 月 28 日,计提本月折旧(租入资产是生产线,折旧费计入制造费用):

借:制造费用——折旧费　　　　　　　　　　73 917.14
　　贷:使用权资产累计折旧　　　　　　　　　　　73 917.14

以后,每个月的会计分录类似。

---

3. 使用权资产的减值

在租赁期开始日后,承租人应当按照《企业会计准则第 8 号——资产减值》的规定,确定使用权资产是否发生了减值,并对已识别的减值损失进行会计处理。

使用权资产发生减值的,按应减记的金额,借记"资产减值损失"科目,贷记"使用权资产减值准备"科目。使用权资产减值准备一旦计提,不得转回。承租人应当按照扣除减值损失之后的使用权资产的账面价值,进行后续折旧。

案例 7-9

使用权资产减值的处理

承租人甲公司签订了一份为期 10 年的机器租赁合同,用于甲公司生产经营。相关使用权资产的初始账面价值为 100 000 元,按直线法在 10 年内计提折旧,年折旧费为 10 000 元。在第 5 年年末,确认该使用权资产发生的减值损失 20 000 元,计入当期损益。

【案例分析】

根据上述资料,可知:

该使用权资产在减值前的账面价值为 50 000 元(即 100 000×5/10)。计提减值损失之后,该使用权资产的账面价值减至 30 000 元(即 50 000−20 000),之后每年的折旧费也相应减至 6 000 元(即 30 000/5)。

4. 基于其他任何变量的可变租赁付款额的会计处理

根据可变租赁付款额的支付标准不同,可变租赁付款额分为基于指数或比率的可变租赁付款额和基于其他任何变量的可变租赁付款额两种,两种可变租赁付款额的会计处理存在较大区别。其中,基于指数或比率的可变租赁付款额在租赁期开始日计入租赁付款额,而基于任何其他变量的可变租赁付款额实际发生时计入当期损益或资产成本。支付或确认基于任何其他变量的可变租赁付款额的账务处理为:

借:销售费用　　　　　　　　　　　　　(基于销售收入的可变租赁付款额)
　　生产成本　　　　　　　　　　　　　(基于产量的可变租赁付款额)
　　贷:银行存款或其他应付款

案例 7-10

基于其他任何变量的可变租赁付款额的会计处理

(沿用案例 7-6)2020 年 12 月 31 日,根据合同规定向乙公司支付经营分享收入 100 000 元。

借:销售费用　　　　　　　　　　　　　100 000
　　贷:银行存款或其他应收款——乙公司　　100 000

2021 年 12 月 31 日,根据合同规定向乙公司支付经营分享收入 150 000 元。

借:销售费用　　　　　　　　　　　　　150 000
　　贷:银行存款或其他应收款——乙公司　　150 000

三、租赁期届满时的会计处理

租赁期届满时,承租人通常对租赁资产的处理有三种情况:返还、优惠续租和留购。

1. 返还租赁资产

租赁期届满,承租人向出租人返还租赁资产时,其会计处理为

借:使用权资产累计折旧
　　贷:使用权资产

2. 优惠续租租赁资产

如果承租人行使优惠续租选择权,则应视同该项租赁一直存在而做出相应的会计处理。在租赁期届满时没有续租,根据租赁协议规定须向出租人支付违约金时

借:营业外支出
　　贷:银行存款等

3. 留购租赁资产

在承租人享有优惠购买选择权的情况下,支付购买价款时

借:租赁负债
　　贷:银行存款

同时

借:固定资产
　　贷:使用权资产

案例 7-11

租赁期届满时的会计处理

(沿用案例 7-6)2022 年 12 月 31 日,租赁期满,甲公司将租赁资产退回给乙公司。试问:甲公司将该生产线退还乙公司时会计分录。

【案例分析】

2022 年 12 月 31 日,甲公司将该生产线退还乙公司的会计分录为

借:使用权资产累计折旧　　　　　　　　2 587 100
　　贷:使用权资产　　　　　　　　　　　　　　2 587 100

四、租赁付款额发生变化的会计处理

在租赁期开始日后,若发生下列四种情形之一,承租人应当按照变动后的租赁付款额的现值重新计量租赁负债,并调整相应使用权资产的账面价值。使用权资产的账面价值

已调减至零,但租赁负债仍需进一步调减的,承租人应当将剩余金额计入当期损益。

1. 实质固定付款额发生变动

如果租赁付款额最初是可变的,但在租赁期开始日后的某一时点转为固定,那么,在潜在可变性消除时,该付款额成为实质固定付款额,应纳入租赁负债的计量中。承租人应当按照变动后的租赁付款额的现值重新计量租赁负债。在该情形下,承租人应采用租赁开始日确定的折现率。

2. 担保余值预计的应付金额发生变动

在租赁期开始日后,承租人应对其在担保余值下预计支付的金额进行估计。该金额发生变动的,承租人应当按照变动后租赁付款额的现值重新计量租赁负债。在该情形下,承租人采用的折现率为租赁期开始日确定的折现率。

3. 用于确定租赁付款额的指数或比率发生变动

在租赁期开始日后,因浮动利率变动导致未来租赁付款额发生变动的,承租人应当按照变动后的租赁付款额的现值重新计量租赁负债。在该情形下,承租人应采用反映利率变动的修订后的折现率进行折现。

在租赁期开始日后,因用于确定租赁付款额的指数或比率(浮动利率除外)的变动导致未来租赁付款额发生变动的,承租人应当按照变动后的租赁付款额的现值重新计量租赁负债。在该情形下,承租人采用的折现率为租赁期开始日确定的折现率。

需要注意的是,仅当现金流量发生变动时,即租赁付款额的变动生效时,承租人才应重新计量租赁负债,以反映变动后的租赁付款额。承租人应基于变动后的合同付款额,确定剩余租赁期内的租赁付款额。

4. 购买选择权、续租选择权或终止租赁选择权的评估结果或实际行使情况发生变化

租赁期开始日后,发生下列情形的,承租人应采用修订后的折现率对变动后的租赁付款额进行折现,以重新计量租赁负债。

(1)续租选择权或终止租赁选择权:发生承租人可控范围内的重大事件或变化,且影响承租人是否合理确定将行使续租选择权或终止租赁选择权的,承租人应当对其是否合理确定将行使相应选择权进行重新评估。

(2)购买选择权:发生承租人可控范围内的重大事件或变化,且影响承租人是否合理确定将行使购买选择权的,承租人应当对其是否合理确定将行使购买选择权进行重新评估。

上述两种情形下,承租人在计算变动后租赁付款额的现值时,应当以剩余租赁期间的租赁内含利率为折现率;无法确定剩余租赁期间的租赁内含利率的,应当以重估日的承租人增量借款利率为折现率。

五、租赁变更的会计处理

租赁变更,是指原合同条款之外的租赁范围、租赁对价、租赁期限的变更,包括增加或终止一项或多项租赁资产的使用权,延长或缩短合同规定的租赁期等。租赁变更生效日,是指双方就租赁变更达成一致的日期。

1. 租赁变更作为一项单独租赁

租赁发生变更且同时符合下列条件的,承租人应当将该租赁变更作为一项单独租赁进行会计处理:

(1) 该租赁变更通过增加一项或多项租赁资产的使用权,而扩大了租赁范围或延长了租赁期限。

(2) 增加的对价与租赁范围扩大部分,或租赁期限延长部分的单独价格按该合同情况调整后的金额相当。

案例 7-12

租赁变更是否作为单独租赁的判断

承租人甲公司与出租人乙公司签订了一份办公场所的租赁合同,面积 2 000 平方米,租赁期限为 10 年。在第 6 年年初,甲公司和乙公司同意对原租赁合同进行变更,以扩租同一办公楼内 3 000 平方米的办公场所。扩租的办公场所于第 6 年第三季度末可供甲公司使用。增加的租赁对价和新增 3 000 平方米办公场所的当前市价并根据甲公司获取的扩租折扣进行调整后的金额相当。扩租折扣反映了乙公司节约的成本,即将相同场所租给新租户将会发生的成本(如营销成本)。试分析:

该项租赁变更是否作为单独租赁处理?

【案例分析】

根据上述资料,可知在本例中,甲公司应当将该项租赁变更作为单独租赁处理。

其原因在于:

① 该租赁变更通过增加该办公楼内 3 000 平方米的办公场所的使用权而扩大了租赁范围;

② 增加的租赁对价和新增 3 000 平方米办公场所的当前市价并根据甲公司获取的扩租折扣进行调整后的金额相当。

因此在新租赁的租赁期开始日(即第 6 年第三季度末),甲公司确认与新增 3 000 平方米办公场所租赁相关的租赁负债和使用权资产,原有的 2 000 平方米办公场所租赁的会计处理不因该租赁变更而进行任何调整。

2. 租赁变更未作为一项单独租赁

租赁变更未作为一项单独租赁进行会计处理的,在租赁变更生效日,承租人应当进行如下会计处理：

（1）按照各租赁部分单独售价之和的相对比例分摊变更后合同的对价，或予以简化处理，即将各租赁部分合并。

（2）重新确定租赁期。

（3）按照变更后租赁付款额和修订后的折现率计算的现值重新计量租赁负债。在计算变更后租赁付款额的现值时，承租人应当采用剩余租赁期间的租赁内含利率作为修订后的折现率；无法确定剩余租赁期间的租赁内含利率的，应当采用租赁变更生效日的承租人增量借款利率作为修订后的折现率。

（4）调整租赁负债余额和使用权资产的账面价值。租赁变更导致租赁范围缩小或租赁期缩短的，承租人应当相应调减使用权资产的账面价值，以反映租赁的部分终止或完全终止。并将部分终止或完全终止租赁的相关利得或损失计入当期损益。其他租赁变更导致租赁负债重新计量的，承租人应当相应调整使用权资产的账面价值。

案例 7-13

租赁变更的会计处理

承租人甲公司与出租人乙公司签订了一份办公场所的租赁合同，面积 2 000 平方米，租赁期限为 10 年。每年年末支付租金 80 000 元，甲公司无法确定租赁内含利率。甲公司在租赁期开始日的增量借款利率为 5%。在第 6 年年初，甲公司和乙公司同意对原租赁进行变更，将租期延长 5 年。每年的租赁付款额不变，仍为每年年末支付租金 80 000 元。甲公司在第 6 年年初的增量借款利率为 6%。试分析：

甲公司应如何进行会计处理？

【案例分析】

根据上述资料，可知：

甲公司不应将该项租赁变更作为单独租赁进行会计处理，因为该变更不符合将租赁变更作为单独租赁进行处理的条件。甲公司应当在租赁变更生效日（即第 6 年年初）对租赁负债进行重新计量：

租赁变更后的租赁负债 $= 80\,000 \times (P/A, 6\%, 10) = 80\,000 \times 7.360\,1 = 588\,808$（元）

租赁变更前的租赁负债 $= 80\,000 \times (P/A, 5\%, 5) = 80\,000 \times 4.329\,5 = 346\,360$（元）

因此，租赁负债应调增 $588\,808 - 346\,360 = 242\,448$（元）

相应的会计处理为

借：使用权资产	242 448
贷：租赁负债	242 448

六、短期租赁和低价值资产租赁的会计处理

(一) 短期租赁的会计处理

1. 短期租赁

短期租赁,是指在租赁期开始日,租赁期不超过12个月的租赁。注意:包含购买选择权的租赁不属于短期租赁。

2. 短期租赁的会计处理

承租人可以将短期租赁不确认使用权资产和租赁负债,其主要问题是解决应支付的租赁付款额与计入当期费用的关系。承租人在租赁期发生的租赁付款额应当在租赁期内的各个期间按直线法分摊租赁付款额计入相关资产成本或当期损益;如果其他系统合理的方法能够更好地反映承租人的受益模式,承租人应当采用其他方法分摊租赁付款额。

某些情况下,出租人可能对租赁提供激励措施,如免租期、承担承租人某些费用等。在出租人提供了免租期的情况下,应将租金总额在整个租赁期内,而不是在租赁期扣除免租期后的期间内按直线法或其他合理的方法进行分摊,免租期内应确认租金费用;在出租人承担了承租人的某些费用的情况下,应将该费用从租金总额中扣除,并将租金余额在整个租赁期内进行分摊。按租金的支付方式(预付或者后付)分别做出相应会计处理。

(1) 预付租金方式。

① 预付租金时:

借:其他应付款　　　　　　　　　　　　　　　　　(预付租金额)
　　贷:银行存款

② 确认各期租金费用时:

借:制造费用/管理费用/研发支出等　　　　　　　　(应确认的租金费用)
　　贷:其他应付款　　　　　　　　　　　　　　　　(摊销的预付租金)
　　　　银行存款　　　　　　　　　　　　　　　　　(实际支付的租金)

(2) 后付租金方式。

① 根据权责发生制确认各期应承担但尚未支付的租金费用时:

借:制造费用/管理费用/研发支出等　　　　　　　　(应付未付的租金)
　　贷:其他应收款

② 实际支付租金时:

借:其他应付款　　　　　　　　　　　　　　　　　(实际支付的租金)
　　贷:银行存款

此外,为了保证租赁资产的安全和有效使用,承租人应设置"租赁资产"备查簿做备查登记,以反映和监督租赁资产的使用、归还和结存情况。

案例 7-14

短期租赁的会计处理

2022年1月1日,甲公司向乙租赁公司租入一套全新办公设备一台,租赁期为9个月。设备价值为200 000元,预计使用年限为6年。租赁合同规定,租金总计75 000元,第一季免租金,租金从第二季末开始支付,第二季末支付租金30 000元,第三季末支付租金45 000元,租赁期届满后乙公司收回设备。(假定甲公司和乙公司均在季末确认租金费用和租金收入,并且不存在租金逾期支付的情况)

【案例分析】

根据上述资料,可知:

此项租赁的租赁期为9个月,是短期租赁。甲公司为简化会计处理,于租赁开始日,将租赁资产不确认为使用权资产和租赁负债,而是应采用直线法分摊确认各期的租金费用。此项租赁租金总额为(30 000+45 000=)75 000元,按直线法计算,每季应确认的租金费用为25 000元。

承租人(甲公司)的会计处理为

2022年3月31日,确认第一季度的租赁费用

借:管理费用　　　　　　　　　　　　　　　　　　　25 000
　　贷:其他应付款　　　　　　　　　　　　　　　　　25 000

2022年4月30日,确认第二季度的租赁费用

借:管理费用　　　　　　　　　　　　　　　　　　　25 000
　　贷:其他应付款　　　　　　　　　　　　　　　　　25 000

支付30 000元租金

借:其他应付款　　　　　　　　　　　　　　　　　　30 000
　　贷:银行存款　　　　　　　　　　　　　　　　　　30 000

2022年9月30日,确认第三季度的租赁费用

借:管理费用　　　　　　　　　　　　　　　　　　　25 000
　　贷:其他应付款　　　　　　　　　　　　　　　　　25 000

支付45 000元租金

借:其他应付款　　　　　　　　　　　　　　　　　　45 000
　　贷:银行存款　　　　　　　　　　　　　　　　　　45 000

需要注意的是,进行简化处理的短期租赁,发生租赁变更或者因租赁变更之外的原因导致租赁期发生变化的,承租人应当将其视为一项新租赁进行会计处理。

(二) 低价值资产租赁的会计处理

1. 低价值资产租赁

低价值资产租赁,是指单项租赁资产为全新资产时价值较低的租赁。承租人在判断是否为低价值租赁时,应基于租赁资产全新状态下的价值进行评估,不应考虑资产已被使用的年限,比如普通办公家具。

低价值资产租赁的判定仅与资产的绝对价值有关,不受承租人规模、性质或其他情况影响,也不考虑该资产对承租人或相关租赁交易的重要性。低价值资产租赁还应当同时符合下列条件,才能选择简化会计处理方法:① 承租人可从单独使用该资产或将其与易于获得的其他资源一起使用中获利;② 该资产与合同中的其他资产不存在高度依赖或高度关联关系。

2. 低价值资产租赁的会计处理

承租人对低价值资产租赁采用简化会计处理方法时,其处理原则与短期租赁的简化处理方法一致。但是,如果承租人已经或者预期将相关资产转为租赁,则不能按简化方法进行会计处理。

案例 7-15

低价值资产租赁的会计处理

承租人甲公司向出租人乙公司租入一间仓库用于存放办公用品,租期为5个月,租金共计100 000元。在租赁开始日,甲公司用银行存款支付50 000元押金。试分析:甲公司应如何进行会计处理?

【案例分析】

根据上述资料,可知:

(1) 租赁开始日,甲公司支付押金:

借:其他应收款　　　　　　　　　　　　　　50 000
　　贷:银行存款　　　　　　　　　　　　　　　50 000

(2) 甲公司第1~5月确认应付租金:

借:管理费用　　　　　　　　　　　　　　　20 000
　　贷:银行存款　　　　　　　　　　　　　　　20 000

(3) 租赁期满收回押金:

借:银行存款　　　　　　　　　　　　　　　50 000
　　贷:其他应收款　　　　　　　　　　　　　　50 000

【资料拓展】 承租人租赁会计信息的列报和披露

(一) 资产负债表

承租人应当在资产负债表中单独列示使用权资产和租赁负债。其中,"使用权资产"项目根据"使用权资产"科目的期末余额减去"使用权资产累计折旧"和"使用权资减值准备"科目的期末余额后的金额填列;"租赁负债"项目应根据"租赁负债"科目的期末余额填列,自资产负债表日起一年内到期应予以清偿的租赁负债的期末账面价值,在"一年内到期的非流动负债"项目反映。

(二) 利润表

在利润表中,承租人应当分别列示租赁负债的利息费用与使用权资产的折旧费用。租赁负债的利息费用在财务费用项目列示。

(三) 现金流量表

在现金流量表中,偿还租赁负债本金和利息所支付的现金应当计入筹资活动现金流出,支付的按简化处理的短期租赁付款额和低价值资产租赁付款额以及未纳入租赁负债计量的可变租赁付款额应当计入经营活动现金流出。

(四) 附注披露

承租人应当在附注中披露与租赁有关的下列信息:

1. 各类使用权资产的期初余额、本期增加额、期末余额以及累计折旧额和减值金额。

2. 租赁负债的利息费用。

3. 计入当期损益的按《企业会计准则第 21 号——租赁》第三十二条简化处理的短期租赁费用和低价值资产租赁费用。

4. 未纳入租赁负债计量的可变租赁付款额。

5. 转租使用权资产取得的收入。

6. 与租赁相关的总现金流出。

7. 售后租回交易产生的相关损益。

8. 其他按照《企业会计准则第 37 号——金融工具列报》应当披露的有关租赁负债的信息。

承租人采用不确认使用权资产和租赁负债,从而对短期租赁和低价值资产租赁进行简化处理的,应当披露这一事实。

承租人应当根据理解财务报表的需要,披露有关租赁活动的其他定性和定量信息。此类信息包括:

1. 租赁活动的性质,如对租赁活动基本情况的描述。

2. 未纳入租赁负债计量的未来潜在现金流出。

3. 租赁导致的限制或承诺。

4. 售后租回交易除售后租回交易相关损益之外的其他信息。

5. 其他相关信息。

第三节　出租人的会计处理

出租人融资租赁会计处理主要涉及租赁期开始日(包括应收融资租赁款的确定、未担保余值的确定等)、租赁期间(主要包括租赁收款额的收取、确认租赁利息收入等)和租赁期满(收回或出售租赁资产)三大环节。

一、租赁期开始日租赁债权的会计处理

在融资租赁下,由于出租人将与租赁资产所有权有关的风险和报酬实质上已转移给承租人,将租赁资产的使用权长期转让给了承租人,并以此获取租赁收款额,因此,出租人的租赁资产在租赁开始日实际就变成了收取租赁收款额的债权。

在租赁期开始日,出租人应当对融资租赁确认应收融资租赁款,并终止确认融资租赁资产。

出租人对应收融资租赁款进行初始计量时,应当以租赁投资净额作为应收融资租赁款的入账价值。租赁投资净额为未担保余值和租赁期开始日尚未收到的租赁收款额按照租赁内含利率折现的现值之和。其会计处理为

借:长期应收款——应收融资租赁款　　　　　　　(租赁应收款额的现值)
　贷:融资租赁资产　　　　　　　　　　　　　　　(租赁资产的账面价值)
　　 资产处置损益　　　　　　　　　　　　　　　　　　　　　　 (差额)
　　 银行存款　　　　　　　　　　　　　　　　　　　　　　 (初始直接费用)

需要注意的是,生产商或经销商作为出租人的融资租赁,在租赁期开始日,该出租人应当按照租赁资产公允价值与租赁收款额按市场利率折现的现值两者孰低确认收入,并按照租赁资产账面价值扣除未担保余值的现值后的余额结转销售成本。其会计处理为

借:长期应收款——应收融资租赁款
　贷:主营业务收入　　　　　　　　　　　　　　　　　(现值或公允价值)
　　 银行存款　　　　　　　　　　　　　　　　　　　　 (初始直接费用)
借:主营业务成本　　　　　(租赁资产的账面价值——未担保余值现值)
　贷:融资租赁资产　　　　　(租赁资产的账面价值——未担保余值现值)

生产商或经销商出租人为取得融资租赁发生的成本,应当在租赁期开始日计入当期损益。即与其他融资租赁出租人不同,生产商或经销商出租人为取得融资租赁而发生的成本不属于初始直接费用,不计入租赁投资净额。

案例 7-16

租赁债权的会计处理

2020年12月1日，甲公司与乙公司签订了一份租赁合同，从乙公司租入机床一台。租赁合同主要条款如下：

(1) 租赁资产：全新机床。

(2) 租赁期开始日：2021年1月1日。

(3) 租赁期：2021年1月1日至2026年12月31日，共72个月。

(4) 自2021年1月1日起，每年年末支付租金160 000元。如果甲公司能够在每年年末的最后一天及时付款，则给予减少租金10 000元的奖励。

(5) 租赁期限内，如遇中国人民银行贷款基准利率调整，出租人将对租赁利率作同方向、同幅度调整。基准利率调整日之前各期和调整日当期租赁利率不变，从基准利率调整日之后一期租金开始按调整后的租赁利率计算收取。

(6) 该机床在2020年12月1日的公允价值为700 000元，账面价值为600 000元。

(7) 签订租赁合同过程中，乙公司发生可归属于租赁项目的佣金10 000元。

(8) 租赁期届满时，甲公司享有优惠购买该机器的选择权，购买价为20 000元，估计该日租赁资产的公允价值为80 000元。

(9) 2022年和2023年两年，甲公司每年按该机器所生产产品的年销售收入的1%向乙公司支付额外租金。

(10) 甲公司享有终止租赁选择权。在租赁期间，如果甲公司终止租赁，需支付的款项为剩余租赁期间的固定租金支付全额。

(11) 假设担保余值和未担保余值均为0。

(12) 全新机床的使用寿命为7年。

试问：出租人乙公司在租赁开始日的会计处理。

【案例分析】

第一步，判断租赁类型。

本例存在优惠购买选择权，优惠购买价20 000元远低于行使选择权日租赁资产的公允价值80 000元，因此在2019年12月31日就可合理确定甲公司将会行使这种选择权。另外，在本例中，租赁期6年，占租赁开始日租赁资产使用寿命的86%（占租赁资产使用寿命的75%以上）。同时，乙公司综合考虑其他各种情形和迹象，认为该租赁实质上转移了与该项设备所有有关的几乎全部风险和报酬，因此将这项租赁应认定为融资租赁。

第二步，计算租赁开始日的租赁收款额。

租赁收款额＝承租人需支付的固定付款额及实质固定付款额－租赁激励金额＋取决于指数或比率的可变租赁付款额＋购买选择权的行权价格＋承租人行使终止租赁选择权需支付的款项＋由承租人、与承租人有关的一方以及有经济能力履行担保义务的

独立第三方向出租人提供的担保余值＝160 000×6－10 000×6＋0＋20 000＋0＋0＝920 000(元)

说明：

(1) 取决于指数或比率的可变租赁付款额在初始计量时根据租赁期开始日的指数或比率确定，因此本例题在租赁期开始日不做考虑。

(2) 租赁期届满时，甲公司享有优惠购买该机器的选择权，购买价格为20 000元，估计该日租赁资产的公允价值为80 000元。优惠价20 000元远低于行使选择权日租赁资产的公允价值，因此在2019年12月1日就可合理确定甲公司将会行使选择权，则租赁付款额中应包括承租人购买选择权的行权20 000元。

(3) 虽然甲公司享有终止租赁选择权，但若终止租赁，甲公司需支付的款项为剩余租赁期间的固定租金支付金额。因此，可以合理确定甲公司不会行使终止租赁选择权。

第三步，确认租赁投资净额和未实现融资收益。

租赁投资净额＝租赁期开始日租赁资产公允价值＋出租人发生的租赁初始直接费用

$$=700\,000+10\,000=710\,000(元)$$

未实现融资收益＝租赁收款额＋未担保余值－租赁投资净额

$$=920\,000+0-710\,000=210\,000(元)$$

第四步，计算租赁内含利率。

租赁内含利率是使租赁投资总额的现值(即租赁投资净额)等于租赁资产在租赁开始日的公允价值与出租人的初始直接费用之和的利率。则可列出如下公式：

$$1\,500\,000\times(P/A,r,6)+20\,000\times(P/F,r,6)=710\,000(元)$$

计算得到租赁的内含利率为7.82%。

第五步，会计处理。

2021年1月1日，乙公司应做如下会计处理

借：应收融资租赁款——租赁收款额　　　　　　　920 000
　　贷：银行存款　　　　　　　　　　　　　　　　 10 000
　　　　融资租赁资产　　　　　　　　　　　　　　600 000
　　　　资产处置损益　　　　　　　　　　　　　　100 000
　　　　应收融资租赁款——未实现融资租赁收益　　210 000

二、租赁期间相关业务的会计处理

租赁期间，出租人的具体经济业务有收取租赁收款额(如租金)、确认融资利息收

益、收取基于其他任何变量的可变租赁付款额等。

1. 租赁收款额(如租金)的收取

租赁期内租赁收款额(如租金)的逐期收取相当于租赁债权的分期收回,它将减少出租人的租赁债权和承租人的债务。由于融资租赁具有融资的性质,因此每期收取的租金包含收回债权本金和利息两部分,即资产价值和融资收益两部分。根据租赁准则的规定,出租人应当采用实际利率法确认融资利息收入。在采用实际利率法的情况下,应当采用租赁内含利率作为融资租赁利息收入的实际利率。

确认租赁收益的会计处理为

借:应收融资租赁款——未实现融资租赁收益
 贷:租赁收入(期初摊余成本×租赁内含利率)

收取租赁收款额(如租金)的会计处理为

借:银行存款(收到的租金)
 贷:应收融资租赁款——租赁收款额

案例 7-17

利息收入会计处理

(沿用案例 7-16)试分析乙公司每年年末按实际利率法计算融资租赁利息收入会计处理。

【案例分析】

第一步,确定实际利率。

应当采用租赁内含利率作为租赁利息收入的实际利率,即 7.82%。

未实现融资收益的实质是出租人应从承租人那里收取的利息总额,出租人应将未实现的融资费用按一定的方法确认为每期的利息收入。我国租赁准则规定,出租人应当采用实际利率法计算分配当期应确认的租赁收入。在采用实际利率法的情况下,按租赁投资净额(即租赁资产公允价值与初始直接费用之和)作为初始摊余成本,按租赁内含利率计算分摊各期的利息收入。应确认的融资收益等于期初的租赁投资净额余额与租赁内含利率之积,用公式表示为

应确认的融资收益=期初的租赁投资净额余额×租赁内含利率

第二步,在租赁期内采用实际利率法计算利息收入(表 7-5)。

表 7-5 融资租赁利息收入计算表   单位:元

日期①	租金②	确认的利息收入 ③=期初⑤×7.82%	租赁投资净额的减少 ④=②-③	租赁投资净额余额 期末⑤=期初⑤-④
2021 年 1 月 1 日				710 000
2021 年 12 月 31 日	150 000	55 522	94 478	615 522

续表

日期①	租金②	确认的利息收入 ③＝期初⑤×7.82%	租赁投资净额的减少 ④＝②－③	租赁投资净额余额 期末⑤＝期初⑤－④
2022年12月31日	150 000	48 134	101 866	513 656
2023年12月31日	150 000	40 168	109 832	403 824
2024年12月31日	150 000	31 579	118 421	285 403
2025年12月31日	150 000	22 319	127 681	157 722
2026年12月31日	150 000	12 278*	137 722	20 000
2026年12月31日	20 000		20 000	0
合计	920 000	210 000	710 000	

注：* 作尾数调整 12 278＝150 000＋20 000－157 722

第三步，假设按年确认利息收入，会计处理为

2021年12月31日收到第一期租金时

借：银行存款　　　　　　　　　　　　　　　　　　　　　150 000

　　贷：应收融资租赁款——租赁收款额　　　　　　　　　　150 000

借：应收融资租赁款——未实现融资租赁收益　　　　　　　55 522

　　贷：租赁收入　　　　　　　　　　　　　　　　　　　　55 522

2022年12月31日收到第二期租金时

借：银行存款　　　　　　　　　　　　　　　　　　　　　150 000

　　贷：应收融资租赁款——租赁收款额　　　　　　　　　　150 000

借：应收融资租赁款——未实现融资租赁收益　　　　　　　48 134

　　贷：租赁收入　　　　　　　　　　　　　　　　　　　　48 134

2023—2026年的会计处理与此类似。

2. 应收融资租赁款坏账准备的计提

为了更加真实、客观地反映出租人在融资租赁中的债权，出租人应当定期根据承租人的财务及经营管理情况，以及租金的逾期期限等因素，分析应收融资租赁款的风险程度和回收的可能性，对应收融资租赁款合理计提坏账准备。计提坏账准备的方法由出租人根据有关规定自行确定。坏账准备的计提方法一经确定，不得随意变更。其会计处理为

（1）根据有关规定合理计提坏账准备时：

借：信用减值准备

　　贷：坏账准备

（2）对于确实无法收回的应收融资租赁款，经批准作为坏账损失，冲销计提的坏账准备：

借：坏账准备
　　贷：应收融资租赁款
（3）已确认并转销的坏账损失，如果以后又收回，按实际收回的金额：
借：应收融资租赁款
　　贷：坏账准备
借：银行存款
　　贷：应收融资租赁款

3. 可变租赁收款额的处理

跟承租人的处理类似，根据可变租赁收款额的收取标准不同，可变租赁收款额分为基于指数或比率的可变租赁收款额和基于其他任何变量的可变租赁收款额两种，两种可变租赁收款额的会计处理存在较大区别。其中，基于指数或比率的可变租赁收款额在租赁期开始日计入租赁收款额，而基于任何其他变量的可变租赁收款额实际发生时计入当期损益。

出租人在融资租赁下收到的基于任何其他变量的可变租赁收款额，应在实际发生时确认为当期收入。其会计处理为

借：银行存款/应收账款
　　贷：租赁收入

案例 7-18

可变租赁收款额的会计处理

（沿用案例 7-16）假设 2022 年和 2023 年，甲公司利用租赁机床生产产品分别实现年销售收入 1 000 000 元和 1 500 000 元。根据租赁合同，乙公司 2022 年和 2023 年应向甲公司收取的与销售收入挂钩的租金分别为 10 000 元和 15 000 元。试分析：

乙公司对基于任何其他变量的可变租赁收款额的会计处理。

【案例分析】

根据上述资料，可知：

2022 年 12 月 31 日，根据合同规定应向甲公司收取经营分享收入 10 000 元。

借：银行存款/应收账款　　　　　　　　　　　10 000
　　贷：租赁收入　　　　　　　　　　　　　　　　　10 000

2023 年 12 月 31 日，根据合同规定应向甲公司收取经营分享收入 15 000 元。

借：银行存款/应收账款　　　　　　　　　　　15 000
　　贷：租赁收入　　　　　　　　　　　　　　　　　15 000

三、租赁期满时的会计处理

租赁期满时,出租人应区别以下情况进行会计处理。

1. 收回租赁资产的会计处理

借:融资租赁资产
　　贷:应收融资租赁款——租赁收款额

2. 优惠续租租赁资产

(1) 如果承租人行使优惠续租选择权,则出租人应视同该项租赁一直存在而做出相应的会计处理。比如,可能继续按照实际利率确认融资收益等。

(2) 如果租赁期届满时承租人没有续租,承租人向出租人返还租赁资产时,其会计处理同上述收回租赁资产的会计处理。

3. 留购租赁资产

租赁期届满时,承租人行使了优惠购买选择权。出租人按收到的承租人支付的购买资产的价款

借:银行存款
　　贷:应收融资租赁款——租赁收款额

案例 7-19

留购租赁资产的会计处理

(沿用案例 7-16)试分析乙公司租赁期届满时,承租人行使购买权的会计处理。

【案例分析】

借:银行存款　　　　　　　　　　　　　　　　　20 000
　　贷:应收融资租赁款——租赁收款额　　　　　　　20 000

【资料拓展】 出租人租赁会计信息的列报和披露

(一) 报表列报

出租人应当根据资产的性质,在资产负债表中列示经营租赁资产。

(二) 附注披露

出租人应当在附注中披露与融资租赁有关的下列信息:

1. 销售损益、租赁投资净额的融资收益以及与未纳入租赁投资净额的可变租赁付款额相关的收入。

2. 资产负债表日后连续五个会计年度每年将收到的未折现租赁收款额,以及剩余年度将收到的未折现租赁收款额总额;不足五个会计年度的,披露资产负债表日后连续每年将收到的未折现租赁收款额。

3. 未折现租赁收款额与租赁投资净额的调节表。

出租人应当在附注中披露与经营租赁有关的下列信息：

1. 租赁收入，并单独披露与未计入租赁收款额的可变租赁付款额相关的收入。

2. 将经营租赁固定资产与出租人持有自用的固定资产分开，并将经营租赁固定资产的类别，提供《企业会计准则第4号——固定资产》要求披露的信息。

3. 资产负债表日后连续五个会计年度每年将收到的未折现租赁收款额，以及剩余年度将收到的未折现租赁收款额总额。

出租人应当根据理解财务报表的需要，披露有关租赁活动的其他定性和定量信息。此类信息包括：

1. 租赁活动的性质，如对租赁活动基本情况的描述。

2. 对其在租赁资产中保留的权利进行风险管理的情况。

3. 其他相关信息。

第四节 特殊租赁业务的会计处理

一、转租赁

转租赁，是指在原出租人与原承租人之间的租赁（原租赁）仍然有效的情况下，原承租人（中间出租人）将标的资产转租给第三方的交易。因此，转租赁通常涉及三个主体：原租赁的出租人、中间出租人、转租赁的承租人，其中中间出租人既是原租赁的承租人，又是转租赁的出租人。转租赁情况下，原租赁合同和转租赁合同通常是单独协商的，交易对手也是不同的企业，因此，租赁准则要求转租出租人对原租赁合同和转租赁合同分别根据承租人和出租人的会计处理要求进行会计处理。

转租出租人应当基于原租赁产生的使用权资产，而不是原租赁的标的资产，对转租赁进行分类。原租赁资产不属于转租出租人所有，原租赁资产也未计入其资产负债表。因此，转租出租人应基于其控制的资产（即使用权资产）进行会计处理。但是，原租赁为短期租赁，且转租出租人作为承租人已按照租赁准则的要求对原租赁进行简化处理的，转租出租人应当将该转租赁分类为经营租赁。

对于被分类为融资租赁的转租赁，在签订转租赁合同时，中间出租人在资产负债表中继续保留原租赁的租赁负债，但应终止确认与原租赁相关且转给转租赁承租人的使用权资产，按转租赁投资净额确认租赁应收款，并将终止确认的使用权资产与确认的租赁应收款两者之间的差额计入当期损益。在转租期间，中间出租人既要确认转租赁的租赁收入，也要确认原租赁的利息费用；既要按期收回转租赁的租赁债权，也要按期偿还原租赁的租赁负债。

对于被分类为经营租赁的转租赁,在签订转租赁合同时,中间出租人在资产负债表中继续保留原租赁相关的租赁负债和使用权资产。在转租期间,中间出租人既要确认使用权资产的折旧费用和租赁负债的利息费用,还要确认转租赁的租赁收入。

案例 7-20

转租赁的会计处理(融资租赁)

承租人甲公司与出租人乙公司就某办公楼的某一层签订了一项为期 10 年的租赁合同(原租赁)。在第 3 年年初,甲公司将该楼层转租给丙公司,期限为原租赁的剩余 8 年时间,合同规定每年年末收取租金 55 000 元,经计算转租赁的租赁投资净额为 355 476 元,转租当年的融资收益为 17 774 元。此时甲公司与原租赁相关的账户余额为:"使用权资产"借方余额 336 310 元,"租赁负债"贷方余额为 339 320 元;按原租赁合同,每年年初支付租金 50 000 元,根据 5% 的利率计算的第 3 年租赁负债利息费用为 14 466 元。

【案例分析】

甲公司基于原租赁产生的使用权资产,将此项转租赁划分为融资租赁,进行了如下转租赁的会计处理。

(1) 转租赁日,终止确认原租赁的使用权资产,确认转租赁的应收债权:

借:应收融资租赁款　　　　　　　　　　　355 476
　　贷:使用权资产　　　　　　　　　　　　　336 310
　　　　资产处置损益　　　　　　　　　　　　19 166

(2) 在转租赁的当年,偿还原租赁负债,确认原租赁的利息费用:

借:财务费用　　　　　　　　　　　　　　14 466
　　贷:租赁负债　　　　　　　　　　　　　　14 466
借:租赁负债　　　　　　　　　　　　　　50 000
　　贷:银行存款　　　　　　　　　　　　　　50 000

(3) 在转租赁的当年,确认转租赁的融资收益和收到的租赁款:

借:应收融资租赁款　　　　　　　　　　　17 774
　　贷:租赁收入　　　　　　　　　　　　　　17 774
借:银行存款　　　　　　　　　　　　　　55 000
　　贷:应收融资租赁款　　　　　　　　　　　55 000

案例 7-21

转租赁的会计处理(经营租赁)

承租人甲公司与出租人乙公司就某办公楼的某一层签订了一项为期10年的租赁合同(原租赁)。在第3年年初,甲公司将该楼层转租给丙公司,期限为3年,合同规定每年年末收取租金55 000元。此时甲公司与原租赁相关的账户余额为:"使用权资产"借方余额336 310元,"租赁负债"贷方余额为339 320元;按原租赁合同,每年年初支付租金50 000元,根据5%的利率计算的第3年租赁负债利息费用为14 466元。甲公司按直线法对使用权资产计提折旧。

【案例分析】

甲公司基于原租赁产生的使用权资产,将此项转租赁划分为经营租赁,进行了如下转租赁的会计处理。

(1) 转租赁当年,继续对原租赁确认的使用权资产计提折旧:

借:管理费用等　　　　　　　　　　　　33 631
　　贷:使用权资产累计折旧　　　　　　　　　　33 631

(2) 转租赁当年,继续偿还原租赁的租赁负债,确认原租赁的利息费用:

借:财务费用　　　　　　　　　　　　　14 466
　　贷:租赁负债　　　　　　　　　　　　　　　14 466
借:租赁负债　　　　　　　　　　　　　50 000
　　贷:银行存款　　　　　　　　　　　　　　　50 000

(3) 转租赁当年,将转租赁收到的租赁款确认为租赁收入:

借:银行存款　　　　　　　　　　　　　55 000
　　贷:租赁收入　　　　　　　　　　　　　　　55 000

二、生产商或经销商作为出租人的融资租赁

生产商或经销商通常为客户提供购买或租赁其产品或商品的选择。在这种情况下,生产商或经销商一方面要确认销售损益,另一方面要确认应收融资租赁款。

生产商或经销商作为出租人的融资租赁,在租赁期开始日,该出租人应当按照租赁资产公允价值与租赁收款额按市场利率折现的现值两者孰低确认收入,并按照租赁资产账面价值扣除未担保余值的现值后的余额结转销售成本,收入和销售成本的差额作为销售损益。

生产商或经销商出租人为取得融资租赁发生的成本,应当在租赁期开始日计入当期损益。

案例 7-22

甲公司是一家设备生产商,与乙公司签订了一份租赁合同,向乙公司出租本公司生产的设备,合同主要条款为

(1) 租赁资产:生产设备。
(2) 租赁期 2022 年 1 月 1 日至 2026 年 12 月 31 日,共 5 年。
(3) 租金:自 2022 年起,每年年末支付租金 600 000 元。
(4) 合同利率:5%,和市场利率相同。
(5) 该设备在 2022 年 1 月 1 日的公允价值为 2 800 000 元,账面价值为 2 400 000 元。
(6) 甲公司取得此项租赁发生相关成本 5 000 元。
(7) 该设备已于 2022 年 1 月 1 日交付给乙公司,预期使用寿命 6 年,无残值。
(8) 甲公司预计该设备租赁期满时余值为 50 000 元,乙公司及其关联方未提供担保。

【案例分析】

根据上述资料,甲公司进行了如下的会计处理。

(1) 判断租赁类型。租赁期占资产使用寿命的 83%(5/6),该项租赁为融资租赁。
(2) 确认收入金额。

租赁收款额现值=600 000×(P/A,5%,5)=2 597 700(元)

因此,应确认销售收入 2 597 700 元。

(3) 确认销售成本金额。

未担保余值的现值=50 000×(P/F,5%,5)=39 175(元)

因此,应确认销售成本金额=2 400 000-39 175=2 360 825(元)

(4) 会计分录。

租赁期开始日确认销售收入

借:应收融资租赁款——租赁收款额	3 000 000
贷:应收融资租赁款——未实现融资收益	402 300
主营业务收入	2 597 700

租赁期开始日确认销售成本

借:主营业务成本	2 360 825
应收融资租赁款——未担保余值	50 000
贷:应收融资租赁款——未实现融资收益	10 825
库存商品	2 400 000

(5) 租赁期内分摊的融资收益。

2022 年 12 月 31 日,确认租赁收款额的融资收益和未担保余值的利息收益,如表 7-6 所示。

借:应收融资租赁款——未实现融资收益	131 844
贷:租赁收入	131 844

表 7-6　租赁投资净额及融资收益情况表　　　　　　　　　　单位:元

日期	租金①	本期确认的租赁收入* ②=期末④×5%	应收租赁款减少额 ③=①-②	应收租赁款净额 期末④=期初④-③
2022 年 1 月 1 日				2 636 875
2022 年 12 月 31 日	600 000	131 844	468 156	2 168 719
2023 年 12 月 31 日	600 000	108 436	491 564	1 677 155
2024 年 12 月 31 日	600 000	83 858	516 142	1 161 013
2025 年 12 月 31 日	600 000	58 051	541 949	619 064
2026 年 12 月 31 日	600 000	30 936***	569 064**	50 000
			50 000	0
合计		413 125	2 636 875	

注:＊各期租赁收入包括分摊的租赁收款额的未实现融资收益和确认的未担保余值利息收益。

569 064** =619 064-50 000;
30 936*** =600 000-569 064。
借:银行存款　　　　　　　　　　　　　　　　　600 000
　贷:应收融资租赁款——租赁收款额　　　　　　　600 000
2023 年 12 月 31 日至 2026 年 12 月 31 日的会计处理与此类似。

三、售后租回

售后租回交易(习惯称之为回租),是指资产的转让方将资产转让后再从受让方租回所转让资产的交易。在售后租回交易中,转让方同时也是承租人,受让方同时也是出租人。承租人和出租人应当按照《企业会计准则第 14 号——收入》的规定,评估确定售后租回交易中的资产转让是否属于销售。

1. 售后租回交易中的资产转让属于销售

售后租回交易中的资产转让属于销售的,承租人应当按原资产账面价值中与租回获得的使用权有关的部分,计量售后租回所形成的使用权资产,并仅就转让至出租人的权利确认相关利得或损失;出租人应当根据其他适用的企业会计准则对资产购买进行会计处理,并根据本准则对资产出租进行会计处理。

如果销售对价的公允价值与资产的公允价值不同,或者出租人未按市场价格收取租金,则企业应当将销售对价低于市场价格的款项作为预付租金进行会计处理,将高于市场价格的款项作为出租人向承租人提供的额外融资进行会计处理;同时,承租人按照公允价值调整相关销售利得或损失,出租人按市场价格调整租金收入。

在进行上述调整时,企业应当基于以下两者中更易于确定的项目:

① 销售对价的公允价值与资产公允价值之间的差额;
② 租赁合同中付款额的现值与按租赁市价计算的付款额现值之间的差额。

案例 7-23

甲公司向乙公司出售一幢建筑物作为办公地点,价格为 30 000 000 元,交易前该建筑物的账面原值为 22 000 000 元,累计折旧 2 000 000 元。与此同时,甲公司和乙公司签订了租赁合同,取得了该建筑物 10 年的使用权,年租金为 3 200 000 元,于每年年末支付。根据交易条款,甲公司转让建筑物符合收入确认准则中关于销售成立的条件。假设不考虑初始直接费用和各项税费的影响。该建筑物在当日的公允价值为 26 000 000 元。租赁内含利率为 5%,乙公司将该租赁分类为经营租赁。

请做出相应的会计处理。

【案例分析】

根据上述资料,可知:

该建筑物销售价格高于公允价值,超额售价 4 000 000 元作为乙公司向甲公司提供的额外融资进行确认。

1. 甲公司的有关会计处理。

(1) 租赁付款额的现值 = 3 200 000 × (P/A,5%,10) = 24 709 440(元)

(2) 租赁付款额现值包含两部分内容:

① 与提供给出租人额外融资相关的部分。

所提供的额外融资的现值 = 资产转让价格 - 资产公允价值

$= 30\ 000\ 000 - 26\ 000\ 000 = 4\ 000\ 000(元)$

租赁付款额中每年与该额外融资相关的部分为

$4\ 000\ 000 \div (P/A,5\%,10) = 518\ 021(元)$

10 年中与该额外融资相关的租赁付款额部分为 518 021 × 10 = 5 180 210(元)

② 与租赁相关的部分。

与租赁相关的租赁付款现值 = 租赁付款额的现值 - 提供额外融资的现值

$= 24\ 709\ 440 - 4\ 000\ 000 = 20\ 709\ 440(元)$

每年与租赁相关的租赁付款额部分为

$20\ 709\ 440 \div (P/A,5\%,10) = 2\ 681\ 979(元)$

10 年中与租赁相关的租赁付款额部分为 2 681 979 × 10 = 26 819 790(元)

(3) 使用权资产的入账价值 = 租赁资产的账面价值 × (使用权资产的租赁付款额现值 ÷ 租赁资产的公允价值) = 20 000 000 × (20 709 440 ÷ 26 000 000) ≈ 15 930 338(元)

(4) 与转让相关的利得 = 资产出售利得 × (与转让相关的公允价值 ÷ 资产的公允价值) = 资产出售利得 × [(资产公允价值 - 与租赁相关的租赁付款额现值) ÷ 资产的公

允价值]＝(26 000 000－20 000 000)×[(26 000 000－20 709 440)÷26 000 000]≈1 220 898(元)

(5) 租赁期开始日的会计分录：

① 与额外融资相关。

借：银行存款等 4 000 000
　　贷：长期应付款 4 000 000

② 租赁负债与使用权资产的初始确认。

借：银行存款等 26 000 000
　　使用权资产 15 930 338
　　累计折旧 2 000 000
　　租赁负债——未确认融资费用 6 110 350
　　贷：租赁负债——租赁付款额 26 819 790
　　　　固定资产 22 000 000
　　　　资产处置损益 1 220 898

(6) 租赁期开始日后第一年的会计分录：

① 关于提供额外融资的负债。

借：财务费用 200 000
　　长期应付款 318 021
　　贷：银行存款 518 021

② 关于租赁负债。

借：财务费用 1 035 472
　　租赁负债——租赁付款额 2 681 979
　　贷：租赁负债——未确认融资费用 1 035 472
　　　　银行存款 2 681 979

③ 关于使用权资产。

借：制造费用等 1 593 034
　　贷：使用权资产累计折旧 1 593 034

(7) 租赁期开始日后第二年的会计分录：

① 关于提供额外融资的负债。

借：财务费用 184 099
　　长期应付款 333 922
　　贷：银行存款 518 021

② 关于租赁负债。

租赁负债第二年的期初余额为 20 709 440＋1 035 472－2 681 979＝19 062 933(元)
财务费用＝19 062 933×5%≈953 147(元)

借：财务费用 953 147
　　租赁负债——租赁付款额 681 979

    贷:租赁负债——未确认融资费用　　　　　　　　　　953 147
        银行存款　　　　　　　　　　　　　　　　　　　2 681 979
③ 关于使用权资产。
借:制造费用等　　　　　　　　　　　　　　　　　　1 593 034
    贷:使用权资产累计折旧　　　　　　　　　　　　　1 593 034
以后各年以此类推。

2. 乙公司的有关会计处理。

(1) 租赁期开始日,乙公司的会计处理如下。

借:固定资产　　　　　　　　　　　　　　　　　　　26 000 000
    长期应收款　　　　　　　　　　　　　　　　　　　4 000 000
    贷:银行存款等　　　　　　　　　　　　　　　　　30 000 000

(2) 租赁期开始日后第一年的会计分录。

借:银行存款　　　　　　　　　　　　　　　　　　　　3 200 000
    贷:租赁收入　　　　　　　　　　　　　　　　　　2 681 979
        利息收入　　　　　　　　　　　　　　　　　　200 000
        长期应收款　　　　　　　　　　　　　　　　　318 021

(3) 租赁期开始日后第二年的会计分录。

借:银行存款　　　　　　　　　　　　　　　　　　　　3 200 000
    贷:租赁收入　　　　　　　　　　　　　　　　　　2 681 979
        利息收入　　　　　　　　　　　　　　　　　　184 099
        长期应收款　　　　　　　　　　　　　　　　　333 922

以后各年以此类推。

2. 售后租回交易中的资产转让不属于销售

售后租回交易中的资产转让不属于销售的,承租人应当继续确认被转让资产,同时确认一项与转让收入等额的金融负债,并按照《企业会计准则第22号——金融工具确认和计量》对该金融负债进行会计处理;出租人不确认被转让资产,但应当确认一项与转让收入等额的金融资产,并按照《企业会计准则第22号——金融工具确认和计量》对该金融资产进行会计处理。

案例 7 - 24

甲公司向乙公司出售一幢建筑物,价格为 50 000 000 元,交易前该建筑物的账面原值为 42 000 000 元,累计折旧 4 000 000 元。与此同时,甲公司和乙公司签订了租赁合同,取得了该建筑物 10 年的使用权,年租金为 5 200 000 元,于每年年末支付。根据交易条款,甲公司转让建筑物不符合收入确认准则中关于销售成立的条件。假设不考虑初始直接费用和各项税费的影响。该建筑物在当日的公允价值为 46 000 000 元。租赁内含利率为5%,乙公司将该租赁分类为经营租赁。

请做出相应的会计处理。

【案例分析】

分析上述资料,可知:

根据交易条款,甲公司转让建筑物不符合收入确认准则中关于销售成立的条件,因此该售后租回交易中的资产转让不属于销售。

(1) 甲公司的会计处理:

借:银行存款等	50 000 000
贷:长期应付款	50 000 000

(2) 乙公司的会计处理:

借:长期应收款	50 000 000
贷:银行存款等	50 000 000

▶ 思考题

1. 租赁期、租赁开始日、租赁期开始日之间的关系怎样?明确这些概念有何意义?
2. 租赁付款额和租赁收款额的含义分别是什么?
3. 承租人对租赁的会计处理过程及要点是什么?
4. 出租人以融资租赁方式租出资产的会计处理过程及要点是什么?

第八章 融资租赁风险管理与内部控制

融资租赁是一种重要的商业融资方式,它为企业提供了资金和资产运营的灵活性。随着全球经济的发展和市场竞争的加剧,融资租赁业务所面临的风险也日益复杂和多样化。在这样的背景下,租赁公司和融资租赁业务参与者需要加强对融资租赁风险的认识,并制定有效的风险管理策略,以确保业务的可持续发展和盈利能力。

第一节 融资租赁风险的含义和特点

一、融资租赁风险的含义

1. 融资租赁风险

一般情况下,风险是指在一定条件下和一定时期内,各种结果发生的不确定性导致行为主体遭受损失发生的可能性的大小。融资租赁风险是指租赁未来结果的不确定性(如未来收益变化的不确定性、未来资产成本的不确定性等),给租赁项目带来损失的可能性。融资租赁交易较为复杂,持续时间长,而且涉及金融、法律、外贸、交通运输等多个环节。

2. 企业融资租赁风险

企业融资租赁风险主要是指企业融资之后,将筹集的资金投入到生产和经营中,但在债务到期的时候,企业不具备偿还债务的能力,从而产生各种严重后果,因此,融资租赁风险也称作财务风险。企业的融资租赁风险因企业融资的方式、偿还时间及企业资金的规划等各种因素的影响,使得企业面临的偿债压力也不一样。根据融资租赁风险影响因素的不同,分为外部风险和内部风险,其中外部风险一般是指企业外部的市场环境和国家政策等宏观外部因素引起的各种风险,而内部风险的影响因素主要来源于企业内部。

企业融资租赁的内部风险主要包括：负债融资租赁风险、融资租赁利息率风险、融资租赁期限结构风险、融资租赁流动性风险、融资租赁数量不当风险、融资租赁偿还风险及融资结构风险等。而企业融资租赁的外部风险主要包括：融资租赁政治风险、融资租赁经济风险、融资租赁法律政策风险及融资租赁金融市场风险。企业在市场经济活动中开展的融资活动中,影响其融资租赁的风险因素是众多的,且具有客观性、不确定性、可控性及双重性特点。而影响企业融资租赁的风险因素主要分为外部因素和内部因素,其中外部因素主要包括经营风险因素、投资项目和收益能力、预期现金流入量、资金流动性、金融市场因素及道德影响因素等,而内部因素主要包括企业负债规模、负债利息率、企业资金结构及负债还款期限等。

二、融资租赁风险的理论解释

随着信息不对称(非对称信息)理论的发展,对融资租赁风险的解释也有了一个新的工具。本节将利用信息不对称理论来解释融资租赁风险产生的根源。

在融资租赁业务的交易过程中广泛存在着信息不对称(非对称信息)现象。融资租赁公司内部股东、股东会、董事会、经理层、业务管理人员及业务员之间存在着信息不对称问题；与租赁交易者(供货商、承租人等)存在着信息不对称问题；与资金供给方,以及与外部监管机构同样存在信息不对称问题。并且,由于融资租赁公司在金融市场中的弱势地位(尤其在发展中国家),以及租赁交易风险多样化的特征,又放大了信息不对称问题给融资租赁公司带来的风险。融资租赁在中国产生、发展的二十多年中,此类教训不胜枚举,值得反思。

现代的市场经济理论区别于新古典经济学的最主要的贡献之一,是提出信息不对称对市场经济行为的影响。新古典经济学的市场经济理论认为：市场参与者赖以决策的信息是充分的,在完全市场竞争下通过市场配置资源可以达到帕累托最优。而现代经济学认为：在市场信息不完全或不对称条件下,博弈或交易双方拥有的信息是不相同的,所以通过市场配置资源而达到帕累托最优是不现实的,也是不可能的。这是因为,首先,现实的市场经济行为并不像新古典主义的完全竞争理论所描绘的那样是一种无摩擦经济,而是一个非完美、充满噪声和假象的经济。此外,信息的传递存在着时空和技术上的障碍。上述因素使得收集与获取信息需要支付高昂的成本。哈耶克认为：社会所面临的根本性问题不是资源的最优配置,而是最佳利用散布于整个社会的信息。某个投资者要想比其他投资者优先获取信息,就必须支付比别人更大的代价。其次,面对同样的市场经济信息,不同的投资者由于其所处地位、角色、知识背景、分析能力和分析工具的不同会对同样的信息做出不同的判断,从而产生不同处理能力和途径,致使市场参与各方处于信息不对称地位。再次,市场经济活动中普遍存在着内幕交易和"搭便车"现象,人为加大了信息不对称的严重性。

信息不对称区别于信息不完全,前者是指信息分布具有不均匀的特性,后者则是信息量不充分。信息不对称问题常常包含着这样一种关系,即在市场博弈中拥有私人信息的参与人称为"代理人",不拥有私人信息的参与人称为"委托人"。在信息不对称的情形下,委托人要使代理人把自己所拥有的特殊信息提供出来,并为其带来利益就需要付出很高的成本,这是委托—代理合同关系核心问题——交易费用。由此引出了一个现实问题,即"逆向选择",这通常是指在信息不对称状态下,接受合同一方一般拥有私人信息,并利用另一方信息缺乏的特点而使对方不利,从而使博弈或交易过程偏离委托方的愿望。这种现象一旦发生,即造成一方有利,另一方受损,从而违背了帕累托效率使交易双方共同获取剩余的条件。逆向选择通常又被称为"知识不对称"。而另一种不对称为"行动不对称",即"道德风险",通常指的是委托—代理合同关系成立后,从事市场交易行为的一方最大限度地增进自身效用时做出不利另一方的行动。在信息不对称情形下,拥有私人信息且负有经济责任的代理方并不能完全承担全部经济损失,从而也就意味着可以不承担其行动的全部后果,可以将全部的损失都交还给委托人,这使博弈各方效用冲突,道德风险不可避免,导致博弈费用上升,资源配置效率下降。

我们可以就上述理论结合融资租赁业务得出其风险成因。

风险是一种不确定性,它会带给公司未来收益流量的不确定,从而导致公司或经营项目价值的损失。根据信息不对称理论的解释,信息不对称是产生这种不确定性的根源之一。具体到融资租赁上,融资租赁是一项相当复杂的系统工程。它不仅是所有权和使用权之间的一种借贷关系,而且涉及金融、贸易、运输、税务、保险和法律等众多领域;同时,由于现代租赁具有一次性投资金额大、租赁周期长、投资回收期内不可预测的因素多等特点,从而在整个业务运转过程中,随时会出现有关当事人妨碍合同顺利执行的各种风险。由于出租人和承租人及设备出卖人在租赁交易中所处的地位不同,各方对有关风险因素掌握信息的不对称,直接导致了他方的风险的产生。对于出租方(融资租赁公司)而言,非对称信息导致的融资租赁风险,最主要的就是与承租人的信息不对称风险。

与承租方的信息不对称风险是融资租赁公司最为重视的风险之一,也是信息不对称矛盾最突出的风险因素所在,它是产生信用风险的主要原因,主要包括承租方的经营管理、财务会计、信用、市场、自然灾害、技术、税务等信息,每一项信息的不对称程度,直接决定了逆向选择承租人的可能程度,同时也决定了租赁的风险程度。其中也可能会引发一些道德风险,如故意利用不正当手段或方法传递误导信息,以骗取租赁资金。承租人往往处于信息优势一方,而租赁公司则处于信息劣势一方。因为承租人清楚地知道自己的状况,如收入盈利状况、资产负债状况、偿债能力和偿债意愿等,而租赁公司却只能凭借承租人提供的申请和其他材料来判断租赁项目的风险。如果承租人出现道德风险,为了获得租赁物或降低租金的支付,故意隐瞒对自己不利的真实情况,提供虚假的信息给租赁公司,那么租赁公司的风险就会更大。

除了与承租方的信息不对称风险以外,融资租赁公司还有以下几种信息不对称风险:

(1) 与资金供应者的信息不对称风险。这往往是租赁公司最容易忽视的风险因素。对于融资租赁公司的三大主要资金来源——银行贷款、同业拆借和委托租赁资金,与资金供应方相比,租赁公司的信息弱势在于对整个资金(资本)市场,尤其是资金利率、汇率走势的信息较为缺乏,对于资金来源的合法性、资金到位时间、资金数量、使用期限、资金供应长期合作的可持续性等信息处于劣势,易产生资金链中断的恶性风险,或导致租赁公司的信誉损失。

(2) 与租赁资产的出卖方信息不对称风险。融资租赁公司涉及的租赁资产千差万别,相对于资产出卖方,租赁公司对租赁资产的信息是不可能完全对称的,这是风险的源头之一。对租赁资产的合法性、市场前景、技术进步因素、价格现状与趋势、资产二次处置的可行性等信息的不对称,都可能导致逆向选择租赁资产的风险。

(3) 与担保方的信息不对称风险。担保方是因租赁公司对租赁资产及承租方信息不对称和不可控而设置的,租赁公司与担保方也存在信息不对称性,从而可能出现担保人的逆向选择问题,可能导致最后一道风险防范关的失控。

(4) 租赁公司内部人之间的信息不对称风险。租赁公司的每一个租赁项目的全过程包括业务人员的项目调查与洽谈、部门负责人审核、评审部委评审、领导审批、租金清收等环节,其中每个环节及每个环节之间都存在信息不对称的问题,这也是租赁公司内部不同部门或人员对个别项目意见分歧较大的原因所在。业务人员之间、管理人员之间以及业务人员与管理人员之间对项目的信息越不对称,则相互之间意见分歧会越大,逆向选择项目(好变坏或坏变好)的风险会越大。

(5) 对国家(国际)宏观经济的信息不对称风险。租赁公司租赁业务是在对宏观经济形势判断的基础上做出的,而其与众多的交易对方对于宏观经济信息始终存在不对称问题,如对国际形势、国家宏观经济政策,尤其是财政金融货币政策、利率、汇率走势、通货膨胀预期、行业信息等。对宏观经济分析的不确定同样会导致租赁公司的租赁风险。

从理论上讲,在竞争性市场,Mckinnon(1973)及 Shaw(1973)的开创性研究工作证明了,在完全信息及贷款回报确定的假设下,信贷市场的运行将带来资金的最有效率的配置。假设在一个以银行为主要金融机构的经济运行体中,存在着许多(可计算数量的)经济个体。其中一类个体是企业家,他们每人具备一个投资项目并是潜在的贷款人;另一类个体是存款人。投资项目的回报率确定但各不相同。信息是完全充分的,即银行和企业家都知道具体投资项目的回报水平。假设不存在交易费用,那么在一个竞争性金融市场中,均衡贷款利率和存款利率均相同,并且均衡投资和均衡储蓄水平也相同。这时,银行的利润为零,这符合竞争性市场的基本要求。这一模型同样可以应用在融资租赁市场,因为它在本质上只是融资市场的一个特例而已。

但是有关确定回报的假定看起来缺乏真实性,因为那些投资项目的平均预期回报水平低于贷款利息水平的企业家所获取的利润为零,显然,这无法令人信服地解释他们为什么愿意向银行贷款。

在租赁中由于信息是不对称的,逆向选择问题不可避免,所以租赁投资的回报也是不确定的,这给出租人带来了很大的风险。也就是说,企业家(借款人、承租人)比另一方(银行、出租人)对贷款(租赁款)用于投资项目的潜在回报和风险具有更多信息。

三、融资租赁风险的复杂性

风险是未来结果的不确定性,如未来收益(或现金流量、资产或负债价值)变化的不确定性。不确定性风险是双向的,即既有损失的不确定性,也有盈利的不确定性,当然人们更关心这种不确定性风险带来的损失。

对不同投资或资产来说,其不同风险可以用投资回报的不确定性来表示。其中普遍使用的比较投资风险大小的标准是看投资回报波动幅度的大小,或者说回报这个变量相对于其平均值(预期回报)的离散程度的大小。在统计学上是用方差、标准差来衡量一个变量的离散程度的。

任何经营实体都面临着未来收益的不确定性或风险,由于其经营产品的特殊性和经营环境的不同,它们面临的风险状况也是有差异的。对金融机构来说,它们的经营对象是金融工具(产品),它们与一般工商企业面临的风险环境和对风险的偏好是不同的。工商企业趋向于"风险厌恶型"的,而金融机构经营的金融工具本身内含有风险性特征,因而,金融机构可以说是"风险偏好型"的。当然,说金融机构是"风险偏好型"的,只是与一般工商企业做比较,并不是说风险越大越好。恰恰相反,金融机构为了取得同样的盈利,风险越小越好。金融机构为了获取报酬,管理风险的能力恰恰是金融机构核心竞争力所在。

融资租赁公司的融资租赁风险是金融机构面临的风险在融资租赁业上的体现。但与其他金融机构不同的是,融资租赁公司的业务特征较为复杂,这就决定了融资租赁风险的多样化。融资租赁的复杂性在于:

(1) 融资租赁涉及三个当事人——出租人、承租人和供货商。承租人委托出租人代为融资,并直接与供货商洽谈选定设备,然后由出租人购买设备,最后由供货商直接将设备发运给承租人。这里,融资租赁涉及的当事人比一般银行融资涉及的当事人多了一个,所以,对融资租赁公司来说,除了掌握融资技术以外,还需要熟悉设备技术及价格行情等,加大了风险。

(2) 需要签订两个或两个以上合同,其中至少有出租人与承租人之间的租赁合同、出租人与供货商之间的购买合同(图 8-1),有时还有出租人与银行之间的贷款合同等。所以就出租人而言,涉及的合同越多,合同产生的风险(信用风险)就越大。尽管与租赁设备所有权有关的风险、责任和义务按通常做法可以通过合同条款规定方式转移给承租人,但是如果设备缺陷、技术陈旧、延期交货等风险影响了承租人租金偿付,那么,风险就有可能转移给出租人。

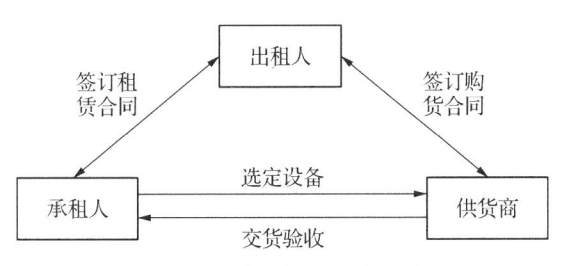

图 8-1 融资租赁业务流程简图

(3) 融资租赁的租期较长,等于或接近于租赁标的的经济寿命,通常在 3~5 年,长的在 10 年以上。这样,融资租赁公司的租赁融资便具有了长期风险投资性质。从收益率曲线来看,融资租赁的长期收益率曲线是一种凸性曲线,如图 8-2 所示,随着租赁期限的增加,租赁收益率除了无风险收益以外,还必须加上具有加速度的风险收益增量。正因为融资租赁业务期限都相对较长,所以融资租赁公司在缺乏金融产品的多样化搭配的同时,还缺乏长短期限的搭配,因而就难于享受金融产品分散化带来的降低风险的好处。

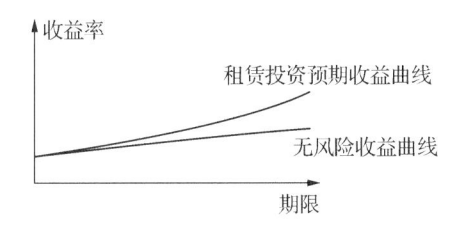

图 8-2 期限与风险的关系

(4) 融资租赁产品一次性投入大和不可转让性的特点,使得租赁公司会面临流动性困难的问题。对融资租赁公司来说,流动性一方面意味着能够有较为快速的融资便利,如能够进入同业拆借市场、债券现货和债券回购交易市场,但更为重要的是其资产——融资租赁产品的流动性特质,也就是收回租金的保障及转让或证券化租赁产品的可能性。对中国融资租赁产业来说,租赁合同转让和证券化的便利尚不存在,风险转移和管理的渠道还较为狭窄。

四、融资租赁风险的特征

(1) 分离性。融资租赁作为创新的融资方式,提供的是类似于银行信贷的经营活动。然而融资租赁又与银行信贷在形式上不同。中国金融学会融资租赁委员会的专家委员把融资租赁形象地形容为"挂羊头,卖狗肉",即羊头——法律形式,是租赁,跟任何租赁都是一样的;狗肉——经济实质,是融资,就是融通资金。因此,如何处理好这样一种特殊的金融业务就关系到能否有效地抑制和防范金融风险。另外,融资租赁过程中也存在某种分离性。出租人为设备的购买垫付资金,然后将该设备交给承租人使用,在租赁期间,出租人无法对租赁设备实施干预和管理,导致设备的所有权和处置权相分离。在承租人使用设备时,只要设备的安全、保养等方面出现问题,则极有可能加大出租人的风险。

(2) 复杂性。融资租赁涉及至少三个当事人:出租人、承租人和供货商。同时,融资租赁需要签订两个或两个以上合同。其中,承租人委托出租人代为融资,并直接与供货商洽谈选定设备,然后由出租人购买设备,最后由供货商直接将设备发运给承租人。所以,对融资租赁公司来说,除了掌握金融技术,还需要熟悉设备技术及价格行情等,加大了其风险性。在合同方面,至少有出租人与承租人之间的租赁合同,出租人与供货商之间的购买合同,有时还伴随着出租人与银行之间的贷款合同等。就出租人而言,它涉及的合同越多,合同产生的风险就越大。

(3) 长期性。融资租赁的特性决定了其租期较长,往往在 3~5 年之间,长的可达 10 年以上。这样,融资租赁公司具有了长期风险投资性质,在租赁期内,任何宏观经济的变化(如利率、汇率的变化,产品的需求变化),都可能给租赁公司带来巨大风险。而且融资租赁产品一次性投入大且不可转让,租金须在一个较长的时间段内收回,这又加大了租赁公司所面临的流动性风险。

正是上述融资租赁的长期性、复杂性和使用权与所有权的分离性,导致了融资租赁面临诸多风险。

第二节 融资租赁风险的分类

本质上,融资租赁业务是一种融物与融资相结合的特殊金融业务,它具有一般金融风险的特征。融资租赁风险可根据不同的划分标准,进行不同的分类。识别不同类型的风险,是我们进行租赁风险管理的第一步。根据生成融资租赁风险的环境的不同,可将其分为静态风险和动态风险。静态风险亦称纯粹风险,是指只有损失的可能,而没有获利的机会的风险。这种风险在任何政治、经济条件下都无法避免。动态风险,是指既具有带来损失的可能性,也具有带来获利机会的可能性的风险。

分类上来说,融资租赁具有经营风险、信用风险、市场风险、操作风险和其他风险。市场风险包括利率风险、汇率风险、税务风险和流动性风险,其他风险包括自然灾害风险、政治风险、技术落后风险和法律风险。

一、经营风险

经营风险,是指企业由于经营管理活动的缺陷或人为失误而造成经济效益无法达到预期目的所带来的影响。

对出租人来说,经营风险一方面表现在内部。如规划和计划不科学,对租赁项目的可行性未进行科学的评估,业务决策失误,未按购货合同和租赁合同履约,企业的组织管理、财务管理、资金调度、合同管理不善,资产负债管理监控指标不符合要求等。另一方面表现在外部,如承租人未能偿还租金等,从而降低了出租人的利润指标,甚至导致其发生亏损。个别金融租赁公司名为租赁,实为股东圈钱,并引发了财务危机。

对承租人来说,经营风险既可能发生在企业内部,也可能发生在企业外部。经营风险在企业内部表现为内部控制制度不健全及缺乏执行力和有效的经营手段,在企业外部则表现为原材料、辅助材料、动力、交通运输等的价格上涨或供应不足、产品或服务价格的下降、需求不旺,以及供货方或出租人发生违约等。以上这些经营风险将对承租人的经济效益产生不利影响。

案例 8-1

中国光大银行石家庄分行等与中国国际包装租赁有限公司的融资租赁合同纠纷案就中国光大银行石家庄分行(以下简称"石家庄分行")、原中国投资银行河北分行(以下简称"河北分行")与中国国际包装租赁有限公司(以下简称"租赁公司")、中国环宇电子集团公司通什分公司(以下简称"通什公司")的融资租赁合同纠纷一案,海南省高级人民法院于1997年6月9日做出(1993)经上字第9号民事判决且已发生法律效力。然而,河北分行不服,向最高人民检察院提出申诉。最高人民检察院于1999年12月1日以高检民行抗字(1999)第30号民事抗诉书,向本院提起抗诉。本院于2002年3月20日做出(2002)民二抗字第4号民事裁定,依法另行组成合议庭再审本案,并于2002年4月16日对本案进行了公开审理。本案现已审理完毕。

本院终审查明:1989年6月2日,租赁公司与通什公司签订了一份租赁合同,约定:由租赁公司向美国金山贸易公司(以下简称"金山公司")购买FBT行输出变压器生产线,出租给通什公司;租期为48个月,租金以概算成本3 930 000美元为基础计算,租赁公司在租赁物交付后核算实际成本,并据此与通什公司一道确定租金额和支付方法;交货地点为海南省三亚;预定交货期为1989年10月;预定租金总额及每期的租金额以"备忘录"的通知为准,同时还约定了有关租赁物的交付和验收、质量保证等事项。同日,河北分行为该租赁合同出具了以租赁公司为受益人的担保书。该担保书载明:担保人担保承租人按租赁合同的规定准时准额支付全部租金,如出租人未能履行在租赁合同中所列明的义务,或租赁公司在未经担保人同意的情况下,做出任何修改,则本担保书将自行失效。

1989年6月24日,中国环宇电子集团总公司代通什公司向租赁公司支付了20万美元的定金。同年7月14日,海南省经济合作厅对通什公司进口生产线的请示批复同意,同时要求其在海口海关报关。通什公司将批复内容告知租赁公司。同年9月18日,租赁公司向金山公司支付了589 500美元的购货定金。同年11月15日,金山公司向租赁公司提出延期开信用证,交货时间按开证时间顺延的要求,租赁公司及通什公司均表示同意。同年12月25日,租赁公司向金山公司开出2 751 000美元的信用证。

1990年2月10日,通什公司提出因台风及出国培训人员手续无法及时办理等事项要求延期交货。经以上三方协商,将交货期自信用证开出之日向后推两个月。同年3月,由租赁公司组织通什公司、河北分行三方代表到日本考察了生产线。同年5月5日,因出国培训人员的手续仍未能办妥,租赁公司、通什公司及金山公司又协议将交货期延至当年7月15日。同年6月30日,上述三方又因出国培训人员手续未能办好,而将协议交货期延到当年9月底。1990年7月5日,金山公司将第一批租赁物发运到海口港。经海南进出口商品检验局检验,发现该批货物存在蚀锈、旧货、变形等问题。租赁公司、通什公司和金山公司遂于同年8月26日达成解决第一批到货所存在问题的协议,并约定"努力争取最后一批货在1990年10月30日前到达买方(指通什公司)工厂"。同年10月4日,以上三方又协议将交货期延到当年11月30日。有关上述交货期的变动情况,租赁双方未通知河北分行。租赁设备第二批货发到海口港后,经海南商检局检验,发现所运设备存在漏装问题及因设计制造缺陷等造成的质量问题。租赁公司就此与金山公司进行了交涉。河北分行也在1991年3月1日致函租赁公司,提出在执行租赁合同过程中,未经担保人同意,租赁双方于1990年8月26日修改了合同规定的交货期,违反了担保书的规定,因此担保人出具的担保书将自行失效。租赁公司接到该函后,当日即复函表示反对。1991年8月20日,通什公司致函租赁公司称,"经过艰苦努力,试产成功,并积极筹备予以正式投产"。租赁公司为购买租赁物共向金山公司支付了3 537 000美元,且尚有393 000美元设备款未对外支付。租赁公司因通什公司未向其支付租金,遂将其诉至法院。

(资料来源:汇法网)

【案例分析】

本院终审认为:租赁公司与通什公司之间订立的融资租赁合同、河北分行作为担保人为通什公司提供担保所出具的以租赁公司为受益人的担保书,均为有效合同,对各方当事人均有约束力。关于交货地点变更的问题,系海南省经济合作厅在对本案进口生产线的批复中根据港口条件将三亚港变为海口港,故为政府主管部门的指令,并非租赁公司和通什公司自行修改的结果。关于变更交货期的问题,租赁合同规定了预定的交货期为1989年10月。签订合同后,通什公司和租赁公司对交货期做了推迟处理,河北分行在知道设备交货期被推迟的情况下,仍以担保人身份参加了出国考察,对交货期的延迟亦未提出任何异议,故应视为其对变更交货期的默认。关于租金条件的确定问题,因租赁合同约定预定租金总额以及支付的各期金额以备忘录为准,故租赁公司以备忘录形式确定租金额及租期,是依据合同约定所致,不属擅自变更合同的租金条件。关于租赁物的短缺和质量问题,租赁公司在接到通什公司的通知后及时致函金山公司要求解决,通什公司仅补充了部分缺交的货物,就仍未交付的两台设备及技术资料,则并未再通知租赁公司。租赁公司也没有积极同通什公司联系,了解货物的交付情况,因此对没有向外索赔所造成的损失负有索赔义务的租赁公司应承担主要责任。鉴于通什公司既和租赁公司共同作为买方与金山公司签订购货合同,又单独同金山公司签订技术合同,其完全可以独立向外索赔,因此其对没有向外索赔亦有不可推卸的责任。鉴于租赁公司尚未对外付清货款,未付的货款应在租金中作相应冲减,以作为对通什公司的补偿。通什公司已实际接收了租赁物,且已试产成功,有关租赁物的缺件和质量问题,非租赁公司的过错所致,故通什公司应依约向租赁公司支付租金及利息。据此判决:通什公司应支付租赁公司租金 5 249 782 美元,扣除未付货款 393 000 美元所对应的租金 524 978.16 美元和保证金 120 000 美元后应支付租金 4 604 803.84 美元及利息(利息计算时间自 1992 年 3 月 18 日起到给付之日止,且按每日万分之三计算)。河北分行对上述债务承担连带保证责任。

二、信用风险

融资租赁的信用风险是出租人不能按时足额收回租金的一种可能性,是由于承租人信用问题产生的。承租人因信用问题而导致租金交纳的拖延甚至不能交付而对出租人带来的损失称为信用风险损失。产生信用风险的原因主要有三方面:一是由于租赁设备本身损失带来的风险。根据租赁合同,承租人负有对租赁设备的维修保养义务,保证租赁设备正常运转,并在合同期满后完好无损地退还租赁物品。如果出现承租人不能合理使用、维修、保养所租设备,出现掠夺式使用或其他短期行为这样的道德风险,就会给出租人造成财产损失。二是承租人其他业务经营不善而造成企业现金流量短缺,无法按时支付租金而造成的信用风险。三是承租人故意拖欠租金。其他还有融资租赁合同中途解约等造成的信用风险。

在信用风险中,由租赁设备本身损失带来的风险是融资租赁中特有的。而融资租赁业务的期限长和复杂性特点又增加了信用风险的程度。每个融资租赁项目的风险暴露期往往较长,因为融资租赁业务一般具有长期风险投资业务的特征,而银行信贷则具有短中长结合,且偏重短期的特点;证券业务也具有流动性大、平均持有周期短的特点,因而相对而言,它们的风险暴露期也不长。融资租赁的长期性特点,使得出租人承担着较大的信用(违约)风险。在风险管理上,除了增强内部过程控制和外部监督以外,信用风险计量模型的应用是现代风险管理的新趋势。由于当前融资租赁公司的营运资金都来自银行,其资本充足率只要不低于 10% 即可,因此融资租赁公司的信用风险是系统性金融风险的一部分。融资租赁公司的任何坏账损失,其受害者必定是银行。

三、市场风险

由于市场价格变化给融资租赁收益和租赁资产价值带来的不确定性,即为市场风险。对融资租赁来说,直接影响租赁收益和租赁资产价值的市场风险主要有利率风险和汇率风险两种。

1. 利率风险

利率风险,是指利率的升降变动给借贷双方造成的损失的可能性。当今国际金融市场普遍采用浮动利率,贷款利率会随金融市场资金供求关系的变化而发生变动。融资租赁公司从国际金融市场取得的贷款大多是小额、短期的。融资租赁业务中,影响租金的主要因素除租赁物的货价外,就是利率。例如,就融资租赁业务而言,融资租赁公司从境外借款和租赁时均采用浮动利率。对承租人来说,如果利率处于上升趋势,则承租人支付的租金就会有所增加。如果承租人为了便于控制项目总投资和财务预算,而向出租人提出采用固定利率,那么出租人将承担利率上升的风险。

租赁产品内在价值受利率变化而变化的关系:

$$租赁产品的资本化价值 = \frac{租金}{市场利率}$$

租金计算中以固定利率(复利概念)为多,因为一般来说承租人希望有一个固定的租金支付额和支付期限,而不希望承担利率风险(前有所述,工商企业是风险厌恶型的)。但对租赁公司或出租人来说,固定利率会带来利率风险。如果租赁公司按租赁项目单独筹资,筹资期限又与租赁期限一致,那么期限匹配较好,并且可以把筹资利息与租金构成的利息一致化,但这种筹资方式的成本也会随之增加,会影响租赁产品的吸引力。如果以出租人筹集的全部长短资金统筹运用,以平均成本进入租金,那么就会产生资金期限不匹配的情况,利率风险仍然会存在。特别是在利率剧烈变动时,风险会很大,如果利率向上变动,则会给租赁收益带来很大的损失。

国内租赁业务中租金的计算也是以利率为基础的,在租金计算中,承租人一般会接受固定利率和固定租金的方法,所以一旦市场利率有较大变化,就会影响租赁资产的现值——资本化价值。如果遇到利率处于上升时期,租赁公司将面临潜在的资产价值的损失。如果公司的负债和资产在期限上不匹配,还会加大利率风险的影响程度。此外,随着我国融资租赁公司资产运作范围的扩大,政府债券等证券类的资产比重将会有所增加,这样租赁公司的证券投资也同样存在利率风险问题。

2. 汇率风险

汇率风险,是指在国际金融和国际贸易中,各国货币之间的汇率发生变化导致交易人发生经济损失的可能性。在我国,一般来说,租赁产品购自国外,且以外汇支付,融资租赁公司通过向银行借外汇贷款,或利用对方提供的出口信贷来支付货款。租金的厘定如果以外汇作为计价货币,这样出租人把汇率风险转给了承租人,但自己仍承担利率风险。如果将汇率风险转给了承租人,承租人又没有管理汇率风险的经验和技术,那么一旦汇率风险发生,就会影响到租金偿付。另外,从国外设备到岸、提货到支付外汇货款之间,也会存在汇率风险。

在融资租赁业务中,汇率风险主要发生在跨国或需要进口租赁物的融资租赁中。发生在融资租赁交易中的汇率风险主要表现在两个方面:一是设备进出口过程中的商业性风险,二是筹资过程中因为汇率变动而导致成本增加的风险。

商业性风险是指在进出口贸易中,进出口商所承担的汇率风险。融资租赁业务从进口租赁物合同、租赁合同的签订到支付货款,一般需要3个月或更长的时间。在此期间,尽管进口合同的货价不变,但结算币种的汇率却发生了变化。例如,国内 A 公司与国外 B 公司签订进口合同,货价为 100 万美元。美元对人民币的汇率为 1∶8.09,需人民币 8 090 万元。然而,到支付货款时,人民币贬值,美元对人民币的汇率变为 1∶8.11,需人民币 8 110 万元,因此使进口商(一般为出租人)多支付了 20 万元人民币。鉴于融资租赁合同以美元计价,因此会增加承租人的债务负担。

融资性风险是指跨国筹措外汇资金直到偿还的过程中,因汇率发生变动,债权人、债务人双方所需承担的汇率风险。为开展融资租赁业务,跨国筹措外汇资金的债务人为境内融资租赁公司(即出租人),债权人为境外贷款银行。一般而言,出租人会将融资性风险转嫁给承租人。

对我国的融资租赁公司来说,其业务范围大部分仍限制在国内,所以利率风险是市场风险中的重点。但融资租赁业务可能涉及购买国外的设备,甚至在国际市场融资,因而汇率风险也是不可忽视的。

3. 税务风险

税务风险,是指纳税条款或税率等发生变动而产生的不利影响。在融资租赁业务中,如果在融资租赁期间,提高租赁公司的营业税及附加或所得税,就会降低租赁公司的收益。另外,进口租赁物关税或承租人税率水平的提高,也会为承租人的经济效益带来不利影响,甚至会导致其难以偿还租金。

4. 流动性风险

在金融交易中,流动性风险包括两个方面:交易头寸的流动性和获得充足资金的可能性,也可以分为产品流动性风险和现金流风险。在融资租赁交易中,交易头寸的流动性总是不足的,即转让租赁产品较为复杂、不易。所以对融资租赁公司来说,流动性保证来自是否能获得周转资金的来源。流动性风险的影响因素包括:进同业货币市场的便利程度、资本充足性程度、流动性资产(如国债)占总资产的比例、单个租赁投资的集中程度、租赁投资的产业分散性等,这些因素不同程度地对租赁公司流动性产生影响。

就融资租赁业务本身来说,集中发生的租金偿付拖延和租赁设备回收困难可能会引起租赁公司流动性风险。这种情况的产生更有可能是由商业性周期引起的。还有一种情况是单个或几个租赁项目的投资额过大,当出现租金偿付和租赁设备回收困难时(包括中途解约),也会发生足以影响整个公司的流动性风险。总的来说,由于租赁产品缺乏流动性,所以融资租赁公司的流动性风险相对来说也较大。

就我国而言,由于多数融资租赁公司的融资渠道单一,大部分资金来自商业银行,其中第三者担保贷款、无担保贷款(授信)的比例较高,这两者期限均较短。还有,对融资租赁公司而言,有少量的拆借资金,其期限更短,且拆借途径目前还受到限制。以租赁项目资产本身的现金流为质押的项目融资,尽管可以做到资产负债期限的匹配,但目前的比重比较少,主要是银行方面觉得风险过大。因此,我国融资租赁公司的融资租赁业务存在严重的资产负债期限不匹配的情况,即负债期限短而资产期限长,"短借长用",如果管理不慎,就会加大公司的流动性风险。再从资产运用来看,融资租赁公司的租赁资产单一化的倾向比较严重,短期流动性资产较为缺乏,从而通过资产处置和买卖来补充流动性的途径是不畅通的,这也是导致融资租赁公司流动性风险大的重要原因。

四、操作风险

操作风险是指在租赁业务中,由于内部控制或信息系统失灵而引起的损失风险。引起操作风险的很大一部分原因,是由于内部控制制度不严、评估体系不健全或对操作人员管理不严造成的,有时也是由于信息流通不畅造成的。如进行融资租赁业务之前,没有科学地对租赁设备的投资及市场前景等进行项目评估,盲目扩展业务规模,或凭私人交易进行融资租赁投资,结果可能招致租金回收困难;或者由于经营不善,造成筹资不足,未能按购货条款付款,造成供货人拒绝或推迟供货,使承租人不能如期使用设备,也无法按时向出租人支付租金,从而给出租人带来风险。

内部控制失误造成的操作风险给金融机构带来的危害很大。如纽约大和银行的一名国债交易员井口俊英在10年时间里给银行造成了10亿美元的损失,原因是他可以通过从客户托管账户中转移证券来掩盖其在国债交易中的损失。由于内部控制制度不严,巴林银行在新加坡的交易员里森通过没有监控的违规期货和期权交易而给银行造成了13亿美元的巨额损失。国内金融机构也经常发生违规操作造成重大损失的案例。所以,操作风险的控制已日益受到与市场风险和信用风险同等的重视。

融资租赁交易涉及关系较复杂,签订合同多,专业性特别强。一个完整的租赁过程往往需要涉及金融、贸易(采购或供应)、设备(技术)等方面的专门知识,因而对管理过程的控制和对管理人员的控制较为困难,加大了融资租赁的操作风险。融资租赁业务大多属于零售业务,公司会直接面对单独客户,公司形象、职员行为和能力在很大程度上决定项目能否成功,租金能否足额按时收回。所以,融资租赁交易的复杂性,使得融资租赁业务的操作风险可能会比其他金融业务更大。而且租赁交易的操作透明度与其他金融产品比较,总的来说是较差的,所以也更容易发生操作风险。对融资租赁公司来说,租赁物品的价值往往比较高,且难以分割,一旦发生操作风险,损失通常是巨大的。

五、其他风险

1. 自然灾害风险

自然灾害风险,是指火灾、雷击、暴风、龙卷风、暴雨、洪水、海啸、地震、雪暴、雪崩、雹灾、泥石流等灾害对企业生产经营所造成的不利影响,它属于纯粹风险。这些灾害一旦发生,会妨碍租赁物的运输、安装、使用,还会影响承租人的生产经营,从而影响融资租赁合同的履行。

2. 政治风险

政治风险,是指出租人、承租人从事正常经营活动所处的政治环境以及政府采取的

政策、法律法规、制度等发生改变,给其造成经济损失的可能性。政治风险有以下三种类型:

(1) 转移风险。即政府在资本市场、产品市场、技术市场以及利润和人员转移方面采取的限制措施所产生的风险。

(2) 所有权风险。它包括资本的国有化、对外资股权比例的限制、取消特许卖权等。

(3) 企业运转风险。即政府对企业生产经营等进行干预而带来的风险。

此外,工潮、动乱、政变、民族冲突、战争、政策变更等同样会导致政治风险。

3. 技术落后风险

技术落后风险,是指由于科学技术的不断进步,设备会产生无形损失,经济寿命也会缩短,从而使预计的经济效益和残值收益无法实现。如电脑所带来的技术落后风险将直接影响承租人的实际收益,还会影响出租人的租金回收。另外,对出租人确定租赁的期限也会产生重要的影响。

4. 法律风险

法律风险主要指由法律法规因素导致的,或者由于缺乏法律法规支持而给融资租赁公司带来损失的可能性,它是融资租赁公司面临的主要风险之一。

第三节 融资租赁风险管理

一、融资租赁利率风险的管理

一般地,利率风险是指利率变动的不确定性所导致的金融风险,是市场风险的一种。与官定利率制度下由官方不定期调整的利率不同,市场利率制度下利率会随着市场供求关系发生变化,但两种制度下均存在着利率风险。融资租赁公司经营的租赁产品的定价(租金)是以利率为主要构成内容的,因而与银行贷款一样可归为利率产品,利率是公司获得利润的主要来源。但与银行有所不同的是,融资租赁公司往往以短期融资支持长期租赁,有时以浮动利率借入资金而以固定利率收回租金,因而融资租赁的利率风险比银行更高。这加大了利率风险管理在融资租赁交易中的重要程度。

如果说在官定利率制度下融资租赁公司会遭受利率调整的风险,那么在市场利率制度下,融资租赁公司随时会面临利率风险。我国的利率市场化正在日益推进,因而融资租赁公司将会面对越来越大的利率风险。

利率波动不是融资租赁公司所能控制的,同时利率的预测通常也是很难的,所以利率风险的管理在很大程度上依赖于租赁公司对自身资产负债结构的调整,以及利用新的工具和方法来规避利率风险。

(一) 传统的利率风险管理方法在融资租赁公司中的应用

1. 零利率敏感性缺口管理

传统的资产负债管理方法基本上用于对利率风险的管理,利率敏感性缺口管理是其中资产负债管理的方法之一。

考察到期的或在一定时期内重新定价的全部资产和负债的现金流量,把这些资产和负债划分为利率敏感性资产(RSA)和利率敏感性负债(RSL),定义两者之间的差额为缺口(GAP)。

$$GAP = RSA - RSL$$

给定利率变化 Δ_i,利差的预期变化为

$$E(\Delta IM) = RSA \times \Delta_i - RSL \times \Delta_i$$

如果一家融资租赁公司的利率敏感性资产和利率敏感性负债不一致,那么就会出现缺口。当利率预期上升时,正缺口会使公司受益;当利率预期下降时,正缺口会使公司受损。在负缺口情况下则相反。

融资租赁公司为了免受利率风险的影响,其管理的策略是使 GAP 等于零。但在具体的操作中,这样简单的策略往往是行不通的,还需要一些变通的办法。下面就融资租赁公司利用利率敏感性缺口管理利率风险的可行做法进行探讨。

在进行融资租赁时,采取外源融资与融资租赁匹配的手法,即当公司以浮动利率获得资金时,公司即以浮动利率的方式计算租金,当其获得固定利率的资金时则以固定利率方式计算租金。这样账面收支相抵,计划内收益变动最小,浮动利率出租资产和浮动利率负债在同一时间内重订利率可以消除变动的市场利率对净收益的影响,这样公司的净利息收益在整个利率周期内就可以保持固定不变。但是,事实上这种方法不仅实施起来比较烦琐,而且公司为了这种零缺口要不断地根据市场利率的变化计算租金,给租赁公司(出租人)增加了交易成本,同时也增加了承租人的利率风险(大部分情况下也是通货膨胀引起的风险)。但如果按目前的行业惯例在合同签订时双方一次约定利率并保持不变,则虽然承租人回避了利率风险或通胀风险,但是出租人为了减少风险还是会采取高利率。这样虽然操作简单,但无形中又增加了承租人的融资成本,反过来又降低了融资租赁公司的竞争力。为了解决这种两难的矛盾,双方可以在合同中约定根据国家利率调整的幅度来采取相应措施,即在约定的调整幅度范围之内原合同不进行任何变动,超出范围时再做调整。

2. 持续期缺口管理

如果能够测量出利率变化与租赁资产价值变化的关系,就能测量出利率对资产价值的影响程度。这种测量方法就是灵敏度方法。

在利率风险测量中,衡量灵敏度的方法是指持续期(或久期)和凸性。

我们仍以等额年金后付清的租金计算公式为例：

$$R = PV \bigg/ \left[\frac{1-(1+i)^{-n}}{i}\right]$$

其中，R 为等额年金后付平均每期租金，PV 为租赁设备概算成本，n 为租期，每期利率为 i。

公式中 i 为利率因素，当市场利率发生变动时，租赁利率 i 也要发生变化，这样固定利率 i 的租赁价值（资本化价值）会发生变动，产生风险。显然，利率越高，租赁资产价值越低，而租期越长，租赁价值受利率变化的影响越大。测量租赁价值受利率变化灵敏度关系影响的就是持续期（久期）。持续期是考虑了所有租赁现金流的现值因素后测算出的租赁的实际到期日。名义到期日只考虑了本金的偿还（租期），没有考虑租金的支付。

持续期用在融资租赁中，可指租金支付的加权到期日，每一支付的权重为该次支付现金流量值的一个比例（Macaulay Duration）。

$$D = \sum_{t=1}^{T} t \times W_t = \sum_{t=1}^{T} t \left[\frac{\frac{R_t}{(1+i)^t}}{\sum \frac{R_t}{(1+i)^t}}\right] = \frac{1}{p} \sum_{t=1}^{T} t \frac{R_t}{(1+i)^t}$$

其中，W_t 为 t 时期的权重，它是每次租金支付的现值与全部现值（租赁价值）p 之比；R_t 为每期租金；i 为租赁利率。

根据租赁现值（定价）公式：

$$p = \sum_{t=1}^{T} \frac{R_t}{(1+i)^t}$$

租赁价值 p 对租赁利率 i 的敏感性可以表示为 p 对 i 的导数，即

$$\frac{\mathrm{d}p}{\mathrm{d}i} = \sum_{t=1}^{T} \frac{-tR_t}{(1+i)^{t+1}} = -\frac{1}{1+i} \sum_{t=1}^{T} \frac{tR_t}{(1+i)^t}$$

这样，把持续期公式代入上式，得

$$\frac{\mathrm{d}p}{\mathrm{d}i} = -P \frac{D}{1+i}$$

当 i 很小时，可忽略不计，则上式变为

$$D = -\frac{1}{p} \frac{\mathrm{d}p}{\mathrm{d}i} \text{ 或 } \frac{\mathrm{d}p}{\mathrm{d}i} = -Dp$$

这样持续期实际上是对租赁价值利率敏感性的线性测量。为了更好地取近似值，调整的持续期是

$$D^* = \frac{D}{1+i}$$

公司所有租赁投资组合的持续期就等于该组合中个别投资持续期的加权平均,并以每项租赁投资占租赁投资的比例为最重要,得到组合的持续期

$$D_p = \sum_{i=1}^{N} x_i D_i$$

持续期与风险联系起来,可将利率波动表明为租赁价值的波动

$$\sigma\left(\frac{\mathrm{d}p}{p}\right) = D^* \sigma(\mathrm{d}y)$$

如持续期为 10 年,利率为 8%,年利率变动率为 0.94%,那么租赁投资价值的变动度为

$$\sigma\left(\frac{\mathrm{d}p}{p}\right) = \frac{10}{1+0.08} \times 0.94\% \approx 8.70\%$$

由于持续期方法只考虑了价值变化和利率变化之间的线性关系,事实上只有在利率变化很小时,持续期所代表的线性关系才成立。在利率变化较大时,两者关系可能是非线性的,衡量这种非线性关系的方法是凸性方法。

持续期可看作是租赁投资价值对利率的小幅波动敏感性的一阶估计,而凸性则是二阶估计。凸性可用租赁价值对利率的二阶导数再除以租赁价值得到,或者可以通过计算持续期对利率的导数再除以租赁价值得到

$$C = \frac{\mathrm{d}D^*}{\mathrm{d}i} = \frac{1}{p}\frac{\mathrm{d}^2 p}{\mathrm{d}i^2} = \frac{1}{p(1+i)^2} \sum_{t=1}^{T} \frac{t(t+1)R_t}{(1+i)^t}$$

凸性是以时间的平方为单位来测量的。为了考察凸性特征,可以把租赁价值回报率或与租赁价值相关变化进行泰勒二阶展开来逼近:

$$\frac{\mathrm{d}p}{p} = \frac{1}{p}\frac{\mathrm{d}p}{\mathrm{d}i}\mathrm{d}i + (1+2p)\frac{\mathrm{d}^2 p}{\mathrm{d}i^2}(\mathrm{d}i)^2 = -D^*\mathrm{d}i + \frac{1}{2}C(\mathrm{d}i)^2$$

由此式可以看出,当 i 变化较小时,凸性项可以忽略,但当 i 波动较大时,凸性作用就变得很重要。

与持续期一样,公司租赁投资组合的凸性可以通过加权平均来得到

$$C_p = \sum_{i=1}^{N} x_i C_i$$

其中,C_p 为组合的凸性,x_i 是第 i 种租赁投资在总投资中的比重,其凸性为 C_i。

为了方便,下面我们将根据一家假设的融资租赁公司的资产负债表来讨论持续期缺口管理的运用。

前面已经指出了融资租赁产品利率风险的本质,即市场利率的变动影响的是融资

租赁产品的资本化价值,而不仅是租赁公司的净利息收入,因此,如果用类似金融机构敏感性缺口管理的方法来对租赁公司利率风险进行管理就有些欠缺,而利用持续期缺口管理则能为评估利率风险提供较为综合的信息。持续期缺口模型考虑了每笔现金流量的时间性,主要管理净利息收入和股东权益的市场价值。当资产总现金流量的时间和水平与负债总现金流量的时间和水平搭配时,公司的市场价值就得以完全平衡,而不至于因利率变动而发生变动。

假设某融资租赁公司为刚开办的一家公司,我们假设其不存在应付或其他应收的款项,其租金均以复利等额后付的方式计算,且租金支付的期数与年数相同,即按年支付,而银行贷款则按单利每年年末支付,那么持续期缺口管理分析如表 8-1 所示。

表 8-1 某融资租赁公司的持续期缺口管理

资产	金额/亿元	利率/%	期限/年	持续期/年	负债及股权	金额/亿元	利率/%	期限/年	持续期/年
流动资产:					流动负债:				
现金	1				短期银行借款	1	5.04	1	1
应收租赁款:					长期负债:				
项目 1	1.12	6	3	1.96	银行融资:				
项目 2	3.66	7	5	2.86	项目 3	3	5.58	4	3.69
项目 3	5.19	8	6	3.28	项目 4	5	5.58	5	4.50
项目 4	10.12	9	8	4.05	其他长期借款:	1	5.49	2	1.95
递延租赁收益:					负债总计	10			
项目 1	0.12	6	3	1.65	股权	10			
项目 2	0.66	7	5	2.28					
项目 3	1.19	8	6	2.58					
项目 4	3.12	9	8	3.16					
长期投资:									
国库券	2	3.14	5	4.7					
固定资产	1								
其他资产	1								
资产总计	20					20			

根据表 8-1 可知:资产平均持续期=3.27,负债平均持续期=3.65
持续期缺口 $DGAP$=资产平均持续期-(总负债/总资产)×负债平均持续期=1.445
净收益=5.404-2.225=3.179
由于融资租赁公司的特殊性,租赁设备并不直接反映在其资产负债表中,而是将其

分为两个账户来记录:一个是应收租赁款,另一个为递延租赁收益。这里我们假设此租赁公司刚执行租赁项目,因此两者相减的结果正好为融资租赁资产的购买成本,即使租赁项目已经执行了几期之后,这种关系仍成立,只是应将购买成本改为未收回的购买成本。应收租赁款对应的未来每期的现金流为承租人每期交纳的租金,递延租赁收益对应的未来每期的现金流则为租金中所含的利息部分。在计算递延租赁收益的持续期时,我们首先应计算出租赁资产的成本及所含利息,根据所得到的每期利息来计算。由于我们计算租赁资产资本化价值时通常假设承租人每期所交纳的租金不变,所以应收租赁款保持不变,而递延租赁收益的市场价值将发生变化,这个市场价值可随利率变化后的租赁资产资本化价值计算出来。持续期缺口等于资产综合持续期减负债综合持续期与负债/总资产比率的乘积。

表 8-2 反映了市场利率上升 1% 时的持续期缺口变动情况。根据表中数据计算得到:

资产持续期=3.23,负债持续期=3.59

持续期缺口 $DGAP=1.447$,净收益 $=5.56-2.5241=3.0359$

表 8-2 市场利率上升 1% 时的持续期缺口变动情况

资产	金额/亿元	利率/%	持续期/年	负债及股权	金额/亿元	利率/%	持续期/年
流动资产:				流动负债:			
现金	1			短期银行借款	0.99	6.04	1
应收租赁款:				长期负债:			
项目1	1.12	7	1.95	银行融资:			
项目2	3.66	8	2.85	项目3	2.8951	6.58	3.65
项目3	5.19	9	3.23	项目4	4.7869	6.58	4.42
项目4	10.12	10	4	其他长期借款:	0.9815	6.49	1.94
递延租赁收益:				负债总计	9.6535		
项目1	0.14	7	1.65	股权	9.7865		
项目2	0.74	8	2.27				
项目3	1.31	9	2.57				
项目4	3.37	10	3.14				
长期投资:							
国库券	1.91	4.14	4.62				
固定资产	1						
其他资产	1						
资产总计	19.44				19.44		

可见,由于资产持续期与负债持续期的搭配不当,该融资租赁公司的利率风险显而易见。利率变动时,资产与负债的价值变动量不等,未来的租赁收入与利息支出变动也不相等。由表8-2我们可以看出,在假设利率均上升1%时,资产市场价值下降0.56亿元,负债市场价值下降0.3465亿元,股权资本下降0.2135亿元,资产价值的下降幅度大于负债价值的下降幅度,由此该融资租赁公司将支付较高的负债利率,而现金流量的再投资收益率虽然提高,但比前者的提高幅度要低一些,所以预期的收益相应下降。显然,当利率上升时,该公司的经营状况就会恶化。相反,利率下降将导致相反的结果。融资租赁公司管理人员可以运用持续期指标来评估利率风险。如果其确定了股权市场价值目标值,那么,持续期缺口为零时,该租赁公司即可以完全逃避利率风险。当持续期缺口为正数时,如利率上升,其股权市场价值就下降;反之,如利率下降,其股权市场价值就增加。持续期缺口绝对值越大,利率风险就越大。上述我们假设的融资租赁公司的持续期缺口为1.445,故它的股权市场价值就下降,净收益也下降。

由此,租赁公司可以根据自身所追求的目标,通过对资产负债的数量结构或期限结构的调整来调整持续期缺口,以降低或规避利率风险。

(二) 利用衍生金融产品来管理利率风险

经济环境的变化产生了对能降低利率风险的金融产品和服务的需求,刺激了适应这种需求的创新,出现了许多可以规避利率风险的衍生金融产品。衍生金融产品市场是目前西方金融体系中向投资者和金融机构提供最直接、最有效的风险管理工具的市场。因此,融资租赁公司按其融资性质可采用一些衍生金融工具来规避利率风险。如为了避免租赁期满时因利率提高而导致租赁物市场价值贬值所引致的风险,可以在订立合同的同时进行远期或期货交易,通过套期来锁定未来的成本或收益;也可以购买期权,这样既可以规避风险损失又可以不排除得到意外的收益,弥补了期货合约的缺陷。同样,当融资租赁公司向其他金融机构融资时,为避免在浮动利率情况下利率上升给其带来增加融资成本的风险,也可以进行远期、期货或期权的交易。如此一来,就可以从资产和负债两个方面控制利率风险。

我国的衍生金融市场还很不完善,融资租赁公司可以利用的衍生金融工具还很少,操作空间很有限,目前比较常见的是在国际租赁中利用远期外汇交易来规避汇率风险。随着我国金融衍生工具的发展,融资租赁公司利用衍生工具来规避风险将成为日常的风险管理方法。

1. 远期利率协议

远期利率协议是一种灵活、简单易行的利率风险管理工具。双向、单独地使用或连续地使用远期利率协议,可以使租赁公司将发生在未来某一特定时日的单一现金流量的单个利率锁定。其方法的实际意义在于:首先,对利率风险实行保值的过程中并不扩大公司资产负债规模,即避免了因远期借款或远期租赁方法所带来的公司资产负债规模的扩大;其次,转嫁了利率风险(租赁公司的业务性质和筹资途径决定了其特定的债权债务人的双重身份,也决定了其可以采取双向的方法),以此锁定了公司未来的成本和收益。例如,某租赁公司在签订某融资租赁协议时,考虑到未来利率波动的可能性,而切实地安排租赁业务发生的时间,包括租赁合同的协议利率、租赁协议有关对承租人租金起租日期(到期日)的安排、设备采购的安排、资金投放的安排等。如可以约定某个协议利率并确定起租日(到期日)在签约后的 3 个月开始,以及双方确定的何种市场利率为到期结算日的现行利率(参照利率),且以现金结算,并可以同时在资金市场上反方向签订一个远期借款协议,若到期日双方观察到的某个现行利率(参照利率)高于协议利率,则承租人向租赁公司支付高于协议利率部分的差额的现值。若该现行利率低于协议利率,则由租赁公司支付差额部分的现值。这时,租赁公司同时也从反方向签订的远期借款利率协议的利差结算现值中得以补偿,并且可以在资金市场上获得较低的借款利率,而租赁公司与承租人的租赁合同的利率(租息率)则按现行利率水平执行。如果相反的情形发生,对融资租赁公司而言,其整个过程的净结果仍然是公司规避了未来一定时期由于资金市场利率水平较大波动性或不确定性所带来的风险,从而锁定了其在未来的这一定时期内的成本或收益。远期利率协议的到期结算利息额公式为:

$$Q = \frac{(S-A) \times \dfrac{d}{360} \times N}{1 + \left(S + \dfrac{d}{360}\right)}$$

其中,Q 为到期结算利息额,A 为协议利率,S 为到期日的某个现行利率(参照利率),N 为本金,d 为双方约定的远期期限。

2. 利率期货

利率期货是指通过利率期货合约的买卖来避免利率变动带来的风险,即通过采取与现货市场相反的交易买卖利率期货。由于两个市场的交易相反,必然会有一个市场盈利,而且其盈利会减少或抵销在另一个市场的亏损。利率期货包括空头套期和多头套期(图 8-3、图 8-4)。

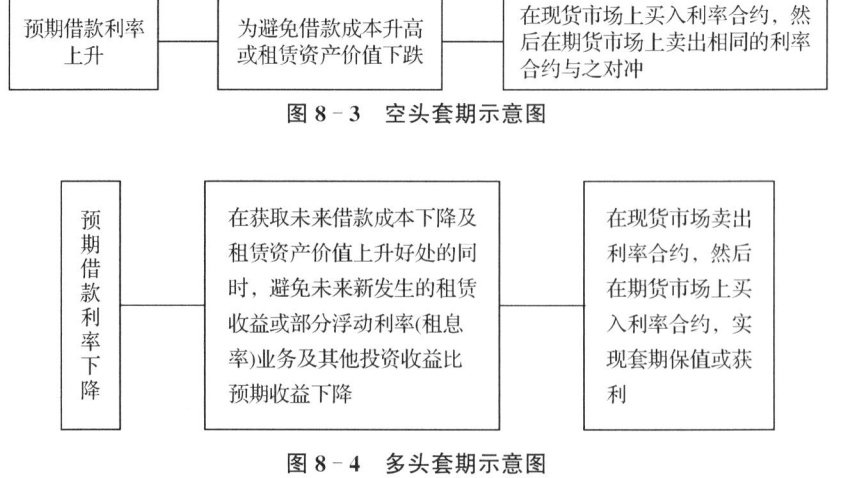

图 8-3 空头套期示意图

图 8-4 多头套期示意图

3. 利率互换

利用利率互换工具可以改变利率特性，从而提高租赁资产收益或降低负债成本，规避公司面临的资产负债的利率风险。融资租赁公司通常采用固定利率（租息率）方法计算租金，这无疑使租赁公司暴露在利率上升的风险中。现行融资租赁公司的筹资来源主要还是银行借款，且多为短借长用，随着我国银行贷款利率市场化改革进程的加快，银行贷款的利率浮动幅度受宏观政策、资金市场供求等因素影响而加大，客观要求租赁公司在预期利率上升时，将固定租息率的租赁资产转换成浮动租息率的租赁资产，但这将直接影响租赁公司资产负债规模，并且在现实运行中由于租金计算的复杂性，以及对于承租人而言多变的租金会降低租赁公司的竞争力，因而这种转换实际上是相当困难的。租赁公司通过利率互换可以在很大程度上解决上述困难，达到预期的效果。利率互换的简要过程见图 8-5。

承租人 ——固定利率（租息率）—→ 租赁公司 ⇌ 固定利率／浮动利率 ⇌ 利率互换交易对手

图 8-5　利率互换示意图

当然，同样的原理，利率互换可以将浮动租息率条件下的租赁资产合成为固定租息率的租赁资产，不过，这通常发生在资金市场的利率下降时。

显而易见，利率风险来自资产负债表上资产负债利率的两个方面。因此，融资租赁公司也可以同样原理将固定利息债务转换成浮动利息债务，以期在利率下降时获得好处。同样，也可将浮动利息债务换成固定利息债务，以期在利率上升时锁定成本。

通常而言，融资租赁公司的资产负债利率基于的期限及利率结构是不匹配的，因而需要进行双向的利率互换，即同时进行资产与负债双方的利率互换，才能同时规避公司资产与负债的利率风险。

利率互换本质上创造了利率风险，而同时用来冲销其他风险，以达到真正规避利率风险的目的。当然，在利率互换交易中，公司并不直接接触交易对手，而是通过专门从事互换业务的金融公司或银行进行。

事实上，发达国家的融资租赁公司（尤其是独立的、综合性的融资租赁公司）已不仅仅是为了规避利率风险，而是利用利率互换进行租赁资产或负债套利活动。

二、融资租赁汇率风险的管理

（一）汇率风险管理的策略

面对不同的汇率风险，租赁公司的风险管理部门通过量化分析，确定风险所涉及的货币、金额、期限，以及是属于潜在的可能发生的风险，还是实际存在的风险，评估该风险对公司的经营活动可能造成的影响，从而决定应采取的具体措施。

面对汇率风险,从策略上讲,有三种方式可以选择:放任不管、全额避险、选择性地避险。对一些日常零星收支的外汇,数量少、期限短、汇率比较稳定的外汇可以选择放任不管的策略。对一般的国际租赁来说,一次性的设备购买,其数量总是比较大的,而且具有单向性的特点,即主要是从国外购买设备为主,外汇的一次性支出比较大。如果外汇是从国际市场借入的,那么还有一个外汇借入和偿还的收支过程。从一个时点上看,这些外汇收支都是单向性质的,因而包含了较大的汇率风险,一般需要全额规避,采取全额避险的策略。当然一个租赁公司的国际业务繁杂,不是单纯性的购买设备或外汇借款这样的单向支付,也可以考虑选择性的避险策略。

就目前国内融资租赁公司现状来看,主要的外汇业务单纯并且单向,采取全部避险的策略应该是首选。汇率风险管理的主要任务也应该是针对交易风险,目标是要减小或消除公司未预期到的汇率变动而可能出现的损失,利用各种弥补汇率风险的方法和技巧来弥补外汇头寸的暴露。这种全额避险的策略属于防范性的策略。有些公司出于管理目标上的差异,在制定汇率风险战略时采取与众不同的进取性策略,即在一定条件下会故意寻求某种外币的开放性头寸,或者故意保留或维持其在正常经营业务中所形成的外币多、空头寸,以期利用预期中的汇率变动来赚取汇兑收益。这实际上是在一定程度上卷入了具有相当大风险的外汇投机活动。

(二) 汇率风险管理的策略

在长期的国际经贸活动的实践中,涉外企业创造和发展了许多能用来转移和弥补汇率风险的方法,这些方法大体可分为内部管理方法(Internal Methods,也叫商业方法,Commercial Methods)和外部管理方法(External Methods,也叫金融方法,Financial Methods)两个大类。

1. 汇率风险内部管理方法

汇率风险内部管理方法,就是财务部门通过调整内部经营活动控制汇率风险,其对汇率风险的管理是作为公司日常财务管理的一个有机组成部分来进行的,目的在于防止或尽可能减少暴露性外汇头寸的产生。属于汇率风险管理的内部方法有不少,对我国融资租赁公司来说,以下一些方法可以有选择地使用:

以本币计价(Invoice in Base Currency)。租赁设备物资时,货物标的以本币计价,就完全消除了汇率的交易风险。与附加汇率变化条款的方法相同,这种做法可能会影响报价的竞争力。

定价政策(Pricing Policy)。这包括两方面的内容,即价格变更和交易货币的选择。通过变更价格(包括使用划拨价格)来抵消汇率变动对跨国公司利润的影响,主要适用于跨国公司内部贸易。

提前与延迟支付(Leading and Lagging Payments)。这是指在预期某种货币将要升值或将要贬值之际,租赁公司对租进或租出的设备款项故意提前或延迟收付外汇。即在预期外币汇率将要上升的情况下,对租进的设备物资在债务到期之前提前付汇以防止外汇损失,对租出的设备物资则故意推迟收汇以获取外汇收益;而在外币将要贬值的情况下,上述结算行为则正相反。利用此方法需遵循的原则是:在应付账款方面,提前支付强势的货币,延迟支付弱势货币;在应收账款方面,提前支付弱势的货币,延迟支付强势货币。但是,提前与延迟支付方法本身具有外汇投机的性质。

净额结算(Netting),又称"冲抵法",原指跨国公司在清偿其内部贸易所产生的债权、债务关系时,对各个子公司及其他联属企业的应收款项和应付款项进行划转或冲销,仅对净额部分进行实际支付,以此来减少暴露性的现金流动。对我国的租赁公司来说,如果同时存在租赁购买和租赁销售,并且结算货币也一致的话,就可以使用该种方法来管理汇率风险。这项内部管理方法在防范汇率风险的同时,还能大量节约国际汇兑的费用。

其余还有配对管理(Matching)、附加汇率变化条款(Exchange Rate Variation Clause)、使用货币保值条款等方法。

2. 汇率风险外部管理方法

汇率风险的外部管理方法,即在企业的内部管理措施还不足以消除净外汇头寸的情况下,通过与银行、保险公司等外部经济实体签订某种保值性质的合同(如做远期外汇交易或去保险市场投保),直接在金融市场上建立起某种法律上的契约关系或商业上的合同关系,以此来确保公司在有关货币汇率朝不利方向变动时免遭经济损失。汇率风险管理的外部方法一般需要利用金融市场和金融机构,所以也称为金融方法。可供我国融资租赁公司使用的汇率风险管理的外部方法主要有:

远期外汇交易(人民币远期结售汇)。远期外汇交易指利用远期外汇市场上的交易,通过签订抵销性质的远期合约来防范由于汇率变动而可能蒙受的损失,以达到保值的目的。远期外汇交易是管理外汇暴露最经常使用的外部技巧,它不仅被用作抵补外币应收款项、外币应付款项或外币净资产的风险暴露,而且也很容易适应在外币收付日期尚未最后敲定情况下的套期保值需要。

人民币对外币掉期交易。货币掉期是一项常用的债务保值工具,主要用来控制中长期汇率风险,把以一种外汇计价的债务或资产转换为以另一种外汇计价的债务或资产,达到规避汇率风险、降低成本的目的。人民币与外币之间的货币掉期业务包含了境内机构与银行一前一后不同日期、两次方向相反的本外币交易。

货币市场的避险。指通过在货币市场上的短期借贷交易,以建立起配比性质的或抵销性质的债权、债务,从而达到抵补外币应付、应收款项所涉及的汇率风险的目的。在货币市场上进行套期保值活动,除了能达到避免汇率风险的目的之外,它还能使公司较早地得到本币资金,因而具有一定的灵活性。

三、融资租赁操作风险的管理

操作风险是由于内部程序、人员、系统不充足或者运行不当,以及因为外部事件的冲击等导致损失的可能性。主要的操作风险事件有内部欺诈、外部欺诈、实物资产的破坏、系统瘫痪或营业中断、程序管理问题等。

我国融资租赁业务规模普遍较小,操作风险的管理还没有进入到计量的阶段。所以,操作风险的控制目前还只能以定性为主,以内控制度的建设、内部治理机制的建设、操作规程的规范化等作为控制操作风险的主要措施,同时努力朝着计量和模型化管理操作风险的方向靠拢。操作风险管理的发展经历了5个阶段——察觉(Realization)、关注(Awareness)、监控(Monitor)、量化(Quantify)、整合(Integrate)。我国融资租赁公司对操作风险的管理尚处于低级阶段,主要使用内部控制和审计来管理风险。虽然操作风险管理中有部分已经成为日常管理的内容,但大多数公司对操作风险还没有完整、清晰的认识,没有建立起一个系统的防范、控制操作风险的框架和机制。风险管理的手段只是事后的控制,很难做到事前防范。很多内部人员仍然认为操作风险管理只是内控部门和稽核部门的责任。

我国金融机构的业务复杂程度虽然不高,但由于缺乏健全的内部控制机制,所面临的操作风险却很大,一些因信用风险造成的重大损失,从根本上是由于内部程序、人员、系统的不完善或失误造成的。以下是应对操作风险的可行方案:

(1)充分重视操作风险管理。操作风险管理概念近似于品质管理,需要获得公司高层和全体员工的认同,加上持续不懈的推动,才能成功。第一步就是要加强对操作风险的认知,如此才能进一步辨识、衡量风险,应用避险或保险进行冲抵,并且针对潜在损失有效配置资本。

(2)完善治理结构。公司治理结构属于企业制度层面的内容,其核心在于企业通过权力制衡,监督管理者的绩效,保证股东和其他利益相关主体的权利。完善公司治理结构是提高操作风险管理有效性的基石。

(3)加强内控制度建设。内部控制制度是风险管理制度的核心内容。内部控制要重视环境调查,包括管理理念、管理人员的道德品行、价值取向和管理能力,高级管理人员对内部控制的重视程度,组织结构和员工素质等。从业务审批、程序的交叉核对、风险管理、资产保全、内部审计等方面对内部控制活动及效果进行评价。

(4)加强内部审计。内部审计是自我独立评价的一种活动,可通过协助管理层监管其他控制政策和程序的有效性,促成好的控制环境的建立。

(5)加强人员管理,提高人员素质。操作风险的影响因素中极为重要的一个就是人员欺诈问题。很多操作风险引起的损失事件都是内部人员违规造成的,因此提高员工的素质、职业道德、管理水平势在必行。

除此之外,还要保证充分的信息披露、收集操作风险损失数据等。

第四节 融资租赁企业的内部控制

一、企业内部控制的定义、目标与方法

(一) 企业内部控制的定义

企业内部控制的定义及其解释有狭义和广义之分。其中,狭义的企业内部控制是只针对财务报告的内部控制。随着市场经济与企业的发展,内部控制的关注点从最初的针对企业管理需要演化到对投资者的保护上。

1. COSO 对内部控制的定义

目前,国际上普遍接受的内部控制基本定义是:"由企业董事会、管理层以及其他员工实施的,为实现企业提高经营效率和效果、增强财务报告可靠性、遵守相关法律法规等目标而提供合理保证的过程",该定义来自 1992 年 9 月,COSO 发布的著名报告《内部控制——整合框架》。

2. 美国公众公司会计监督委员会(PCAOB)对内部控制的定义

PCAOB 发布的"审计准则第 2 号"规定,注册会计师对企业财务报告进行审计,必须关注财务报告内部控制,同时管理层应该对企业内部控制做出评估。所谓财务报告内部控制,是指在企业主要的高级管理人员、主要财务负责人或行使类似职能的人员的监督下设计的一套流程,并由公司的董事会、管理层和其他人批准生效。该流程可以为财务报告的可靠性及根据公认会计原则编制的对外财务报表提供合理保证,它包括如下政策和程序:

(1) 保管以合理的详尽程度,准确和公允地反映企业的交易和资产处置的有关记录;

(2) 为按照公认会计原则编制财务报表记录交易,以及企业的收入和支出是按照管理规范要求与公司董事会的授权执行,提供合理的保证;

(3) 为预防或及时发现对财务报表有重大影响的未经授权的企业资产的购置、使用或处理,提供合理保证。

3. 特恩布尔委员会对内部控制的定义

1992 年,英国《综合守则》(*Combined Code*)颁布之后,设立了特恩布尔委员会(Turnbull Committee)。该委员会的职能是为上市公司执行《综合守则》规定的内部控制原则提供指南。特恩布尔报告的总体要求是,董事会应实行一套完善的内部控制系统,并定期对该系统实行复核。

特恩布尔报告包括对内部控制系统检查的有关说明。该报告指出,对内部控制系统检查是管理层的常规责任。不过检查可委派给审计委员会,董事会必须提供有关内部控制系统的信息,并进行复核。复核频率应至少每年一次。

为了通过维持完善的内部控制系统确保企业面临的风险降至最低,特恩布尔委员会还建议,应持续对内部控制情况进行检查,并建议做出财务合规和运营控制的报告。此外,管理层应向董事会保证内部控制已得到检查,确认这些控制提供了"对重大风险及内部控制系统,对于管理这些风险的有效性"的平衡评价。而且,由于董事会应对内部控制系统负责,因此董事会可能需要对该系统进行复核。

4. 中国《企业内部控制基本规范》对内部控制的定义

我国财政部、证监会、审计署、银监会、保监会等五部委于 2008 年 5 月联合发布《企业内部控制基本规范》,将内部控制定义为:"由企业董事会、监事会、经理层和全体员工实施的,旨在实现控制目标的过程。"内部控制目标是合理保证企业经营管理合法合规,资产安全,财务报告及相关信息真实完整,提高经营效率和效果,促进企业实现发展战略。

(二) 企业内部控制的目标

(1) 合理保证企业经营管理合法合规。这意味着企业需要遵守所有适用的法律法规,包括但不限于税收法规、合同法、证券法、劳动法、反不正当竞争法等。

(2) 保证资产安全。这意味着保护企业的资产免受未经授权的使用或盗窃,包括现金、存货、固定资产和无形资产等。

(3) 提高财务报告信息的可靠性。这意味着确保财务报告信息完整、准确和真实,包括资产负债表、利润表、现金流量表等。

(4) 提高经营效率和效果。这意味着通过优化业务流程和控制成本,提高企业资源的利用效率,从而实现更好的经营成果。

(5) 促进企业实现发展战略。这意味着通过实现企业的长期目标,确保企业的持续发展并保持竞争优势。

(三) 企业内部控制的方法

内部控制的方法主要包括:组织结构控制、授权批准控制、会计系统控制、预算控制、财产保全控制、人员素质控制、风险控制、内部报告控制、电子信息系统控制等。

(1) 组织结构控制要求贯彻不相容职务相分离的原则,合理设置内部机构,科学划分职责权限,形成相互制衡机制。不相容职务主要包括:授权批准与业务经办、业务经办与会计记录、会计记录与财产保管、业务经办与业务稽核、授权批准与监督检查等职务。

(2) 授权批准控制要求单位明确规定授权批准的范围、权限、程序、责任等相关内容,单位内部的各级管理层必须在授权范围内行使相应职权,经办人员也必须在授权范围内办理经济业务。

（3）会计系统控制要求单位必须依据会计法和国家统一的会计制度等法律法规，制定适合本单位的会计制度，明确会计凭证、会计账簿和财务会计报告的处理程序，实行会计人员岗位责任制，建立严密的会计控制系统。

（4）预算控制要求单位加强预算编制、预算执行、预算分析、预算考核等环节的管理，明确预算项目，建立预算标准，规范预算的编制、审定、下达和执行程序，及时分析和控制预算差异，采取改进措施，确保预算的执行。预算内资金实行责任人限额审批，限额以上资金实行集体审批。严格控制无预算的资金支出。

（5）财产保全控制要求单位严格控制未经授权的人员对财产的直接接触，采取定期盘点、财产记录、账实核对、财产保险等措施，确保各种财产的安全完整。

（6）人员素质控制要求单位建立和实施科学的聘用、培训、轮岗、考核、奖惩、晋升、淘汰等人事管理制度，保证职工具备相应的工作胜任能力。

（7）风险控制要求单位树立风险意识，针对各个风险控制点，建立有效的风险管理系统，通过风险预警、风险识别、风险评估、风险报告等措施，对财务风险和经营风险进行全面防范和控制。

（8）内部报告控制要求单位建立和完善内部管理报告制度，全面反映经济活动情况，及时提供业务活动中的重要信息，增强内部管理的时效性和针对性。

（9）电子信息系统控制要求运用电子信息技术手段建立控制系统，减少和消除内部人为控制的影响，确保内部控制的有效实施，同时要加强对电子信息系统开发与维护、数据输入与输出、文件储存与保管、网络安全等方面的控制。

二、融资租赁企业内部控制的重要性

从目前状况来看，我国经济已经全面转入高质量发展的阶段，在稳步提升的前提下更加注重质量因素，经济的高质量发展与资金融通有着非常密切的关系。融资租赁作为资金融通的重要工具，以租赁物为运作载体，使用融物的方式帮助企业或组织完成融资的需求，全面推动实体经济的发展。在融资租赁行业规模不断扩张的情况下，快速扩张的风险也开始逐渐显露出来，融资租赁行业迫切需要转变发展思路，契合国家经济的发展节奏，由提速增长阶段转化为质量和服务并重的稳步发展阶段。针对目前挑战与机遇并存的新经济环境，融资租赁公司需要在业务发展和战略扩张的情况下，合理利用财务内控手段，为实体经济提供更好的服务。财务内部控制作为融资租赁公司核心的监管调控手段，在公司管理体系中占据着重要的地位，同时也是融资租赁公司解决财务问题的基本准则之一。

融资租赁公司财务内部控制工作与传统企业相比有较大的差别，具体来看主要有如下几点：首先，融资租赁公司财务内部控制工作的整体性要求更高，其内部控制不能视为财务管理制度的一部分，而是要视为融资租赁公司整体经营活动的核心环节，在经营过程中始终保持整体性、关联性和动态性。其次，融资租赁公司的财务内部控制工作要更加侧重于事前防范,构建一种财务风险预防机制。由于融资租赁公司财务风险种类较多,同时存在较大的不确定性,因此其工作重心必须要向事前防范的方向进行调整,整个制度体系和控制程序的设计也要建立在财务风险事前控制的基础之上。科学合理的融资租赁公司财务内部控制制度不仅要具备常规防范的能力,同时还要保证一定的弹性和灵活性,在面对突发性财务事件时也要第一时间发挥其应有的作用,进行及时有效的财务风险识别及处置。最后,融资租赁公司财务内部控制对于人和制度的依赖程度较高。财务内部控制工作归根结底是针对人而建立的一种制度,公司内部在体系执行的过程中会逐渐形成一种针对财务工作的控制理念和控制文化,这对于公司的财务控制效率和质量的影响是非常重要的。财务管理工作人员不仅是内部控制的主体,同时也是内部控制工作的个体。其首要职责是对自身所负责的监管业务负责,同时还要接受公司其他管理人员和部门的监督。财务内部控制文化的建立,可以帮助融资租赁公司相关财务人员建立统一的财务目标,使其能够积极主动地维护并改善融资租赁公司内部控制的现状。

良好的内部控制能够有效满足融资租赁企业对承租企业透明可靠的会计信息的需求,使得融资租赁企业了解承租企业真实的盈利能力与成长机会,从而增进对承租企业经营能力的信心与信任,有效减少债务代理问题,继而增加对承租企业融资租赁资金的供给。

三、融资租赁企业内部控制中的问题

1. 财务流动性管理缺失

因为融资租赁公司所提供的服务是帮助企业购买设备或融通流动性的资金,不管是哪种方式都需要有一定规模的资金来源,除了注册资本金之外,租赁公司的资金来源主要依靠商业银行贷款,其次是在自身稳健经营、资产质量良好的情况下将应收租金保理,或是在自身条件允许的情况下通过股东增信的方式发行债券取得低成本资金。商业银行的贷款和租金保理的方式融资多以短期的流动资金为主,但租赁业务中融资租赁公司是一次性将项目融资款项支付给承租人,而承租人是按约定的期限分期偿还融资租赁公司本金及利息,投资项目金额和期限与融入资金错配,容易形成"短借长投"的局面,导致融资与应收租金期限错配。项目资金筹集过程中,做好项目期限和贷款期间匹配,减少短期贷款匹配长期项目的情况,同时加强负债端的主动管理,调整期限错配。融资租赁业务在国内也是近些年才快速发展的,多数融资租赁公司成立的时间短,缺乏必要的流动性管理制度。融资租赁公司的流动性风险是次生性风险,主要诱因是承租人违约率攀高;融资租赁公司急于扩张市场而战略激进,放开了流动性风险的比率管理或降低了审批标准。

2. 承租人信用管理不足

融资租赁业务不同于传统银行抵押贷款业务,传统的银行抵押贷款业务都有足值抵押物作为增信措施,融资租赁公司虽然在租赁期限内享有租赁物的所有权,但租赁物的占有权、使用权和收益权都归承租人享有，承租人一旦出现现金流紧张的状况就会引发对融资租赁公司的信用风险，所以对承租人的应收租金管理尤为重要。承租人信用风险产生可能是因为宏观环境或经济周期发生变化影响到承租企业经营状况，或是因为融资租赁公司自身风险管理评估体系还处于尚未健全阶段。承租人也有为了获得融资，伪造、变造、美化财务报表，虚构租赁物，提供虚假的发票，隐瞒负债，隐瞒资金用途，通过关联交易虚构企业经营状况，为取得融资欺骗融资租赁公司的情况。还有员工技能、员工素养等知识和道德风险层面的情况，甚至有承租企业利用拥有的信息优势，对行业规则及潜规则的了解，采用融资租赁公司无法观察和监督的行为获取私利，损害出租人的利益。这些同样对融资租赁公司的发展，造成了非常大的威胁。

3. 财务人员综合管理素质不足

融资租赁公司的财务内部控制工作主要由人来实施，财务人员综合素养的高低将直接影响融资租赁公司财务工作整体水平。但是，从实际情况来看，许多融资租赁公司缺乏必要的财务风险管理人才，现有人员对于财务内部控制的认识程度不足，在实际工作中表现出机械化、模式化的特点，对于公司财务内部控制工作的整体运营造成影响。

4. 财务内部控制执行力不足

有关财务内部控制工作，融资租赁公司虽然在业务开展前事先建立了风险管理相关制度和尽职调查操作指引，但业务实操过程中是否能按照制度或指引的要求去落实各项工作，是否能发现和解决制度和指引之外所遇到的问题，都有不确定因素。从风险评估角度来看，许多融资租赁公司的风险评估体系指标存在缺失的现象，控制涵盖范围不足，特别是针对承租人可能发生的道德风险、行业风险等特殊风险更是缺乏科学定量的评估方法。有些融资租赁公司在市场环境影响下，重点加强了财务风险控制工作中的定性分析内容和定量分析内容，但是在实际管控的过程中却缺乏必要的条理性，尤其对承租人资信风险的评估较为单一。财务风险评估工作的全面性是非常重要的，对于一些不常见的风险，例如关联方风险、供应商风险以及不可抗力因素风险都没有综合考虑，无法给承租企业的综合评估提供完整可靠的数据。

四、融资租赁公司内部控制问题的应对

1. 强化改进流动性风险管理制度

初创期的融资租赁公司多数依赖资本金投放，也有租赁公司依靠股东融资，所以多数融资租赁公司缺乏对流动性风险的主观认识和科学预判，管控流动性风险的意识就淡薄一些。融资租赁公司要充分利用好有限的流动资金资源，实现资金最优化配置，增强流动资金的效益性和流动性；融资租赁公司要拓宽融资渠道，尽可能地实现应收租金保理、租赁资产证券化等结构化融资，还需科学合理地利用债券市场进行融资。建立定期流动性分析制度，包括流动性预测、流动性压力测试和流动性储备，健全各类流动性风险处置预案，提高防范流动性风险的能力。融资租赁公司要构建应收租金的催收机

制,确保租金按期回收。此外,融资租赁公司在资金需求计划允许的情况下,还可以将一部分优质的应收租金在金融市场当中打包,发行长期债券,这样一来就能够有效解决融资租赁企业中长期的资金来源。债券的发行对于公司知名度的提升有着非常大的帮助,还可以为融资租赁公司后期在资本市场融资打下坚实的基础,可谓是一举多得。

2. 构建完善的信用风险评估体系

融资租赁企业需要通过信用风险评估体系,对承租人的产品质量、市场情况、行业状况,以及承租人抵御风险的能力和核心竞争力进行精确的定量分析,对其风险状况进行评估,从而得出客户的信用等级,这样就能够在根源上规避信用风险方面的问题。融资租赁公司在信用风险评估的过程中,需要始终保持科学、客观的态度,详细掌握承租人过往的信用履行状况、自身财务状况、企业或组织经营状况等,最终得出一个客观公正的评价结果,选择更为合适的承租对象。另外,在租赁合同签订的过程中要对相关约束条件和责任条件进行明确,最大限度地降低融资租赁公司的风险。针对承租人的违约现象,融资租赁公司可以通过经济、技术以及法律多重制裁的方式,加大承租人的违约成本,也可以要求承租企业提供更多的增信措施,或和产品供货商达成回购协议,如果承租人出现违约情况,供货商可以根据合同条款将供应的产品进行回购,以降低融资租赁公司的损失。

3. 全面提高财务内控人员综合素质

针对融资租赁公司财务内部控制工作人员的问题,融资租赁公司要从培训角度入手,在入职后务必保证所有员工明确自身岗位的工作职责和业务操作详细流程,从根源上降低财务内控工作的操作风险。融资租赁公司也需要建立不相容岗位相分离制度,明确公司当中的不相容岗位,如果不得不存在岗位职责交叉的情况,要保证岗位职责交叉的部分风险可控。融资租赁公司还需要根据财务内部控制工作人员的具体情况,建立相关的培训制度,并配以阶段性考核,将考核结果与奖惩制度进行挂钩。通过入职培训,实操培训以及阶段性考核培训的共同保障,全面提升财务人员的专业知识和综合素质。

4. 全面提升内部控制工作执行力

财务内部风险控制工作是一项全员性的工作,需要公司内部每个部门认真对待,才能够取得最佳的效果。因此,融资租赁公司要在部门之间建立一种针对财务内控工作的快速响应机制,便于信息的及时传递,从而使公司内部能够对财务风险进行一个精确的判断。此外,融资租赁公司内部的财务审计人员需要结合内部的规章制度,将审查的覆盖范围全部覆盖,内容要包含公司的经营管理、财务核算、现金流以及项目投资决策等方面。同时,对融资租赁公司财务内部控制的开展情况进行全面审核、稽查,监督和督促内部控制工作全面落实。

> **延伸阅读**

国家金融监督管理总局《关于促进金融租赁公司规范经营和合规管理的通知》(金规〔2023〕8号)中对健全公司治理和内控管理机制提出了以下指导：

(1) 加强党的领导。金融租赁公司应当构建"党委领导、董事会战略决策、管理层执行落实"的治理运行机制。国有资本占主体的公司应当将党的领导融入公司治理各个环节，把党委研究讨论作为决策重大经营管理事项的前置程序。民营或其他社会资本占主体的公司，应当依法建立党的组织机构，发挥好党组织的政治核心作用。

(2) 严格股东股权管理。金融租赁公司应当加强股东股权管理，有效落实董事会股权事务管理的最终责任，压实董事长的第一责任，依法依规做好股权信息登记、关联交易管理和信息披露等工作。及时披露实际控制人及其控制本公司情况、主要股东及其持股比例变化情况、股东大会职责和主要决议等公司治理信息。要通过实地走访、调阅资料、网络信息监测等多种方式，及时掌握股东经营管理变化情况及异常行为，按规定向监管部门报告。

(3) 规范董事和高管人员履职行为。金融租赁公司应当每年对董事履职情况开展评价，对于存在接受不正当利益或者利用董事地位谋取私利、参与或协助股东进行不当干预造成重大风险和损失等情形的董事，应当评定为不称职，按程序罢免或建议股东罢免相关董事，并相应扣减其部分或全部绩效薪酬。要保障高管人员在其职权范围内依法开展经营管理活动，不受大股东和董事不当干预。

(4) 强化内控和合规管理。金融租赁公司应当建立健全"三道防线"，有效落实业务部门的主体责任、内部控制和合规管理部门的管理责任以及内部审计部门的监督责任，发挥三者之间制衡约束作用。内部控制和合规管理部门及相关岗位不得承担与其部门、岗位职责相冲突的其他职责。内审部门应当定期对公司的内部控制和合规管理情况开展审计，及时向董事会及监管部门报告审计发现、巡视移交的问题及案件线索，并监督整改落实。

第九章 政府监管与税收政策

近年来租赁业强监管态势延续,全国性的行业监管政策陆续出台,地方性的行业监管政策持续细化,加速补齐监管制度短板。政府对融资租赁行业的监督管理主要是通过法律法规、规章制度的建设,制定实施各种相关政策来进行监管和风险管控。与此同时,我国融资租赁业的发展也离不开税收政策的支持。因而本章从市场准入制度和业务活动监管制度两方面,论述我国融资租赁业的政府监管行为,并阐述了我国税收政策的发展阶段以及优惠政策,分析了我国融资租赁税收政策存在的缺陷。

第一节 市场准入制度

一、市场准入制度概述

市场准入包括行政许可制度和最低注册资本金制度。

1. 行政许可制度

目前国际上对融资租赁企业的行政许可制度主要可以分为登记制和审批制两种。登记制是指企业仅作简单的登记,就可以直接开展融资租赁业务无须经过前置审批部门的审批。审批制是指企业开展融资租赁业务需要取得前置审批部门的批准,要审查申请材料是否符合标准。采取登记制的国家有美国、英国、澳大利亚、俄罗斯、韩国等;采取审批制的国家主要有法国、西班牙、意大利等。中国对融资租赁采取需要审批的市场准入制度,审批机关目前有国家金融监督管理总局和商务部两个部门。

2. 最低注册资本金制度

监管部门会相应建立最低注册资本金制度,以保证融资租赁公司能够生存乃至健康发展。确定最低注册资本金的具体数额应当考虑以下两点:一是不同国家的公司法对申请注册不同类型公司(如独资公司、股份制公司、有限责任公司和外资公司等)所要求的最低注册资本金数额;二是金融类企业最低注册资本金数额。如果允许融资租赁公司吸收公众储蓄存款,那么就应该要求融资租赁公司持有传统的银行金融牌照,则最低注册资本金将与开办一家银行相同;如果不允许融资租赁公司吸收公众存款,则最低注册资本金不必那么高,但还是要高于一般工商企业。

在我国,作为非银行金融机构的金融租赁公司由国家金融监督管理总局负责审批,且最低注册资本为1亿元人民币或等值的自由兑换货币,注册资本为实缴货币资本。除金融租赁公司以外的融资租赁公司(包括外商投资融资租赁公司及内资融资租赁企业)由商务部负责审批,其中外商投资融资租赁公司的最低注册资本为1 000万美元。内资融资租赁企业由商务部审批并经商务部、国家税务总局联合确认,且最低注册资本金应达到17 000万元。

二、中央对融资租赁机构的市场准入监管

中央政府对融资租赁机构的市场准入监管,始于2000年6月30日中国人民银行发布的《金融租赁公司管理办法》,随着经济发展变迁,不断对该制度进行修正,以更加适应我国发展需要。

我国历年对于融资租赁出台的市场准入监管制度修正梳理如下(部分):

2000年6月30日,中国人民银行发布《金融租赁公司管理办法》,第一章的第二条指出,金融租赁公司是指经中国人民银行批准以经营融资租赁业务为主的非银行金融机构,并在第二章专门规定了金融租赁公司的准入条件和必要审批程序。

2007年1月23日,银监会发布经修改的《金融租赁公司管理办法》第二章指出,金融租赁公司的注册资本金降为1亿元人民币,并新增说明金融租赁公司的出资人分为主要出资人和一般出资人。主要出资人是指出资额占拟设金融租赁公司注册资本50%以上的出资人。一般出资人是指除主要出资人以外的其他出资人。而且银行可以作为金融租赁公司的主要出资人,允许国内银行重新介入金融融资租赁业务(1995年《商业银行法》规定商业银行不得介入融资租赁行业),并详细阐述了金融租赁公司的准入、变更及终止条件。

2014年3月13日,银监会进一步对《金融租赁公司管理办法》进行了修订。第二章新增对金融租赁公司不同发起人的准入限制。

2024年9月14日,国家金融监督管理总局修订发布《金融租赁公司管理办法》,自2024年11月1日起施行,该方法对金融租赁公司不同主要出资人的准入限制进行了

进一步修订。

以《金融租赁公司管理办法(2024)》为基准,将金融租赁公司主要出资人的主体划分为在中国境内外注册的具有独立法人资格的商业银行,在中国境内外注册的主营业务为制造适合融资租赁交易产品的大型企业,在中国境外注册的具有独立法人资格的融资租赁公司,依法设立或授权的国有(金融)资本投资、运营公司以及国家金融监督管理总局认可的其他出资人。

作为金融租赁公司主要出资人,应当具备以下基本条件:

(1) 具有良好的公司治理结构、健全的风险管理制度和内部控制机制;
(2) 为拟设立金融租赁公司确定了明确的发展战略和清晰的盈利模式;
(3) 最近2年内未发生重大案件或重大违法违规行为;
(4) 有良好的社会声誉、诚信记录和纳税记录;
(5) 入股资金为自有资金,不得以委托资金、债务资金等非自有资金入股;
(6) 注册地位于境外的,应遵守注册地法律法规;
(7) 国家金融监督管理总局规章规定的其他审慎性条件。

具体而言,主要出资人主体不同,准入限制条件有所差异。

1. 商业银行

在中国境内外注册的具有独立法人资格的商业银行作为金融租赁公司主要出资人,除满足基本条件外,还应当具备以下条件:

(1) 监管评级良好;
(2) 最近1个会计年度末总资产不低于5 000亿元人民币或等值的可自由兑换货币;
(3) 财务状况良好,最近2个会计年度连续盈利;
(4) 权益性投资余额原则上不得超过本行净资产的50%(含本次投资金额);
(5) 具有有效的反洗钱和反恐怖融资措施;
(6) 境外商业银行所在国家或地区的监管当局已经与国家金融监督管理总局建立良好的监督管理合作机制;
(7) 满足所在国家或地区监管当局的审慎监管要求;
(8) 国家金融监督管理总局规章规定的其他审慎性条件。

2. 大型企业

在中国境内外注册的主营业务为制造适合融资租赁交易产品的大型企业作为金融租赁公司主要出资人,除满足基本条件外,还应当具备以下条件:

(1) 最近1个会计年度的营业收入不低于500亿元人民币或等值的可自由兑换货币;
(2) 最近1个会计年度末净资产不低于总资产的40%;
(3) 最近1个会计年度主营业务销售收入占全部营业收入的80%以上;
(4) 财务状况良好,最近3个会计年度连续盈利;

(5) 权益性投资余额原则上不得超过本公司净资产的 40%(含本次投资金额);

(6) 国家金融监督管理总局规章规定的其他审慎性条件。

企业根据经营管理需要,通过集团内投资、运营公司持有金融租赁公司股权的,可以按照集团合并报表数据认定本条规定条件。

3. 境外融资租赁公司

在中国境外注册的具有独立法人资格的融资租赁公司作为金融租赁公司主要出资人,除满足基本条件外,还应当具备以下条件:

(1) 在业务资源、人才储备、管理经验等方面具备明显优势,在融资租赁业务开展等方面具有成熟经验;

(2) 最近 1 个会计年度末总资产不低于 200 亿元人民币或等值的可自由兑换货币;

(3) 财务状况良好,最近 3 个会计年度连续盈利;

(4) 权益性投资余额原则上不得超过本公司净资产的 40%(含本次投资金额);

(5) 接受金融监管的融资租赁公司需满足所在国家或地区监管当局的审慎监管要求;

(6) 国家金融监督管理总局规章规定的其他审慎性条件。

4. 国有(金融)资本投资、运营公司

依法设立或授权的国有(金融)资本投资、运营公司作为金融租赁公司主要出资人,除满足基本条件外,还应当具备以下条件:

(1) 国有资本投资、运营公司最近 1 个会计年度末总资产不低于 3 000 亿元人民币或等值的可自由兑换货币且注册资本不低于 30 亿元,国有金融资本投资、运营公司最近 1 个会计年度末总资产不低于 5 000 亿元人民币或等值的可自由兑换货币且注册资本不低于 50 亿元;

(2) 财务状况良好,最近 3 个会计年度连续盈利;

(3) 国家金融监督管理总局规章规定的其他审慎性条件。

若将其他境内/外法人机构作为金融租赁公司主要出资人,具体限制条款见《金融租赁公司管理办法(2024)》。

三、各省(自治区、直辖市)市场准入监管

不同省(自治区、直辖市)对融资租赁市场准入监管总体框架无显著差异,但具体细则有所不同,部分地方监管规范性文件如表 9-1 所示。

表 9-1 部分地方监管局对融资租赁市场准入监管差异

日期	部门	文件	重点监管	公司注册资本
2023年5月23日	北京市地方金融监督管理局	《北京市融资租赁公司监督管理办法》	设立融资租赁公司条件、公司股东为法人条件及设立分支机构条件等	注册资本不低于2亿元人民币或等值自由兑换货币
2021年7月26日	上海市地方金融监督管理局	《上海市融资租赁公司监督管理暂行办法》	设立融资租赁公司条件、股东承诺书内容等	注册资本不低于1.7亿元人民币或等值外币
2021年1月21日	江苏省地方金融监督管理局	《江苏省融资租赁公司监督管理实施细则(试行)》	设立融资租赁公司、分支机构重点审查事项等	按国家规定
2023年3月31日	安徽省地方金融监督管理局	《安徽省融资租赁公司监督管理实施细则(试行)》	融资租赁公司设立登记注册事项	按国家规定
2022年11月15日	湖南省地方金融监督管理局	《湖南省融资租赁公司监督管理实施细则》	设立融资租赁公司条件、公司股东为法人条件及机构高级管理员条件等	注册资本不低于1亿元人民币或等值自由兑换货币
2022年7月28日	广东省地方金融监督管理局	《广东省融资租赁公司监督管理实施细则》	设立融资租赁公司条件等	按国家规定
2022年1月25日	福建省地方金融监督管理局	《福建省融资租赁公司监督管理实施细则(试行)》	设立融资租赁公司条件等	按国家规定

四、我国市场准入监督发展现状

1. 鼓励促进导向明显

通过梳理我国融资租赁准入要求,不难发现我国融资租赁行业进入门槛偏高,使得部分地区性、专业型的中小企业融资租赁公司难以进入,降低了中小微企业的融资租赁可得性。为进一步加快融资租赁业发展,更好地发挥融资租赁服务实体经济发展、促进经济稳定增长和转型升级的作用,2015年9月7日,国务院办公厅正式发布了《关于加快融资租赁业发展的指导意见》(以下简称《指导意见》),全面系统部署加快发展融资租赁业。

《指导意见》提出,对融资租赁公司设立子公司,不设最低注册资本限制。这使得更多地方性商业银行可以较易进入这一领域。在引入社会资金方面,《指导意见》还提出,将理顺行业管理体制,引导和规范各类社会资本进入融资租赁业,支持民间资本发起设立融资租赁公司,支持独立第三方服务机构投资设立融资租赁公司。这将有利于更多民营资本、专业厂商进入融资租赁行业,促进投资主体的多元化,形成更加多样化、差异化的融资租赁服务体系。但该《指导意见》属于政策文件,其中的意见需要进一步通过行政法规或规章落地并具体实施。

2. 规章制度仍需完善

早期 2004 年国家税务总局与商务部联合发布《关于从事融资租赁业务有关问题的通知》（商建发〔2004〕560 号）赋予了内资企业试点经营融资租赁业务的可能性，其中所列的"申报融资租赁试点的租赁企业需具备的条件"作为内资试点融资租赁公司的准入条件。但基于此，对于内资试点融资租赁企业开展融资租赁业务之前是取得行政许可还是行政确认存在部分争议。在各地的监管实践中，呈现了多种不同的做法。

（1）天津。根据 2019 年 8 月 18 日发布的《天津自由贸易试验区内资租赁企业从事融资租赁业务试点确认工作流程的通知》，在天津自贸区注册的内资租赁企业申请融资租赁业务，须向滨海新区金融局提交申报材料，取得滨海新区金融局出具的同意其从事融资租赁业务的支持函，随审核记录及申请材料提交市金融局。之后市金融局与市税务局共同对符合条件的企业进行确认并公示 5 个工作日后，联合下达确认试点的批复文件，企业持批复文件至市场监管部门办理增项手续。这一流程也就意味着在天津市注册的内资租赁企业需经融资租赁试点确认才能在经营范围中增加"融资租赁"项目，如果未经试点确认开展融资租赁业务的，将可能因"登记事项（经营范围）发生变更时未按规定办理有关变更登记"而承担违法责任，由公司登记机关责令限期登记或处罚款。

（2）北京。北京市金融局于 2020 年 4 月 16 日公布了《北京市融资租赁公司监督管理指引（试行）》，其中规定申请设立融资租赁公司，应当经市金融监管局批准，未经批准，任何单位和个人不得经营或变相经营融资租赁业务，不得在名称中使用"融资租赁"等可能被公众误解为其经营融资租赁业务的字样。该文件比照金融租赁公司的许可设立及监管要求对非金融融资租赁公司进行监管，在市场准入环节的要求实质上更接近于行政许可，但又不存在法律或行政法规依据，与行政许可法的原则相悖。

（3）上海。其施行的《关于进一步促进本市融资租赁公司、商业保理公司、典当行等三类机构规范健康发展强化事中事后监管的若干意见》主要强调对融资租赁公司设立后经营活动的监管，仅要求融资租赁公司在相关法律、法规及行业监管制度规定的经营范围内依法开展经营活动，未经准予试点不得开展"其他金融业务"，这样的规定可能更接近于内资融资租赁企业"试点确认"的本意。因此目前有关融资租赁的监管文件尚未规范统一。

> **知识链接**
>
> 行政许可与行政确认的主要区别在于："行政许可"是行政机关依据法律、行政法规赋予的职权，对行政相对人授予从事某种行为某种权利或资格；而"行政确认"是行政机关对行政相对人已客观存在的身份、条件、事实的认定，是对某项法律事实或法律关系是否存在的宣告。日常生活中，较为常见的行政确认事项包括不动产权属登记、婚姻登记等等。在二者的法律效果方面，对于需取得"行政许可"的事项而言，行政相对人未经

许可从事该事项将构成违法,并面临行政处罚等不利后果,而对于"行政确认"事项而言,行政相对人未取得行政确认不会导致违法后果,相关法律事实或法律关系的存在也不会受到影响,但行政相对人受到法律保护的程度在行政确认前后可能有所区别。

第二节　业务活动监管制度

融资租赁业的市场监管除了严格的市场准入制度外,国家金融监督管理总局还针对融资租赁公司业务涉猎的范围、公司的经营规则、风险控制、监督管理等内容做出指示,以进一步加强融资租赁公司监督管理,规范经营行为,防范化解风险,促进融资租赁行业规范有序发展。

一、业务范畴与经营规则

(一) 业务范畴

1. 融资租赁公司可以开展的业务或活动
(1) 融资租赁业务;
(2) 租赁业务;
(3) 与融资租赁和租赁业务相关的租赁物购买、残值处理与维修、租赁交易咨询、接受租赁保证金;
(4) 转让与受让融资租赁或租赁资产;
(5) 固定收益类证券投资业务。

2. 融资租赁公司不得开展的业务或活动
(1) 非法集资、吸收或变相吸收存款;
(2) 发放或受托发放贷款;
(3) 与其他融资租赁公司拆借或变相拆借资金;
(4) 通过网络借贷信息中介机构、私募投资基金融资或转让资产;
(5) 法律法规、国家金融监督管理总局和省、自治区、直辖市(以下简称省级)地方金融监管部门禁止开展的其他业务或活动。

案例 9-1

江苏省对融资租赁公司的业务活动监管

除上述要求外,江苏省地方金融监管局印发的《江苏省融资租赁公司监督管理实施细则(试行)》中,对融资租赁公司不得经营的业务活动有着更细致的要求:

(1) 以融资租赁业务的名义开展"校园贷""金贷""高利贷"等;

(2) 实际收取的租金、赔偿金、违约金等费用违反国家有关规定;

(3) 虚构融资租赁项目进行融资;

(4) 违反国家有关规定向地方政府、地方政府融资平台公司提供融资或者要求地方政府为租赁项目提供担保、承诺还款等。

(二) 业务经营规则

1. 融资租赁公司的融资行为必须符合相关法律法规规定

从事融资租赁活动应当遵守法律法规,遵循诚实信用原则和公平原则,不得损害国家利益、社会公共利益和他人合法权益。

2. 组织架构要求

融资租赁公司应当建立完善以股东或股东(大)会、董事会(执行董事)、监事(会)、高级管理层等为主体的组织架构,明确职责分工,保证相互之间独立运行、有效制衡,形成科学高效的决策、激励和约束机制。

3. 固定资产租赁规则

适用于融资租赁交易的租赁物为固定资产,另有规定的除外。主要包括生产设备、通信设备、医疗设备、科研设备、检验检测设备、工程机械设备、办公设备、飞机、汽车、船舶,以及其他符合相关规定的租赁物。

融资租赁业务的租赁物应当权属清晰、真实存在且能够产生收益。融资租赁公司不得虚构租赁物或租赁物合同价值与实际价值明显不符;不得接受已经设置抵押、权属存在争议,或者已被司法机关查封、扣押的财产,或者所有权存在瑕疵的财产作为租赁物。

4. 进口业务规则

融资租赁公司进口租赁物涉及配额、许可等管理的,由租赁物购买方或产权所有方按有关规定办理手续,另有约定的除外。融资租赁公司经营业务过程中涉及外汇管理事项的,应当遵守国家外汇管理有关规定。

5. 关联交易管理制度

融资租赁公司应当建立关联交易管理制度,其关联交易应当遵循商业原则,独立交易、定价公允,以不优于非关联方同类交易的条件进行。

融资租赁公司在对承租人为关联企业的交易进行表决或决策时,与该关联交易有关联的人员应当回避。融资租赁公司的重大关联交易应当经股东(大)会、董事会或董事会授权机构批准。

融资租赁公司与其设立的控股子公司、项目公司之间的交易,不适用本办法对关联交易的监管要求。

6. 定价要求

融资租赁公司应当建立健全租赁物价值评估体系,制定估值定价管理办法,明确估值程序、因素和方法,合理确定租赁物资产价值,不得低值高买。要按照评购分离、评处分离、集体审查的原则,优化部门设置和岗位职责分工。负责评估和定价的部门及人员原则上要与负责购买和处置租赁资产的部门及人员分离。加强评估机构管理,建立评估机构库,明确准入和退出标准。金融租赁公司的评估工作人员应当具备评估专业资质,深入分析评价评估机构采用的评估方法的合理性及可信度,不得简单以外部评估结果代替自身调查、取证和分析工作。

二、风险控制及相关监管指标

融资租赁业务中存在着各种不确定性,因此,经营过程中的风险控制十分重要。银保监会在《融资租赁公司监督管理暂行办法》中,也对融资租赁公司的风险控制提出了指导要求。

案例 9-2

江苏省对汽车融资租赁业务监管

江苏省地方金融监管局印发的《江苏省融资租赁公司监督管理实施细则(试行)》中,对汽车融资租赁业务提出了要求:

1. 不得以融资租赁业务的名义从事汽车消费贷款业务,不得与承租方签订汽车抵押贷款合同;

2. 不得以"分期付款""汽车贷款"等名义,误导消费者,合同、宣传资料、网站、手机应用程序等不得出现"贷""贷款"等不属于融资租赁业务经营范围内的字样描述;

3. 提供服务时,准确解释融资租赁业务内容,真实、全面告知车辆所有权归属等重要信息;

4. 规范租金管理,明确告知融资金额项目明细与具体金额,月租金还款日期与金额等各项费用金额,以及违约情形下需承担的违约责任及相关费用构成;

5. 不得为客户提供或变相提供融资担保。

（一）监管指标

（1）融资租赁公司融资租赁和其他租赁资产比重不得低于总资产的60%。

（2）融资租赁公司的风险资产总额不得超过净资产的8倍。风险资产总额按企业总资产减去现金、银行存款和国债后的剩余资产确定。

（3）融资租赁公司开展的固定收益类证券投资业务，不得超过净资产的20%。

（4）融资租赁公司应当加强对重点承租人的管理，控制单一承租人及承租人为关联方的业务比例，有效防范和分散经营风险。

融资租赁公司应当遵守以下对监管指标的规定：

（1）单一客户融资集中度。融资租赁公司对单一承租人的全部融资租赁业务余额不得超过净资产的30%。

（2）单一集团客户融资集中度。融资租赁公司对单一集团的全部融资租赁业务余额不得超过净资产的50%。

（3）单一客户关联度。融资租赁公司对一个关联方的全部融资租赁业务余额不得超过净资产的30%。

（4）全部关联度。融资租赁公司对全部关联方的全部融资租赁业务余额不得超过净资产的50%。

（5）单一股东关联度。对单一股东及其全部关联方的融资余额，不得超过该股东在融资租赁公司的出资额，且同时满足本办法对单一客户关联度的规定。

在执行国家规定的监管指标的前提下，监管部门可根据融资租赁公司的经营状况、风险情况、合规情况等，对融资租赁公司的融资方式、资产转让方式实施分类管理。

（二）其他制度

1. 资产权属登记制度

融资租赁公司除按有关规定办理权属（含相关附属权利）登记外，应当及时在国家规定的动产融资统一登记公示系统办理租赁物权属登记。该制度是出租人控制风险的重要途径，是维持融资租赁行业环境健康公平的关键。

我国融资租赁物权登记采取了分别登记制。具体登记机关有四个：

（1）工商行政管理部门；

（2）运输工具登记部门；

（3）公证部门；

（4）中国人民银行征信中心。

2. 内部控制制度

内部控制制度是单位内部建立的使各项业务活动互相联系、互相制约的措施、方法和规程。它是通过各种规章措施，减少因内部人员过失行为给企业造成的风险。内部控制是企业防范和化解风险的基本前提。

融资租赁公司应当按照全面、审慎、有效、独立原则，建立健全内部控制制度、财务会计制度和内部审计制度，真实记录和反映公司的财务状况、经营成果和现金流量，并形成良好的风险资产分类管理制度、承租人信用评估制度、事后追偿和处置制度、风险预警机制，以及防欺诈和反洗钱制度等，防范、控制和化解风险，保障公司安全稳健运行。

3. 风险管理体系

风险管理体系指的是组织管理体系中与管理风险有关的要素集合。融资租赁公司应当根据其组织架构、业务规模和复杂程度，建立全面的风险管理体系，对信用风险、流动性风险、市场风险等各类风险进行有效的识别、计量、监测和控制化解，同时还应当及时识别和控制化解与融资租赁业务相关的特定风险。

4. 资产分类制度

融资租赁公司应当建立资产质量分类制度和风险准备金制度。在准确分类的基础上及时足额计提资产减值损失准备，增强风险抵御能力。

融资租赁公司应当建立风险资产分类管理制度，强化资产管理能力，足额计提资产减值损失准备，严格控制经营风险，增强融资租赁公司风险防范能力。

5. 风险准备金制度

风险准备金制度是一种风险补偿机制，是防范风险、保持公司健康运行和维护企业信誉的重要方式，在金融行业有着普遍应用。企业可酌情建立风险准备金制度，准备金可在税前的利润中提取，当年提取比例可在 $1\%\sim2\%$。

三、分类处置管理

地方金融监管部门要通过信息交叉比对、实地走访、接受信访投诉等方式，准确核查辖内融资租赁公司经营和风险状况，按照经营风险、违法违规情形划分为正常经营、非正常经营和违法违规经营等三类。

1. 正常经营类

正常经营类是指依法合规经营的融资租赁公司。地方金融监管部门要对正常经营类融资租赁公司按其注册地审核营业执照、公司章程、股东名单、高级管理人员名单和简历、经审计的近两年资产负债表、利润表、现金流量表及规定的其他资料。对于接受并配合监管、在注册地有经营场所且如实完整填报信息的企业，省级地方金融监管部门要在报国家金融监督管理总局同意后及时纳入监管名单。

正常经营类融资租赁公司应当符合以下条件：

（1）依法合规经营，最近 3 年内无重大违法违规记录；

（2）接受并配合监管、在注册地有经营场所且如实完整填报信息；

（3）实质性开展融资租赁相关业务，并持续经营 6 个月以上；

（4）法律、法规规定的其他条件。

2. 非正常经营类

非正常经营类主要是指"失联"和"空壳"等经营异常的融资租赁公司。

"失联"是指满足以下条件之一的融资租赁公司：无法取得联系；在企业登记住所实地排查无法找到；虽然可以联系到企业工作人员，但其并不知情也不能联系到企业实际控制人；连续3个月未按监管要求报送监管信息。

"空壳"是指满足以下条件之一的融资租赁公司：未依法通过国家企业信用信息公示系统报送，并公示上一年度年度报告；近6个月监管信息显示无经营；近6个月无纳税记录或"零申报"；近6个月无社保缴纳记录。

地方金融监管部门要督促非正常经营类企业整改。非正常经营类企业整改验收合格的，可纳入监管名单；拒绝整改或整改验收不合格的，纳入非正常经营名录，劝导其申请变更企业名称和业务范围、自愿注销。

3. 违法违规经营类

违法违规经营类是指经营行为违反法律法规和《融资租赁公司监督管理暂行办法》规定的融资租赁公司。违法违规情节较轻且整改验收合格的，可纳入监管名单；整改验收不合格或违法违规情节严重的，地方金融监管部门要依法处罚、取缔或协调市场监管部门依法吊销其营业执照；涉嫌违法犯罪的及时移送公安机关依法查处。

案例 9-3

被列为"失联"和"空壳"类企业后仍大胆伪造印章违规经营

2023年7月28日，山东省地方金融监督管理局发布声明称，发现山东中隆祥泰融资租赁有限公司（以下简称"中隆祥泰融资租赁"）伪造印章，并对外声称其已取得经山东省地方金融监督管理局颁发的《中华人民共和国融资租赁业务经营许可证》。

而实际情况是，融资租赁公司为名单制管理，山东省地方金融监督管理局郑重声明称，从未颁发过任何融资租赁业务经营许可证，也从未受理或批复该公司开展任何业务，其已于2023年7月14日被公告为非正常经营类融资租赁公司。若市场参与者在中隆祥泰融资租赁公司开展业务导致自身合法权益受损，建议迅速向公安机关报案，维护自身合法权益。

【案例分析】

山东中隆祥泰融资租赁伪造印章、违规经营，扰乱了融资租赁行业的正常秩序，可能会使得相信其资质、与其开展业务的市场参与者权益受损。而这一企业违规操作，也反映出当前融资租赁牌照管理还需加强，一家没有资质的企业可以伪造公章来开展业务，说明资质认证过程不够严谨，未来需要公开牌照名单，或者改善融资租赁企业开展业务的认证制度。

四、监督管理与市场自律

(一) 监督管理

1. 职责分布

国家金融监督管理总局负责制定融资租赁公司的业务经营和监督管理规则。

省级人民政府负责制定促进本地区融资租赁行业发展的政策措施,对融资租赁公司实施监督管理,处置融资租赁公司风险。

省级地方金融监管部门具体负责对本地区融资租赁公司的监督管理。

2. 分类监管

地方金融监管部门应当根据融资租赁公司的经营规模、风险状况、内控管理等情况,对融资租赁公司实施分类监管。根据监管工作需要,依法合规制定实施现场检查、非现场监管和事中事后监管措施。

(1) 现场检查。

地方金融监管部门应当建立现场检查制度,对融资租赁公司的检查包括但不限于下列措施:进入融资租赁公司以及有关场所进行现场检查;询问有关单位或者个人,要求其对有关检查事项做出说明;查阅、复制有关文件资料,对可能被转移、销毁、隐匿或者篡改的文件资料,予以先行登记保存;检查相关信息系统。

进行现场检查,应当经地方金融监管部门负责人批准。现场检查时,检查人员不得少于2人,并应当出示合法证件和检查通知书。有关单位和个人应当配合地方金融监管部门依法进行监督检查,如实提供有关情况和文件、资料,不得拒绝、阻碍或者隐瞒。

(2) 非现场监管。

地方金融监管部门应当建立非现场监管制度,充分运用大数据、云计算等现代信息技术,加强监管信息的汇聚和共享,做好实时监测、统计分析、风险预警和评估处置等非现场监管工作,包括:要求融资租赁公司报送经营报告、财务报告、注册会计师出具的年度审计报告及相关经营信息等文件资料;定期对融资租赁公司关联交易比例、风险资产比例、单一承租人业务比例、租金逾期率等关键指标进行分析,对相关指标偏高、潜在经营风险加大的公司予以重点关注;对融资租赁公司开展监管评级;建立监督管理信息系统,要求融资租赁公司接入并及时准确填报相关情况,实现即时动态监管;与融资租赁公司董事、监事、高级管理人员和相关工作人员进行监管谈话和风险提示;聘请第三方机构对融资租赁公司进行合规评价、审计审查和外部评级。省级地方金融监管部门应当于每年4月30日前向国家金融监督管理总局报送上一年度本地区融资租赁公司发展情况以及监管情况。

(3) 事中事后监管措施。

对于在事中事后监管工作中发现的问题,可以采取下列监管措施:警示、开展监管谈话、风险提示、责令整改；降低监管评级；建立"黑名单"制度，将"黑名单"公司列为重点监管对象，加强日常监管及现场抽查、检查；通报国家金融监管部门派出机构及市场监管部门，按照规定将相关信用信息纳入市场主体信用信息公示系统和信用信息共享平台，将失信机构及相关人员信息纳入市场主体联合监管系统实施联合惩戒。

3. 风险防控

地方金融监管部门应当建立融资租赁公司重大风险事件预警、防范和处置机制，制定融资租赁公司重大风险事件应急预案。

融资租赁公司发生重大风险事件的，应当立即采取应急措施，并及时向地方金融监管部门报告，地方金融监管部门应当及时处置。

4. 信息管理

融资租赁公司应定期向地方金融监管部门和同级人民银行分支机构报送信息资料。地方金融监管部门建立融资租赁公司及其主要股东、董事、监事、高级管理人员违法经营融资租赁业务行为信息库，如实记录相关违法行为信息；给予行政处罚的，依法向社会公示。同时，地方金融监管部门可以与有关部门建立监督管理协调机制和信息共享机制，研究解决辖内融资租赁行业重大问题，加强监管联动，形成监管合力。

5. 其他监督管理制度

（1）地方金融监管部门应当加强监管队伍建设，按照监管要求和职责配备专职监管员，专职监管员的人数、能力要与被监管对象数量相匹配。

（2）地方金融监管部门根据履行职责需要，可以与融资租赁公司的董事、监事、高级管理人员进行监督管理谈话，要求其就融资租赁公司业务活动和风险管理的重大事项做出说明。

（3）融资租赁公司应当建立重大事项报告制度，下列事项发生后，5个工作日内向地方金融监管部门报告：重大关联交易，重大待决诉讼、仲裁及地方金融监管部门规定需要报送的其他重大事项。

6. 监管协作机制

国家金融监督管理总局发布的《关于促进金融租赁公司规范经营和合规管理的通知》中强调，要建立健全监管协作机制，指导意见如下：

（1）完善三方会谈机制。各监管局要做实监管部门、金融租赁公司和外审机构之间的定期会谈机制，每个年度监管周期后要及时举行三方会谈，提出监管意见，明确监管导向，充分掌握审计发现的问题，深入了解外审机构的执业状况。支持和鼓励外审机构根据审计准则依法开展外部审计，及时纠正金融租赁公司对外审机构工作的不当影响或干扰行为。

（2）加快构建良好金融生态环境。各监管局要加强与会计审计、资产评估、信用评级、法律咨询等社会中介服务机构相关行业主管部门沟通联动，协同加强对相关机构及从业人员的监督管理，严格规范其执业行为，加大违规问责力度。发现相关中介机构及从业人员存在出具虚假报告等违法违规行为，应当责令金融租赁公司予以更换，按照合同约定依法追回服务费用、追偿损失，并通报相关行业主管部门予以严肃惩戒。

（3）加强金融反腐合作。各监管局要加强监审联动、监纪联动和信息共享，定期与金融租赁公司内审和纪检监察部门沟通协作，形成监督合力，对巡视、审计等部门移交的问题线索，要及时启动核查或调查程序。加强行刑衔接，认真落实案件线索移送机制，在监管工作中发现大股东恶意掏空、工作人员利用职务之便索取、收受贿赂或者违反规定收受各种名义的回扣、手续费，贪污、挪用、侵占金融机构或者客户资金等涉嫌违法犯罪的问题线索，要及时移送纪检监察机关或司法机关，一体推进"三不腐"，严厉打击金融犯罪，坚决遏制金融租赁行业的违法案件。

（二）行业自律

除了政府监管之外，行业自律也是保证融资租赁行业良性稳定运行不可缺少的条件。融资租赁行业协会是融资租赁行业的自律组织，它是介于政府、企业之间，商品生产者与经营者之间，并为其提供服务、咨询、沟通、监督、公正、自律、协调的社会中介组织。行业协会组织是一种民间性组织，它不属于政府的管理机构系列，而是政府与企业的桥梁和纽带。

依法成立的融资租赁行业协会按照章程发挥沟通协调和行业自律作用，履行协调、维权、服务职能，开展行业培训、理论研究、纠纷调解等活动，配合地方金融监管部门，引导融资租赁公司诚信经营、公平竞争、稳健运转。

融资租赁相比别的行业较为特殊，所以其行业自律组织要求更严格，更有特点。协会主要由从事融资租赁研究的学者、融资租赁从业人员等组成的民间行业组织组成。它通常以"协会"或"公会"的形式出现，以"行业自制、协调和自我管理"方式行使职权，以业务性指导和交流为主，表现出广泛性、行业性和自制性的特点。国家鼓励融资租赁公司加入行业协会组织，加强自律管理。

案例9-4

金规8号文发布后，上海市融资租赁行业协会迅速发布行业自律倡议书：

上海市融资租赁行业协会倡议书

为提升融资租赁公司经营管理水平，强化内控及合规管理，引导行业加快回归融资租赁本源，结合监管部门的相关要求，上海市融资租赁行业协会向各会员单位发出如下倡议：

一、完善融资租赁公司法人治理结构和企业内控机制，强化业务风险管理

（一）构建规范的公司治理运行机制，做好股东股权管理和信息披露。

（二）规范董事和高管人员履职行为，避免高管多企业、多岗位兼职现象，保证公司治理结构有效性。

（三）切实加强经营数据管理、资产管理、关联交易管理等内控制度体系建设。

（四）坚持一手抓租赁物风险，一手抓承租人信用风险，及时识别、防范和控制业务风险隐患。

二、加强合规管理，杜绝违规经营和业务异化等乱象发生

（一）杜绝向地方政府及融资平台公司提供融资，或者要求地方政府为租赁项目提供担保、承诺还款、虚假交付、乱收费等。

（二）杜绝虚构贸易背景，协助承租人以福费廷、国内信用证等方式，通过融资租赁通道业务进行监管套利。

（三）杜绝虚构融资租赁业务，帮助其他企业降低资产负债率及不良率，美化其财务报表。

（四）加强融资渠道管理，杜绝通过私募投资基金、非持牌资产管理机构等渠道融资或转让资产。

三、加强对租赁物的适格性管理，尤其是对售后回租的租赁物管理

（一）租赁物应具备权属清晰、可特定化、可处置，具有经济价值或能够产生收益等特征。杜绝产权不清晰，无法处置变现租赁物的售后回租业务。

（二）杜绝新增，并有序退出以构筑物作为租赁物的融资租赁业务。

（三）杜绝将公益性资产作为租赁物，如高速公路、景区道路、景区石雕、景区围墙、地铁设施及城市污水管网等。

（四）杜绝将古玩、玉石、字画、办公桌椅、低值易耗品等消费品作为租赁物开展融资租赁。

（五）坚持将租赁物价值评估和资金期限配置作为业务核心原则，防范租赁物低值高估、低值高买、过度依赖市场中介机构等不合理估值行为，不断丰富完善与租赁物特点相适配的项目评价、租金定价和风险管控体系。

四、积极回归融资租赁本源，提升服务实体经济的能力

（一）聚焦主业，深度拓展制造业、科研装备、交通运输、节能环保、数字经济、物流医疗等领域的设备融资租赁业务，注重培育国内飞机、船舶、海工设备租赁等专业化方向发展功能。

（二）发挥售后回租业务普惠金融功能优势，提升服务传统产业改造升级战略性新兴产业和先进制造业的能力与水平，助力小微企业、涉农企业，盘活设备资产，推动创新升级。

上海市融资租赁行业协会倡议广大会员单位认清行业发展规律，提升服务经济社会高质量发展大局的意识，积极贯彻落实各项监管及内控措施，守住合规风险防控的底线，提高服务实体经济的能力，促进上海融资租赁行业高质量发展。

上海市融资租赁行业协会
2023年11月1日

第三节　税收规范与优惠政策

一、融资租赁税收政策的演变

税收政策是融资租赁的四大支柱之一，各国租赁行业的最初起步及成熟在相当程度上都依赖于政府的税收优惠政策。我国租赁业有待通过税收类杠杆营造一个租赁成本合理可控的发展环境。

为鼓励企业采用融资租赁方式进行技术改造和设备购置，我国积极落实融资租赁相关税收政策，促进行业健康发展。自我国引入融资租赁以来，与其相关的税收政策几经调整。从历史角度看，中国融资租赁的税收政策主要经历了初始、反复调整、逐渐清晰并趋于统一、增值税改革和"营改增"、深化增值税改革六个阶段。

1. 初始阶段

20世纪80年代初，融资租赁刚刚被引入到国内，我国虽然还处在计划经济体制下，但由于境外投资者为抢占国内市场积极与国内银行与国有企业合作，先后成立了多家中外合资的融资租赁公司。为了促进融资租赁在我国的引进与发展，海关总署、财政部、税务总局等部门先后发布对租赁行业的税务征收的相关法规（表9-2）。

表9-2　初始阶段关于融资租赁的税收政策

时间	部门	政策法规	主要内容
1982年	海关总署	《关于租赁进口设备申请免税问题的复函》	如果出现企业采取融资租赁形式，并且符合减免税政策的情况，由承租单位向海关总署申请减税甚至免税
1985年	财政部	《关于国营工业企业租赁费用财务处理的规定》	允许企业用融资租赁的方式租入机器设备，在租赁期内的管理与国家固定资产相同
1986年	财政部税务总局	《关于对银行及其他金融机构经营的融资租赁业务征税问题的通知》（财税营〔1986〕76号）	对银行及其他金融机构经营融资租赁业务取得的收入，应按金融业依5％的税率征收营业税，计税依据为利息收入和手续费（或称管理费）收入

2. 反复调整阶段

早在1993年，《中华人民共和国营业税暂行条例》就明确融资租赁按金融业征税，同时规定，融资租赁无论出租人是否将设备残值销售给承租人，均按本税目征税。这一规定从本质上讲是正确的，也没有将产权是否转移作为认定融资租赁的依据，初始定位基本准确。但由于我国对融资租赁机构的审批与管理归属不同部门，经人民银行审批

(现由国家金融监督管理总局审批)的为金融单位,其他机构为非金融单位,此外还有兼营融资租赁的机构,对这类机构如何征税在条例中并没有明确规定。这种按机构主体确定税收政策的思路对以后的税收政策产生了重大影响,有些规定出现反复也是基于这方面的原因(表9-3)。

表9-3 反复调整阶段关于融资租赁的税收政策

时间	部门	政策法规	主要内容
1993年	国务院	《中华人民共和国营业税暂行条例》(国务院令〔1993〕135号)	明确融资租赁按金融业征税,同时规定,融资租赁无论出租人是否将设备残值销售给承租人,均按本税目征税
1995年	国家税务总局	《关于融资租赁业务征收营业税问题的通知》(国税函发〔1995〕656号)	外资融资租赁公司视同金融服务业适用营业税
1997年	国务院	《关于调整金融保险业税收政策有关问题的通知》(国发〔1997〕5号)	规定纳税人经营融资租赁业务,以其向承租人收取的全部价款和价外费用(包括残值)减去出租方承担的出租物的实际成本后的余额为营业额。出租货物的实际成本,包括由出租方承担的货物购入价、关税、增值税、消费税、运杂费、安装费、保险费等费用
1999年	财政部、国家税务总局	《关于融资租赁业营业税计税营业额问题的通知》(财税字〔1999〕183号)	营业税纳税基数为租金收入减实际成本,实际成本比此前规定增加了外汇利息支出
2000年	国家税务总局	《金融保险业营业税申报管理试行办法》(国税发〔2000〕15号)	对以前税收制度的汇总,但对所有权不转移的融资租赁业务如何征税未作规定
2000年	国家税务总局	《关于融资租赁业务征收流转税问题的通知》(国税函〔2000〕514号)	对经中国人民银行批准经营融资租赁业务的单位所从事的融资租赁业务,无论租赁业务的所有权是否转让给承租方,均按《中华人民共和国营业税暂行条例》的有关规定征收营业税,不征增值税。其他单位从事融资租赁业务,租赁货物的所有权转让给承租方,征收增值税,不征收营业税;租赁货物的所有权未转让给承租方,征收营业税,不征收增值税

3. 逐渐清晰并趋于统一阶段

2003年,财政部、国家税务总局《关于营业税若干政策问题的通知》(财税〔2000〕第16号)规定:经中国人民银行、外经贸部和国家经贸委批准(现由商务部批准)经营融资租赁业务的单位从事融资租赁业务的,以其向承租者收取的全部价款和价外费用(包括残值)减除出租方承担的出租物的实际成本后的余额为营业额,实际成本扩展到人民币借款利息。这一文件的发布表明融资租赁的营业税政策基本形成。

国务院机构调整后,原国家经贸委、外经贸部有关租赁行业的管理职能和外商投资租赁公司管理职能划归商务部。商务部积极推进融资租赁立法,并对内资租赁企业开展融资租赁业务进行试点。2004年10月22日,商务部、国家税务总局颁布的《关于从事融资租赁业务有关问题的通知》使三类租赁公司的营业税政策实现了统一,彻底消除了按主体成分进行征税的现象,内资融资租赁试点企业享受到了与其他租赁公司同样的税收政策,此后内资融资租赁试点企业数量快速增长。

自此之后,房产税、企业所得税等其他税种按融资租赁业务实质修改相关规定,切实减轻了租赁公司的税收负担,极大促进了融资租赁税收政策和税收体系的进一步完善。

4. 增值税改革阶段

自《关于从事融资租赁业务有关问题的通知》实行,税收改革过程又涌现了新问题。从2004年10月22日起,我国的三类租赁公司均缴纳营业税,意味着承租人从租赁公司通过融资租赁方式取得固定资产的,尽管在取得固定资产的过程中已缴纳了增值税,却无法抵扣。

这一问题引起了各方高度重视,国务院办公厅在《关于当前金融促进经济发展的若干意见》(国办发〔2008〕126号)中指出,要结合增值税转型完善融资租赁税收政策;财政部、海关总署、国家税务总局也出台有关涉及融资租赁的房产税、所得税以及天津融资租赁船舶出口退税等政策。

在国家有关部门的协调下,2010年9月8日,国家税务总局《关于融资性售后回租业务中承租方出售资产行为有关税收问题的公告》(国家税务总局公告2010年13号)规定,对融资性售后回租业务中承租方出售资产的行为,不属于增值税和营业税征收范围,不征收增值税和营业税;融资性售后回租业务中,承租人出售资产的行为,不确认销售收入,对融资性租赁的资产,仍按承租人出售前原账面价值作为计税基础计提折旧。租赁期间,承租人支付的属于融资利息的部分,作为企业财务费用在税前扣除。这一公告的出台,解决了困扰售后回租业务发展的增值税问题,更好地促进了融资租赁业的发展。

5. "营改增"阶段

2011年11月,财政部、国家税务总局发布《营业税改征增值税试点方案》(财税〔2011〕110号)和《关于在上海市开展交通运输业和部分现代服务业营业税改征增值税试点的通知》(财税〔2011〕111号),在上海进行营业税改增值税试点。

2013年8月1日起,依据《关于在全国开展交通运输业和部分现代服务业营业税改征增值税试点税收政策的通知》(财税〔2013〕37号),"营改增"在全国范围内开展试点。

随着铁路运输和邮政业纳入"营改增"试点范围,财政部和国家税务总局出台了新的配套文件《关于将铁路运输和邮政业纳入营业税改征增值税试点的通知》(财税〔2013〕106号),并于2014年1月1日起执行。

《国务院关于做好全面推开营改增试点工作的通知》(国发明电〔2016〕1号)和《财政部 税务总局关于全面推开营业税改征增值税试点的通知》(财税〔2016〕36号)指出,自2016年5月1日起,在全国范围内全面推开营业税改征增值税试点,建筑业、房地产业、金融业、生活服务业等全部营业税纳税人,纳入试点范围,由缴纳营业税改为缴纳增值税。

6. 深化增值税改革阶段

为进一步减轻市场主体税负,2018年3月召开的国务院常务会议,确定了深化增值税改革的措施。按照深化增值税改革后续工作安排,税务总局会同财政部联合下发《财政部 税务总局关于调整增值税税率的通知》(财税〔2018〕32号)、《财政部 税务总局关于统一增值税小规模纳税人标准的通知》(财税〔2018〕33号),针对政策调整涉及的征管操作问题,国家税务总局配套发布了《国家税务总局关于调整增值税纳税申报有关事项的公告》(2018年第17号)和《国家税务总局关于统一小规模纳税人标准等若干增值税问题的公告》(2018年第18号)。

财政部、税务总局、海关总署发布的《关于深化增值税改革有关政策的公告》(财政部 税务总局 海关总署公告2019年第39号)的相继出台也为进一步推进增值税实质性减税,促进我国融资租赁业的发展提供政策指导。

二、融资租赁的税收优惠政策

(一) 一般税收优惠政策

1. 增值税政策

(1) 销售额确认。

经人民银行、银监会或者商务部批准从事融资租赁业务的试点纳税人[①],提供融资租赁服务,以取得的全部价款和价外费用,扣除支付的借款利息(包括外汇借款和人民币借款利息)、发行债券利息和车辆购置税后的余额为销售额。

经人民银行、银监会或者商务部批准从事融资租赁业务的试点纳税人,提供融资性售后回租服务,以取得的全部价款和价外费用(不含本金),扣除对外支付的借款利息(包括外汇借款和人民币借款利息)、发行债券利息后的余额作为销售额。

试点纳税人根据2016年4月30日前签订的有形动产融资性售后回租合同,在合同到期前提供的有形动产融资性售后回租服务,可继续按照有形动产融资租赁服务缴纳增值税。

经商务部授权的省级商务主管部门和国家经济技术开发区批准的从事融资租赁业务的试点纳税人,2016年5月1日后实收资本达到1.7亿元的,从达到标准的当月起按照上述"销售额确认"规定执行。

继续按照有形动产融资租赁服务缴纳增值税的试点纳税人,经人民银行、银监会或者商务部批准从事融资租赁业务的,根据2016年4月30日前签订的有形动产融资性

---

① 见《关于明确金融 房地产开发 教育辅助服务等增值税政策的通知》(财税〔2016〕140号)。

售后回租合同,在合同到期前提供的有形动产融资性售后回租服务,可以选择以下方法之一计算销售额:

① 以向承租方收取的全部价款和价外费用,扣除向承租方收取的价款本金,以及对外支付的借款利息(包括外汇借款和人民币借款利息)、发行债券利息后的余额为销售额。

② 纳税人提供有形动产融资性售后回租服务,计算当期销售额时可以扣除的价款本金,为书面合同约定的当期应当收取的本金。无书面合同或者书面合同没有约定的,为当期实际收取的本金。

③ 以向承租方收取的全部价款和价外费用,扣除支付的借款利息(包括外汇借款利息和人民币借款利息)、发行债券利息后的余额为销售额。

(2) 适用税率。

有形动产融资租赁服务适用税率由17%降到13%,不动产融资租赁服务适用税率由11%降到9%[①]。

(3) 适用加计抵减政策。

财政部、税务总局、海关总署发布的《关于深化增值税改革有关政策的公告》(财政部、税务总局、海关总署公告2019年第39号)规定:自2019年4月1日至2021年12月31日,允许提供邮政服务、电信服务、现代服务、生活服务取得的销售额占全部销售额的比重超过50%的纳税人(下文简称活性服务业纳税人)按照当期可抵扣增值税进项税额加计10%,抵减应纳税额。其中现代服务包含有形动产租赁服务业。

为进一步支持生活服务业发展,税务总局又会同财政部发布《关于明确生活性服务业增值税加计抵减政策的公告》(财政部 税务总局公告2019年第87号),明确自2019年10月1日至2021年12月31日,将生活性服务业纳税人的加计抵减比例由10%提高至15%。

《国家税务总局关于增值税小规模纳税人减免增值税等政策有关征管事项的公告》(国家税务总局公告2023年第1号)规定:符合《财政部 税务总局 海关总署关于深化增值税改革有关政策的公告》(2019年第39号)、1号公告规定的生产性服务业纳税人,应在年度首次确认适用5%加计抵减政策时,通过电子税务局或办税服务厅提交《适用5%加计抵减政策的声明》;符合《财政部 税务总局关于明确生活性服务业增值税加计抵减政策的公告》(2019年第87号)、1号公告规定的生活性服务业纳税人,应在年度首次确认适用10%加计抵减政策时,通过电子税务局或办税服务厅提交《适用10%加计抵减政策的声明》。

(4) 小规模纳税人减免增值税。

财政部 税务总局发布的《关于实施小微企业普惠性税收减免政策的通知》(财税〔2019〕13号)规定:对月销售额10万元以下(含本数)的增值税小规模纳税人,免征增

---

① 见《财政部 税务总局关于全面推开营业税改征增值税试点的通知》(财税〔2016〕36号)、《关于深化增值税改革有关政策的公告》(财政部 税务总局 海关总署公告2019年第39号)。

值税。对小型微利企业年应纳税所得额不超过 100 万元的部分,减按 25% 计入应纳税所得额,按 20% 的税率缴纳企业所得税;对年应纳税所得额超过 100 万元但不超过 300 万元的部分,减按 50% 计入应纳税所得额,按 20% 的税率缴纳企业所得税。由省、自治区、直辖市人民政府根据本地区实际情况,以及宏观调控需要确定,对增值税小规模纳税人可以在 50% 的税额幅度内减征资源税、城市维护建设税、房产税、城镇土地使用税、印花税(不含证券交易印花税)、耕地占用税和教育费附加、地方教育附加。

国家税务总局发布的《关于增值税小规模纳税人减免增值税等政策有关征管事项的公告》(国家税务总局公告 2023 年第 1 号)对小规模纳税人的增值税减免又做了新的规定:增值税小规模纳税人(以下简称小规模纳税人)发生增值税应税销售行为,合计月销售额未超过 10 万元(以 1 个季度为 1 个纳税期的,季度销售额未超过 30 万元,下同)的,免征增值税。小规模纳税人发生增值税应税销售行为,合计月销售额超过 10 万元,但扣除本期发生的销售不动产的销售额后未超过 10 万元的,其销售货物、劳务、服务、无形资产取得的销售额免征增值税。

2. 出口退税政策

(1) 申报条件。

融资租赁出租方在所在地主管税务局办理税务登记及出口退(免)税资格认定后,方可申报融资租赁货物出口退税[①]。

融资租赁出租方应在融资租赁货物报关出口之日,或收取融资租赁海洋工程结构物首笔租金开具发票之日,次月起至次年 4 月 30 日前的各增值税纳税申报期内,收齐有关凭证,向主管税务局办理融资租赁货物增值税、消费税退税申报。未能在规定期限内申报出口退税的,待收齐退税凭证后,即可向主管税务局申报退税。

(2) 适用范围。[②]

① 对融资租赁出口货物试行退税政策。对融资租赁企业、金融租赁公司及其设立的项目子公司(以下统称融资租赁出租方),以融资租赁方式租赁给境外承租人且租赁期限在 5 年(含)以上,并向海关报关后实际离境的货物,试行增值税、消费税出口退税政策。

② 融资租赁出口货物的范围,包括飞机、飞机发动机、铁道机车、铁道客车车厢、船舶及其他货物,具体应符合《中华人民共和国增值税暂行条例实施细则》(财政部 国家税务总局令第 50 号)第二十一条"固定资产"的相关规定。

③ 对融资租赁海洋工程结构物试行退税政策。对融资租赁出租方购买的,并以融资租赁方式租赁给境内列名的海上石油天然气开采企业且租赁期限在 5 年(含)以上的国内生产企业生产的海洋工程结构物,视同出口,试行增值税、消费税出口退税政策。

---

① 见《国家税务总局关于发布〈融资租赁货物出口退税管理办法〉的公告》(国家税务总局〔2014〕56 号)。
② 见《财政部 海关总署 国家税务总局关于在全国开展融资租赁货物出口退税政策试点的通知》(财税〔2014〕62 号)。

④ 海洋工程结构物范围、退税率以及海上石油天然气开采企业的具体范围按照《财政部　国家税务总局关于出口货物劳务增值税和消费税政策的通知》(财税〔2012〕39号)有关规定执行。

⑤ 上述融资租赁出口货物和融资租赁海洋工程结构物不包括在海关监管年限内的进口减免税货物。

3. 企业所得税政策

(1) 承租方的税收政策。

① 以融资租赁方式租入固定资产发生的租赁费支出,按照规定构成融资租入固定资产价值的部分应当提取折旧费用,分期扣除①。

② 融资租入固定资产,以租赁合同约定的付款总额和承租人在签订租赁合同过程中发生的相关费用为计税基础,租赁合同未约定付款总额的,以该资产的公允价值和承租人在签订租赁合同过程中发生的相关费用为计税基础②。

(2) 出租方的税收政策。

以融资租赁方式租出的固定资产不得计算折旧扣除③。

(3) 涉及非居民企业的规定。

在中国境内未设立机构、场所的非居民企业,以融资租赁方式将设备、物件等租给中国境内企业使用,租赁期满后设备、物件所有权归中国境内企业(包括租赁期满后作价转让给中国境内企业),非居民企业按照合同约定的期限收取租金,应以租赁费(包括租赁期满后作价转让给中国境内企业的价款)扣除设备、物件价款后的余额,作为贷款利息所得计算缴纳企业所得税,由中国境内企业在支付时代扣代缴④。

4. 印花税政策

对开展融资租赁业务签订的融资租赁合同(含融资性售后回租),统一按照其所载明的租金总额依照"借款合同"税目,按万分之零点五的税率计税贴花⑤。

在融资性售后回租业务中,对承租人、出租人因出售租赁资产及购回租赁资产所签订的合同,不征收印花税。

5. 房产税政策

融资租赁的房产,由承租人自融资租赁合同约定开始日的次月起依照房产余值缴纳房产税。合同未约定开始日的,由承租人自合同签订的次月起依照房产余值缴纳房产税⑥。

---

① 见《中华人民共和国企业所得税法实施条例》(中华人民共和国国务院令第512号)第四十七条。
② 见《中华人民共和国企业所得税法实施条例》(中华人民共和国国务院令第512号)第五十八条。
③ 见《中华人民共和国企业所得税法》(中华人民共和国主席令第63号)第十一条。
④ 见《国家税务总局关于非居民企业所得税管理若干问题的公告》(国家税务总局公告2011年第24号)。
⑤ 见《财政部　国家税务总局关于融资租赁合同有关印花税政策的通知》(财税〔2015〕144号)。
⑥ 见《财政部　国家税务总局关于房产税、城镇土地使用税有关问题的通知》(财税〔2009〕128号)。

(二) 特殊税收优惠政策

1. 增值税即征即退政策

经人民银行、银监会或者商务部批准从事融资租赁业务的试点纳税人中的一般纳税人,提供有形动产融资租赁服务和有形动产融资性售后回租服务,对其增值税实际税负超过3%的部分实行增值税即征即退政策。商务部授权的省级商务主管部门和国家经济技术开发区批准的,从事融资租赁业务和融资性售后回租业务的试点纳税人中的一般纳税人,在2016年5月1日后实收资本达到1.7亿元的,从达到标准的当月起按照上述规定执行;2016年5月1日后实收资本未达到1.7亿元但注册资本达到1.7亿元的,在2016年7月31日前仍可按照上述规定执行,2016年8月1日后开展的有形动产融资租赁业务和有形动产融资性售后回租业务,不得按照上述规定执行。

2. 契税政策

对金融租赁公司开展售后回租业务[①],承受承租人房屋、土地权属的,照章征税。对售后回租合同期满,承租人回购原房屋、土地权属的,免征契税。即金融租赁公司开展售后回租业务发生权属转移只需缴纳一次契税。

(三) 普惠性税收优惠政策

1. 小微企业税收优惠

小型微利企业需同时满足年度应纳税所得额不超过300万元,从业人数不超过300人,资产总额不超过5 000万元。

(1) 增值税。

① 3%的征收率减按1%。

自2023年1月1日至2027年12月31日,增值税小规模纳税人适用3%征收率的应税销售收入,减按1%征收率征收增值税;适用3%预征率的预缴增值税项目,减按1%预征率预缴增值税[②]。

② 小额贷款利息收入免征增值税。

自2023年12月31日至2027年12月31日,对金融机构向小型企业、微型企业及个体工商户发放小额贷款取得的利息收入,免征增值税[③]。

③ 担保收入和再担保收入免征增值税。

自2018年1月1日至2027年12月31日,纳税人为农户、小型企业、微型企业及个体工商户借款、发行债券提供融资担保取得的担保费收入,以及为上述融资担保提供

[①] 见《财政部 国家税务总局关于企业以售后回租方式进行融资等有关契税政策的通知》(财税〔2012〕82号)。
[②] 见《关于明确增值税小规模纳税人减免增值税等政策的公告》(财政部 税务总局公告2023年第1号)。
[③] 见《财政部 税务总局关于支持小微企业融资有关税收政策的公告》(财政部 税务总局公告2023年第13号)、《财政部 税务总局关于增值税小规模纳税人减免增值税政策的公告》(财政部 税务总局公告2023年第19号)。

再担保取得的再担保费收入免征增值税。再担保合同对应多个原担保合同的,原担保合同应全部适用免征增值税政策。否则,再担保合同应按规定缴纳增值税①。

(2) 企业所得税。

小型微利企业按 5% 的税率缴纳企业所得税;自 2023 年 1 月 1 日至 2027 年 12 月 31 日,对小型微利企业减按 25% 计算应纳税所得额,按 20% 的税率缴纳企业所得税政策,延续执行至 2027 年 12 月 31 日②。

(3) 六税两费减免。

① 对小规模纳税人、小型微利企业和个体工商户"六税两费"减征 50%。

自 2023 年 1 月 1 日起至 2027 年 12 月 31 日止,对增值税小规模纳税人、小型微利企业和个体工商户减半征收资源税(不含水资源税)、城市维护建设税、房产税、城镇土地使用税、印花税(不含证券交易印花税)、耕地占用税和教育费附加、地方教育附加③。

② 与金融机构签订的借款合同免印花税。

自 2014 年 11 月 1 日至 2027 年 12 月 31 日,对小型企业、微型企业与金融机构签订的借款合同免征印花税④。

三、融资租赁现行税收政策的缺陷

1. 投资税收抵免政策

对于出租企业,西方以美国为首的包括日本、英国等在内的很多国家,在融资租赁公司创建之初都采取了大力的投资抵免制度。

美国肯尼迪政府和里根政府先后两次通过立法建立投资税收抵免制度促进经济发展;英国在 1970 年废弃了财政投资补助制,同时推出投资抵免制;日本在 IT 类型的投资,或是中小企业可以将租赁总额按照一定的比例进行抵免;相比而言,中国虽然在 2000 年发布了《外商投资企业和外国企业购买国产设备投资抵免企业所得税管理办法》(国税发〔2000〕90 号)、《技术改造国产设备投资抵免企业所得税审核管理办法》(国税发〔2000〕13 号)等政策文件,但其中并没有明确提及融资租赁是否适用,且现都已失效,2007 年所颁布的《企业所得税法实施条例》对于专用设备的出租进行了相关的说明。因此,我国在扶持政策与抵免优惠方面还需要进一步深化。

2. 所得税政策

"折旧可以被看作是一项可以从课税额中扣除的费用,不需要支出现金",其

---

① 见《财政部 税务总局关于延续执行农户、小微企业和个体工商户融资担保增值税政策的公告》(财政部 税务总局公告 2023 年第 18 号)。

②③ 《财政部 税务总局关于进一步支持小微企业和个体工商户发展有关税费政策的公告》(财政部 税务总局公告 2023 年第 12 号)。该项政策是对财政部、税务总局公告 2022 年第 13 号和财政部、税务总局公告 2023 年第 6 号政策的延续。

④ 见《财政部 税务总局关于支持小微企业融资有关税收政策的公告》(财政部 税务总局公告 2023 年第 13 号)。

"对现金流动的影响是显而易见的:某年的折旧越大,应缴税金就越少"。因此,利用好折旧,无疑是有助于融资租赁业发展的。《中华人民共和国企业所得税法》第十一条规定,以融资租赁方式租出的固定资产,在计算应纳税所得额时不得计算折旧扣除。这与国际公认的"谁所有谁折旧"的原则不一致。融资租赁业务的折旧由出租人提取,承租人可以将其支付的租金、费用进行税前扣除,这使出租人和承租人均获得税前扣除的税收激励效果。融资租赁设备如果由承租人提取折旧,出租人无折旧可抵扣,其租金必须全额缴纳,这增加了出租人的税收负担。

此外,世界融资租赁发达的国家对于融资租赁业务中所涉及的折旧计提问题,通常采取会计制度与税收法规相一致的原则。也就是说,如果承租企业在会计上采用加速折旧法计提折旧,那么在税法上也同样采用相同的方法,这就不需要经过纳税调整,使账面价值和计税基础一致,从而获得延迟纳税的好处。而我国现行法对于出租人提取折旧和以加速折旧促进融资租赁发展,并未做出规定。

3. 融资租赁在税收立法方面不完善

营造良好的融资租赁环境,需要会计、税收、法律、监管四方面的支持。在我国税收方面,关于融资租赁的税收规定是从20世纪80年代才开始逐步建立和完善的,起步较晚,不利于为融资租赁的发展提供良好的税收环境和司法保障。

融资租赁业在税收方面面临的许多问题,归根结底是缺乏一部统一的税收法规造成的。融资租赁法律关系比较复杂,涉及三方当事人、两份合同、增值税、所得税等,零散的法律规范必然无法全面有效地调解上述复杂的税收法律关系。同时,融资租赁业在中国是一个相对新兴的行业,规范化的法律法规和明确的定位有助于其健康发展。因此,《融资租赁法》的出台刻不容缓,并且该法应对税收问题设专章予以规定,以结束令出多门的情况。在《融资租赁法》中,我们可以借鉴日、韩等新兴发达国家的立法模式,就融资租赁行业税收问题做原则性规定,以贯彻我国《立法法》第8条的法律保留原则。同时为提高效率,弥补人大立法的滞后性,还可授权行政机关在自身立法权的范围内,制定法规,就融资租赁行业的具体税收问题做出规定。

对于融资租赁业务的立法问题,主要有两方面需要关注:第一,我国目前主要对提供融资租赁服务的出租公司征收增值税(试点)、营业税(非试点)、企业所得税、关税、印花税、城市维护建设税和教育费附加税等,但是征收的具体方式只是由一些税收法规规定,并未形成完善的税法体系;第二,各个法律法规对融资租赁定义的判定也不尽相同,会计制度、税法、合同法等对融资租赁都有着各自的定义,没有形成统一的规定,强制性和遵从力度不够,未能给融资租赁的发展创造良好、公平、透明的税收法制环境,不利于其健康发展。税收立法一方面要随着税制改革的深化加以完善,另一方面要配套相关的融资租赁法、监管权限等共同协调,以上这些均需要通过立法加以明确定位。

案例 9-5

融资租赁企业"营改增"税负比较

位于某市的甲融资租赁企业与承租人乙签订融资租赁合同一份,合同约定甲按照乙的指示从出卖人丙处购买 A 设备出租给乙使用,乙每年向甲支付 160 万人民币的租金,租赁期限为 4 年(从 2013 年 1 月 1 日到 2017 年 1 月 1 日)。为了履行合同,甲向丙购进 A 设备,并取得了增值税专用发票,上面注明设备本金为 520 万人民币。已知甲、乙、丙企业都是增值税一般纳税人,都适用 25% 的所得税税率,A 设备的最长使用年限为 5 年。

经过计算可得出两类融资租赁企业在营改增前后,就该笔交易的税款征收和净利润所得分别如表 9-4 和表 9-5 所示,表 9-6 中的税负率是指企业在该笔业务中所需要缴纳的税款总额(包括增值税或者营业税、城市维护建设税、教育费附加、企业所得税、印花税等)占到业务总收入的比重,而不单单指营业税或者增值税的税负率。

表 9-4 "营改增"之前不同融资租赁公司的应税比较 单位:万元

所有权	A 类融资租赁公司	B 类融资租赁公司	
	无论是否转让所有权	不转让所有权	转让所有权
税额总计	9.251 2	9.251 2	11.782 8
净利润	22.332 8	22.332 8	15.226

表 9-5 "营改增"之后不同融资租赁公司的应税比较 单位:万元

	A 类融资租赁公司	B 类融资租赁公司
	无论所有权是否转让	
税额总计	8.612	24.212
净利润	18.397	2.797

表 9-6 "营改增"前后不同融资租赁公司的实际税负率比较

		营改增之前	营改增之后
A 类融资租赁企业		1.8%	1.7%
B 类融资租赁企业	不转让所有权	1.8%	4.7%
	转让所有权	2.3%	

【案例分析】

无论是营改增之前还是之后,相对于 A 类融资租赁企业,B 类融资租赁企业都承担了较重的税负,而且这种税负差距在营改增之后变得更大。在营改增之前,两类企业的税负差距为 0.5 个百分点;营改增后,两类企业的税负差距达到 3 个百分点。

营改增后融资租赁业的整体税负大大提升。在营改增之前，A类和B类融资租赁企业的税负在转让所有权和不转让所有权的情况下分别为1.8%和2.3%，但是营改增后企业的税负突然上升到4.7%。A类融资租赁企业因享受到即征即退的优惠政策，使实际税负就保持在1.7%，而B类融资租赁企业的税负仍为4.7%。

我国现行融资租赁业的税法适用忽略了普遍性原则，同样的市场主体承担了不同的税负，市场主体处于不公平的税收环境中。对融资租赁业实行增值税实际税负超过3%即征即退的税收优惠政策是值得肯定的，但适用的主体仅为A类融资租赁企业具有一定局限性。

实际上，A类融资租赁企业一般都是规模较大的银行金融机构和中外合资企业，B类的往往是一些规模小的内资企业。这些规模大的企业原本在市场上就具有竞争优势，又享受了税收优惠政策，就处于更加有利的地位。而众多小规模的内资型融资租赁企业，在经济实力上本身就处于劣势地位，又承担了较重的税负。如此的税收政策只会让这些中小型企业在市场竞争中遭遇"屋漏偏逢连夜雨"的尴尬。为此，我国近年来针对小微企业制定并实行了普惠性税收优惠政策，这在一定程度上弥补了上述缺陷。

▶ 思考题

1. 请辩证总结市场准入制度对我国融资租赁业发展的影响。
2. 简述租赁市场制度规范对租赁市场发展的重要性。
3. 我国融资租赁市场监管的现状如何？有哪些优点和不足？
4. 如何优化我国融资租赁市场监管体制？
5. 试谈谈：我国的融资租赁税收政策经历了哪几个阶段。
6. 简述一般税收优惠包含了哪几个税种。

参考文献

[1] 曹蕾.中国融资租赁业的发展及金融海啸背景下的发展策略研究[D].复旦大学,2009.

[2] 程卫东.国际融资租赁法律问题研究[M].北京:法律出版社,2002.

[3] 陈稳.融资租赁实务操作指引[M].中国法制出版社,2017.

[4] 崔建远.合同法(第四版)[M].北京:北京大学出版社,2021.

[5] 杜雪梅."营改增"后有形动产融资租赁税收政策[J].中外企业家,2013.

[6] 高圣平,钱晓晨.中国融资租赁现状与发展战略[M].北京:中信出版社,2012.

[7] 高卓,张媛媛.金融租赁业务操作实务与图解[M].北京:法律出版社,2015.

[8] 韩振燕,姚光耀,刘唯一.融资租赁:民营养老机构设施升级的路径选择[J].河海大学学报(哲学社会科学版),2021,23(03).

[9] 郝昭成,高世星.融资租赁的税收[M].北京:当代中国出版社,2007.

[10] 侯小攀.我国融资租赁公司经营效率及其影响因素研究[D].浙江大学,2021.

[11] 黄芳.融资租赁业务流转税税收政策分析及完善建议[J].商业会计,2012.

[12] 黄中生,路国平.高级财务会计(第三版)[M].北京:高等教育出版社,2019.

[13] 姜仲勤.融资租赁在中国问题与解答.第2版[M].北京:当代中国出版社,2008.

[14] 赖琬妮.全球化视野下的融资租赁税收优惠政策[J].金融法苑,2009(02):177-185.

[15] 李漫云,杨波.融资租赁学[M].太原:山西经济出版社,2017.

[16] 李鲁阳.融资租赁若干问题研究和借鉴[M].北京:当代中国出版社,2007.

[17] 林天成.我国融资租赁业的发展问题研究[D].昆明理工大学,2006.

[18] 刘红.中国融资租赁现状及发展趋势[D].中国社会科学院研究生院,2002.

[19] 刘辉群.中国融资租赁业税收政策研究[M].厦门:厦门大学出版社,2017.

[20] 刘辉群,韦颜秋,王进军.融资租赁导论[M].北京:电子工业出版社,2017.

[21] 刘金凯,吴春野,陈晓莉.厂商租赁模式在煤机装备销售中的应用[J].中国煤炭,2017,43(06):33-36.

[22] 刘澜飚.融资租赁理论与实务[M].北京:人民邮电出版社,2016.

[23] 刘昕宇.甘肃省融资租赁业政府监管研究[D].兰州大学,2020.

[24] 刘颖,张荣旺.融资租赁机构加速入局新能源赛道[N].中国经营报,2022-07-18(B07).

[25] 龙梦雅.论我国融资租赁的界定[D].中国社会科学院研究生院,2014.

[26] 卢宁.以融资租赁破解中小企业融资难问题的探讨[J].经济视角(中旬).2011.

[27] 罗静,张园园.日本现代融资租赁业发展的实践经验对我国的启示[J].黑龙江金融,2016,(04):78-79.

[28] 吕秀华,魏涛,罗惠洲.华西证券行业深度研究报告:融资租赁行业概况、发展历程、现状与展望[J].华西证券研究报告,2023,(1):9-11.

[29] 闵绥艳.信托与租赁(第四版)[M].北京:科学出版社,2017.

[30] 裘企阳.融资租赁:理论探讨与实务操作[M].北京:中国财政经济出版社,2001.

[31] 沈秋静.我国养老机构融资租赁模式初探[D].上海财经大学,2022.

[32] 史燕平.融资租赁原理与实务[M].北京:对外经济贸易大学出版社,2005.

[33] 宋国军.美日融资租赁业发展对我国的借鉴[J].北方金融,2014(11):98-99.

[34] 宋晓菁.我国融资租赁发展研究[D].安徽大学,2015.

[35] 孙瑜.融资租赁在美国:识别与借鉴[M].杭州:浙江大学出版社,2013.

[36] 王冰.中外现代租赁比较研究——兼论中国租赁业发展对策[D].华东师范大学,2005.

[37] 王淑敏,齐佩金.金融信托与租赁[M].北京:中国金融出版社,2016.

[38] 王淑敏,齐佩金.金融信托与租赁(第五版)[M].北京:中国金融出版社,2020.

[39] 王卫东.我国融资租赁公司的融资问题研究[D].西南财经大学,2012.

[40] 王英.金融租赁机构的风险及管理[J].国际商务研究,2001(04):47-49.

[41] 魏晓琴.信托与租赁[M].北京:中国人民大学出版社,2019.

[42] 吴滢.我国融资租赁公司资产证券化的困局与出路[J].甘肃金融,2021(03):16-19.

[43] 徐浤.企业售后回租案例分析——以京城股份为例[J].中国商论,2019(01):217-218.

[44] 徐虔.美国融资租赁行业的发展[J].银行家,2018(01):122-125.

[45] 杨津琪,廉欢,童志胜.融资租赁税务与会计实务及案例(第三版)[M].北京:中国市场出版社,2021.

[46] 杨绮,任春艳.高级财务会计[M].北京:高等教育出版社,2021.

[47] 杨晓霞.营改增背景下的融资租赁税收法律问题研究[J].黑龙江省政法管理干部学院学报,2015(04):76-79.

[48] 杨增凡.关于我国融资租赁机构持续发展的分析[J].河南财政税务高等专科学校学报,2012,26(01):38-39.

[49] 姚金楠.光伏融资租赁市场迈向规范[N].中国能源报,2023-01-08.

[50] 叶伟春.信托与租赁[M].上海:上海财经大学出版社,2011.

[51] 叶伟春.信托与租赁(第4版)[M].上海财经大学出版社,2019.

[52] 张新松."营改增"后有形动产融资租赁税收政策探析[J].涉外税务,2013(3):70-74.

[53] 张玉梅.关于企业纳税筹划运用的思考[J].商品与质量(理论研究).2012(4):82-83.

[54] 张稚萍.德国的融资租赁[J].国际金融,1994(06):12-14.

[55] 中国银行业监督管理委员会.金融租赁公司管理办法[EB/OL](2014-03-13).

[56] 中华人民共和国财政部.企业会计准则(2020年版)[M].上海:立信会计出版社,2020.

[57] 中华人民共和国财政部.企业会计准则应用指南(2020年版)[M].上海:立信会计出版社,2020.

[58] 中华人民共和国商务部.融资租赁企业监督管理办法(2013-09-18).

[59] 中华人民共和国商务部.外商投资租赁业管理办法[EB/OL](2015-10-28).

[60] 朱崇坤.融资租赁实务全书:流程指导·操作要点·案例分析[M].北京:中国法制出版社,2018.